*Cahiers libres*

Du même auteur

*Une histoire de l'informatique*, La Découverte, Paris, 1987 (nouv. éd. : Seuil, coll. « Points-Sciences », Paris, 1990).

*L'Explosion de la communication. La naissance d'une nouvelle idéologie* (en collab. avec Serge Proulx), La Découverte/Boréal, Paris/Montréal, 1989 (nouv. éd. : coll. « Poches/Sciences humaines et sociales », 1993 ; coll. « Grands Repères Manuels », 2006).

*La Techno-science en question. Éléments pour une archéologie du XX^e^ siècle* (en collab. avec Alain-Marc Rieu et Franck Tinland), Champ Vallon, Seyssel, 1990.

*La Tribu informatique. Enquête sur une passion moderne*, Anne-Marie Métailié, Paris, 1990.

*Pour comprendre l'informatique* (en collab. avec Guislaine Dufourd et Éric Heilmann), Hachette Supérieur, Paris, 1992.

*L'Utopie de la communication. Le mythe du « village planétaire »*, La Découverte, Paris, 1992 (nouv. éd. : coll. « Poches/Essais », 1997, 2004).

*À l'image de l'homme. Du Golem aux créatures virtuelles*, Seuil, coll. « Science ouverte », Paris, 1995.

*L'Argumentation dans la communication*, La Découverte, coll. « Repères », Paris, 1996 (nouv. éd. : 2001, 2006).

*L'Appel de Strasbourg. Le réveil des démocrates* (en codirection avec Bernard Reumaux), La Nuée Bleue, Strasbourg, 1997.

*La Parole manipulée*, La Découverte, Paris, 1997 (nouv. éd. : coll. « Poches/Essais », 2000, 2004).

*Histoire des théories de l'argumentation* (en collab. avec Gilles Gauthier), La Découverte, coll. « Repères », Paris, 2000.

*Le Culte de l'Internet. Une menace pour le lien social ?*, La Découverte, coll. « Sur le vif », Paris, 2000.

*Éloge de la parole*, La Découverte, Paris, 2003.

*Crime pariétal*, Le Passage, Paris, 2003.

*Argumenter en situation difficile. Que faire face à un public hostile, aux propos racistes, au harcèlement, à la manipulation, à l'agression physique et à la violence sous toutes ses formes ?*, La Découverte, Paris, 2004 (nouv. éd. : Pocket, Paris, 2006).

Philippe Breton

# L'incompétence démocratique

*La crise de la parole aux sources du malaise (dans la) politique*

La Découverte
9 *bis*, rue Abel-Hovelacque
75013 Paris

ISBN 10 : 2-7071-4627-7
ISBN 13 : 978-2-7071-4627-4



Si vous désirez être tenu régulièrement informé de nos parutions, il vous suffit d'envoyer vos nom et adresse aux Éditions La Découverte, 9 *bis*, rue Abel-Hovelacque, 75013 Paris. Vous recevrez gratuitement notre bulletin trimestriel *À La Découverte*. Vous pouvez également retrouver l'ensemble de notre catalogue et nous contacter sur notre site **www.editionsladecouverte.fr**.

*Pour Annie,*
*qui m'a accompagné tout au long de cette aventure*

# Introduction

Ce livre explore le décalage entre un idéal et sa réalisation. L'idéal est celui de la démocratie. Il se résume en deux promesses solidaires : d'une part, nous pouvons, ensemble, sur la base d'une égalité de parole, discuter et décider de notre destin ; d'autre part, nous pouvons pacifier la conflictualité tout en gardant la dynamique de nos différences. Cet idéal suscite beaucoup d'adhésion et d'espoirs. Sa réalisation pose de nombreux problèmes, qui font douter de sa réalité. Cette dissonance engendre un malaise permanent.

Nos sociétés modernes seraient-elles à peine « en voie de démocratisation » ? Le dissensus entre l'intensité des valeurs et la faiblesse de leurs concrétisations ne risque-t-il pas d'emporter l'édifice tout entier ? Nos civilisations démocratiques ne sont-elles pas, à l'aune de leurs promesses non tenues, au bord d'une rupture qui en signerait la fin ?

En 1952, à la sortie d'un immense conflit mondial dont l'enjeu central était la démocratie, la victoire de cette dernière n'empêchait pas Jean-Paul Sartre de s'interroger, dans un dossier de la revue *Les Temps modernes* consacré à ce thème brûlant : « *Sommes-nous en démocratie* [1] ? » Il concluait à la nécessité d'une enquête sur « *le*

1 Jean-Paul SARTRE, « Sommes-nous en démocratie ? », *Les Temps modernes*, n° 78, Paris, avril 1952.

*fonctionnement réel* » d'un régime dont il doutait que ses valeurs soient véritablement concrétisées.

Un demi-siècle plus tard, le problème reste entier et l'éditorialiste du *Time* Joe Klein constate la déliquescence des institutions démocratiques américaines et le déclin de l'intérêt pour la politique [2]. Son diagnostic concerne l'ensemble des démocraties occidentales. Il met en cause, pour expliquer le profond malaise qui s'installe dès qu'on s'interroge sur la réalité de la démocratie, le manque d'« *éloquence* » des hommes politiques. Le diagnostic est juste mais trop restreint. Il faudrait parler du manque d'éloquence, au sens le plus fort et le plus large que l'on peut donner à ce terme, qui affecte en général tous ceux qui habitent la démocratie. Comme je voudrais le montrer dans ce livre, l'outil pratique de cet idéal politique est bien la parole, la généralisation du *parlé démocratique*. Seul l'exercice de cette langue-là permet la concrétisation, sous le double aspect de leur socialisation et de leur intériorisation, des valeurs de liberté et d'égalité.

La thèse centrale de cette recherche s'organise autour d'un double constat : d'une part, il y a bien un déficit majeur des compétences à la parole démocratique ; d'autre part, le statut de cette question est celui d'un véritable impensé. Dès qu'il s'agit d'évoquer les *pratiques* démocratiques, le silence se fait. S'agirait-il d'un sujet inopportun ?

Ce décalage, entre les valeurs démocratiques et les pratiques de la parole qui devraient leur correspondre, prend place au sein d'une question d'ordre plus général : l'homme est-il à la hauteur de ses idées les plus généreuses ? Sa pensée n'est-elle pas toujours en avance sur les possibilités de son action ? Sommes-nous condamnés à être des anges dans nos idéaux et à rester des démons dans nos pratiques ? L'idéalité dont nous sommes capables en imagination est-elle définitivement plombée par la matérialité de ce que nous sommes ? La tentative de fuite postmoderne dans le virtuel, qui, pour certains, résoudrait le problème, n'empêche pas que ces questions se posent avec acuité. Bien au contraire.

Ce livre n'aurait aucun sens si nous étions condamnés à une vision de l'homme incapable de se hisser à la hauteur des idéaux dont il est prodigue. Cette ascension implique toutefois de renoncer au principe

2 Son article est cité et analysé par André FONTAINE, « Démocraties : retrouver la flamme », *Le Monde*, 12 juin 2006.

d'utopie. La tentation est grande de forcer la nature pour rattraper l'idéal. On sait les catastrophes meurtrières qui en sont souvent le point d'aboutissement.

L'idéal démocratique est cependant porteur d'une véritable *radicalité*. Celle-ci est en amont de la droite ou de la gauche, du conservatisme ou du modernisme, du libéralisme ou du socialisme, qui peuvent l'incarner aussi bien que s'en écarter. Son application exigeante suppose des bouleversements majeurs, encore à venir pour une large part, qui impliquent jusqu'à notre être le plus intime.

Le diagnostic que je propose ici a pour seul objectif, dans cet esprit, de déterminer le point d'application précis, en l'occurrence les *compétences démocratiques*, où cette exigence peut nous rapprocher le plus d'un idéal désirable à tout point de vue.

Pour établir ce diagnostic, j'ai procédé en trois temps.

Il fallait d'abord montrer que les problèmes auxquels sont confrontées la plupart des démocraties aujourd'hui ne tiennent ni à une trop faible adhésion aux valeurs de la démocratie, ni à l'absence d'institutions et de lieux de parole potentiels. Le désir de démocratie existe et il est solidement enraciné. Cette question occupe tout le début de ce livre, comme une sorte de préalable nécessaire.

Ensuite, il fallait évaluer l'état réel des compétences démocratiques. Le cœur du livre est donc construit autour d'une « expérience de parole », qui implique plusieurs centaines de personnes. Le déficit généralisé dans le domaine de la prise de parole, de la nécessaire empathie cognitive, de la formation des opinions, apparaît clairement à cette occasion.

Le troisième temps de ce diagnostic consiste enfin à tenter d'isoler à la fois les causes et les conséquences de ce déficit et de la dissonance qui en résulte. La question de l'école, on le verra, est centrale, comme celle du rapport à la violence qu'entretiennent nos sociétés.

En conclusion, je propose la notion, nouvelle dans ce contexte, de « subsidiarité démocratique ». Elle pourrait constituer un point d'appui pour le renouvellement des pratiques démocratiques, qui nous permettrait peut-être d'éviter la crise grave qui risquerait de survenir si nous perdions confiance dans ses valeurs et dans sa capacité effective à changer nos vies.

# 1

## L'hypothèse d'un déficit du « parlé démocratique »

Pourquoi a-t-on tant de mal à appliquer concrètement l'idéal démocratique ? Pourquoi y a-t-il tant de frustrations à ce sujet, au point que la crédibilité même de la promesse démocratique s'en trouve affectée ? Pourquoi tant de malaise au sein de la démocratie ?

Ce livre présente une hypothèse simple mais peu explorée jusqu'à présent : avant d'être une question de pertinence des institutions ou d'adhésion à des valeurs, la démocratie est une affaire de savoir-faire et de *compétences* pratiques dans les domaines de la parole et des relations avec autrui. Sans ces compétences pratiques chez ceux qui sont censés en être les acteurs, à tous les niveaux, nous avons des démocraties sans démocrates, des citoyens sans parole, et donc un processus stoppé dans son élan. Ne manquons-nous pas, fondamentalement, d'un véritable *parlé démocratique* ?

### *Quelques objections immédiates*

Je voudrais, avant même de développer cette hypothèse, écarter plusieurs des raisons qui sont habituellement évoquées pour expliquer la crise de la démocratie. Pour expliquer que ce régime ne fonctionne pas, ou suscite trop de frustrations, on invoque habituellement au moins quatre facteurs.

Le premier tiendrait au refus des valeurs qu'elle porte ; le deuxième à l'inadaptation des institutions concrètes qui les incarnent ; le troisième au poids trop grand pris par l'individu et l'idéologie qui en accompagne la promotion, les droits de l'homme ; le quatrième aux trop grandes inégalités économiques, qui empêcheraient l'exercice d'une véritable citoyenneté.

À ces critiques, modernes, il faut ajouter les reproches faits à la démocratie au nom d'arguments qui reflètent une certaine nostalgie pour l'Ancien Régime et sa « *persistance* », pour reprendre l'expression de l'historien Arno Mayer [1]. La démocratie serait ainsi, dans une perspective nietzschéenne, ou selon les canons du darwinisme social, le médiocre régime de la masse et du ressentiment vis-à-vis des élites, qui seraient, dans cet esprit, écrasées à force d'égalitarisme.

Il y a, dans chacune de ces objections, une question qui n'est pas sans fondement. Je prendrai le temps, dans les premiers chapitres de ce livre, de les discuter. Je voudrais toutefois soutenir ici, *a contrario* de toute une tradition des sciences politiques et de la philosophie politique, que tous ces facteurs ne jouent pas un rôle de premier plan. Ne sont-ils pas la conséquence d'un phénomène largement passé inaperçu, en tout cas largement sous-estimé, car il se situe sur le terrain très éclaté des pratiques concrètes, plus difficiles à appréhender ?

C'est pourquoi je ne rentrerai pas ici, volontairement, dans les débats classiques, qui prennent tant de place dans la littérature sur la démocratie. On y discute de l'État de droit, de l'opposition entre république et démocratie, de la contradiction potentielle entre liberté et égalité, de la crise de la représentation, du fondement des institutions. De nombreux travaux sont consacrés à ces sujets et je crains de n'avoir rien à apporter de neuf sur ce plan.

Les causes du malaise au sein de la démocratie sont peut-être à rechercher là où on s'y attend le moins.

1 Arno Mayer, *La Persistance de l'Ancien Régime. L'Europe de 1848 à la Grande Guerre* (trad. de l'anglais par Jonathan Mandelbaum), coll. « Champs », Flammarion, Paris, 1983.

Inspiré sur ce point par George Steiner, qui remarquait avec amertume et lucidité que la culture n'avait pas protégé de la barbarie [2], je prendrai le risque de disjoindre compétences démocratiques et savoir-faire scolaires. On tient en général pour acquis que l'école et l'université, telles qu'elles sont sorties du projet des Lumières, sont le lieu de la formation concrète de la citoyenneté. Le savoir de la Raison formerait des démocrates. Est-ce bien sûr ? Ce raisonnement coulé dans le marbre nous dispense de toute réflexion sur la formation à l'exercice concret de la démocratie. Puisque l'école s'en charge, nous serions débarrassés du problème.

On tient également pour acquis qu'il y a trop d'individualisme dans nos sociétés et que cela tue la démocratie. L'égoïsme individuel contre le bien public. Quelle belle équation ! Et si c'était l'inverse ? Et si nous vivions, paradoxalement, dans une société bien plus collectiviste que nous ne l'imaginions, où la liberté individuelle, mieux, l'espace privé de l'intériorité, fondement de la démocratie, n'étaient pas si assurés que cela ?

Il faut donc porter sur toutes ces questions un éclairage différent, qui n'annule pas les très nombreuses et très précieuses recherches qui se sont accumulées sur les difficultés de la démocratie à mettre en application ses promesses, mais qui cherche un angle d'attaque inédit.

L'une des réalités les plus sous-estimées, voire ignorées, est celle des compétences pratiques à être démocrate. Si l'on accepte de détourner un instant le regard des grands problèmes habituels de la philosophie politique et que l'on se demande, simplement, si chaque citoyen de ce pays a les moyens, le savoir-faire, les *compétences*, et peut-être de ce fait le désir, de prendre sa place dans le dispositif démocratique, on verra qu'il y a là une formidable question.

Alors qu'elle était au cœur des préoccupations des démocrates athéniens, la question de la parole citoyenne est un véritable *impensé* de la démocratie d'aujourd'hui. Au mieux elle suscite des sourires ironiques. Il paraît en effet tellement incongru aujourd'hui de s'interroger sur les compétences de l'« homme de la rue ». Est-il nécessaire qu'il en ait ? Celui-ci n'a-t-il pas été rangé au rayon des accessoires ? Le démocrate « de base », le citoyen parlant, est aujourd'hui l'élément surnuméraire

---

2 George Steiner, *Dans le château de Barbe-Bleue. Notes pour une redéfinition de la culture* (trad. de l'anglais par Lucienne Lotringer), « Folio Essais », Gallimard, Paris, 1973.

d'une démocratie qui peine à se penser autrement qu'en termes d'élite autoritaire ou d'experts « rationnellement » informés. C'est au point qu'une philosophe du politique, par ailleurs très au fait de ces questions, a pu écrire, sans donner l'impression de s'écarter de l'évidence cultivée : « *La différence entre la démocratie et les autres régimes politiques n'est pas que la démocratie refuse l'existence des élites, mais qu'elle ne les désigne pas, qu'elle ne les qualifie pas de la même façon*[3]. »

La promesse démocratique n'était-elle pas, pourtant, de faire de chaque citoyen, dans sa pratique concrète, dans sa capacité à prendre part aux décisions concernant sa cité, l'égal des autres, c'est-à-dire d'élever chacun au rang de l'élite et de contester ainsi le fondement même d'une vision pyramidale du monde ?

La question des compétences en « parlé démocratique » est essentielle. L'une des craintes majeures que suscite généralement, de la part des élites cultivées, le fait qu'un régime politique se « démocratise trop », est de donner le pouvoir au peuple, comme masse de personnes incompétentes, dont l'opinion se construirait sur les abandons de la séduction ou sur les sables mouvants de l'irrationalité. Cette réserve, que l'on peut comprendre, désigne bien en creux, tapi au cœur des démocraties modernes, un déficit réel de compétences du plus grand nombre. Sauf à croire, comme le font les idéologues gauchistes, que le « peuple » a raison par nature.

L'un des objectifs oubliés de la démocratie est d'être un régime où le plus de personnes possible sont des démocrates. Pour cela, elles doivent partager les valeurs qui fondent ce régime. Il faut aussi qu'elles soient les acteurs et les créateurs d'institutions adaptées aux problèmes qu'elles rencontrent. Mais la démocratie implique que, pour pouvoir mettre en œuvre tout cela, le plus de personnes possible disposent de compétences et de savoir-faire dans le domaine de la parole, du « parlé démocratique ».

3 Blandine Kriegel, *Les Chemins de l'État*, vol. 3 : *Propos sur la démocratie. Essais sur un idéal politique*, Descartes & Cie, 1994, p. 120.

### *Des sociétés en voie de démocratisation*

Notre hypothèse s'appuie sur le postulat que la démocratie n'est, aujourd'hui, nulle part un processus achevé. On peut bien sûr réduire sa définition à l'existence, dans une société donnée, de quelques institutions clés. Il suffirait qu'il y ait des élections, un Parlement, un Gouvernement pour que l'on se croie en droit de parler d'un régime démocratique achevé. On peut aussi en proposer une définition « essentialiste » : à partir du moment où l'on aménage les cadres, notamment constitutionnels et législatifs, de la liberté de chacun et où l'on postule l'égalité *a priori* de tous, cela suffirait à faire de la démocratie. Tant pis pour ceux qui ne profitent pas de cette liberté et de cette égalité *a priori*.

Cette double tentation guette la plupart des dirigeants des grands pays occidentaux. Les États-Unis, prompts à croire qu'ils sont les premiers à avoir réalisé ce dont les autres rêvent, se replient sur cette croyance. Ne l'ont-ils pas inscrite dans leur *Déclaration d'indépendance* (adoptée le 4 juillet 1776), qui suppose que « *tous les hommes ont été créés égaux* » ? L'Europe n'est pas en reste, qui suppose de plus en plus acquis ce qui est encore à construire dans ce domaine.

### *Une vaste promesse*

La démocratie n'est pas un régime naturel. Elle n'est pas le point d'aboutissement, enfin réaliste, d'une hypothétique « fin des idéologies ». C'est une idéologie originale. Elle se présente comme un processus, une dynamique, qui cherche à s'appliquer dans des régimes particuliers et doit se conjuguer à des cultures ou des sensibilités nationales différenciées. L'objet central de cette idéologie est de construire de nouvelles modalités pour se former une opinion et prendre des décisions ensemble. Sa portée dépasse donc le strict champ du « politique ».

Il faut, dans cette perspective, la distinguer d'un projet utopique. L'écart entre l'idéal et sa réalisation, s'il suscite de nombreuses et légitimes frustrations, est une réalité qui risque bien d'être permanente. Tous les aspects de la vie, de la pensée, de l'action ont-ils vocation à être régis par cet idéal ? Tout doit-il se débattre et se discuter de cette façon ? Certainement pas, et c'est ce qui empêche la démocratie d'être une utopie totalisante, qui en ferait un régime monstrueux en voulant s'appliquer à toute force à des territoires qui ne la concernent pas.

La promesse démocratique est pourtant plus vaste que l'étroit canal de quelques institutions. Elle englobe de larges aspects de la vie. Au-delà du processus de la décision politique, qui est déjà le lieu de nombreuses frustrations, elle est susceptible de s'appliquer à l'espace public dans son ensemble mais aussi à l'espace privé. Elle concerne en effet aussi le domaine des rapports personnels et intimes entre les êtres. Pourquoi cette dernière dimension échapperait-elle à la promesse d'une autre manière d'être ensemble ? Partout où il y a des *décisions* à prendre, l'idéal démocratique constitue une alternative qui doit être envisagée, même si elle ne s'applique pas systématiquement. L'espoir démocratique ne s'étend-il pas aussi à l'espace intérieur de l'homme, comme lieu ultime de la délibération privée ? La démocratie n'est-elle pas aussi la matrice de l'intériorité qui caractérise l'homme moderne ? Comme le dit Socrate à Alcibiade : « *Tu veux connaître le gouvernement des hommes ? Commence à te soucier de toi*[4]. »

Cette longue portée de la référence démocratique tient à ce qu'elle propose une réforme radicale d'une activité humaine essentielle, la prise de décision. La démocratie est une manière de dire aux hommes qu'ils peuvent décider des affaires qui les concernent, dans tous les aspects de leur vie, qu'ils peuvent, grâce à la parole, le faire ensemble, librement et sur un pied d'égalité.

## *Une immense frustration*

Comme processus à construire, la démocratie pourrait être le lieu d'un enthousiasme et d'une mobilisation des énergies. Pourtant, elle est le siège de nombreuses frustrations, qui peuvent déboucher sur une panne de projet, voire de désir. Un symptôme est fréquemment associé à la crise de la démocratie. Il s'exprime par le désenchantement, la mélancolie et la « dépression » qu'on la soupçonne de susciter. La démocratie aurait-elle, par on ne sait quelle loi mécanique,

4 On pourra se reporter à ce sujet au commentaire que fait Michel FOUCAULT dans *L'Herméneutique du sujet. Cours au Collège de France* (Gallimard/Seuil, Paris, 2001).

comme le soutient Annie Kriegel, « *perdu en intensité ce qu'elle a gagné en extension*[5] » ?

L'une des traductions de ce symptôme serait la désaffection pour le processus électoral et la « dépolitisation ». Une autre est la défection individualiste. Ce problème est bien réel. Encore faut-il s'entendre sur le diagnostic. Il a deux facettes.

La première est la question de la confiance en soi, dans ses propres capacités à être un démocrate effectif, à avoir une opinion, à la défendre, à écouter réellement celle des autres, à prendre sa part dans les processus de décision. Il s'agit là d'un problème de fond. La méfiance vis-à-vis des élus et de la représentation politique en général pourrait bien être, dans cet esprit, une projection de la méfiance que bien des personnes ont à leur propre égard concernant leur capacité à prendre part au processus démocratique.

La seconde facette est liée au fait que le sentiment dépressif est la plupart du temps associé à l'incapacité de se projeter dans l'avenir, de formuler un projet ou de soutenir sa réalisation. Les démocraties aujourd'hui peinent à se projeter dans l'avenir et donnent ainsi une impression récurrente de « société bloquée ». Dans les deux cas, il y a un doute profond sur les compétences dont on dispose. Le manque de confiance en soi et la panne de projet renvoient peut-être directement au déficit réel ou supposé des savoir-faire et des compétences démocratiques.

### *Deux chiffres inquiétants*

Concernant la France, deux chiffres devraient nous inquiéter. Ils témoignent en effet de la difficulté de l'idéal démocratique à s'appliquer. Ils peuvent s'interpréter comme un doute que les intéressés expriment à l'égard de leur véritable compétence, en tant que démocrates, pour intervenir dans les décisions qui les concernent.

Dans une enquête analysée par le politologue français Gérard Grunberg[6], 41 % des personnes interrogées sont « plutôt d'accord »

5 *Ibid.*, p. 116.

6 Gérard GRUNBERG, « Le soutien à la démocratie représentative », *in* Gérard GRUNBERG, Nonna MAYER et Paul M. SNIDERMAN (sous la dir. de), *La Démocratie à l'épreuve. Une nouvelle approche de l'opinion des Français*, Presses de Sciences Po, Paris, 2002, p. 121.

(19 %) et « tout à fait d'accord » (22 %) avec l'énoncé suivant : « *Ce dont le pays a surtout besoin, c'est d'avoir à sa tête un homme fort qui ne se préoccupe ni du Parlement ni des élections.* » Ce chiffre fait un bruit assourdissant. Que montre-t-il ? Dès que l'on évoque les conditions concrètes d'exercice de ce régime, une très forte minorité de personnes sont prêtes à se défaire de leurs droits et devoirs fondamentaux. Elles font plus confiance à un providentiel « homme fort » qu'à leurs propres compétences. On est bien loin du « Ni commander, ni obéir » cher aux Athéniens.

Ce chiffre doit alors être complété par un second. La même enquête indique qu'une majorité, soit 55 %, des personnes interrogées sont « tout à fait d'accord » (24 %) ou « plutôt d'accord » (31 %) avec l'énoncé suivant : « *Il faudrait que ce soit les experts et non le Gouvernement qui décident ce qui est meilleur pour le pays.* » En somme, on admet ici que les décisions doivent être prises rationnellement (et non être le fruit arbitraire d'un pouvoir autoritaire), mais on les délègue à des « experts ». La conclusion est qu'une majorité de personnes se dénient donc elles-mêmes toute compétence pour savoir « *ce qui est meilleur pour le pays* ».

Au regard de ces deux chiffres (41 % en faveur d'un « homme fort » et 55 % en faveur des « experts »), on peut se demander si le « parti démocratique » est encore majoritaire en France. Dans les deux cas, c'est le principe hiérarchique qui revient en force, hiérarchie de la force dans un cas, hiérarchie du savoir dans l'autre. Il est à craindre que ces résultats soient du même ordre dans la plupart des démocraties occidentales.

On peut aussi imaginer ce qui se passerait si demain se présentait devant l'opinion un « homme fort » entouré d'un collège d'« experts », les uns et les autres se dispensant de tout recours aux procédures démocratiques ! Ces chiffres témoignent en tout cas clairement du fait qu'il n'y a guère d'adhésion populaire, dans la plupart des pays européens, aux formes actuelles prises par les processus de décision politique. Ils nous informent avec cruauté sur l'ampleur de la tentation d'un renoncement au parlé démocratique et sur la panne de désir que ce régime suscite. Ils dessinent le portrait d'une opinion qui, majoritairement, n'a pas confiance en elle-même et en ses propres compétences.

L'une des conséquences de l'hypothèse que je propose est que l'absence de désir dans ce domaine vient aussi du trouble que génère cette incompétence dans le domaine du parlé démocratique. Le citoyen est aujourd'hui dans une curieuse position. On lui lie les mains, on le jette à l'eau, on lui reproche de ne pas savoir nager et, en prime, on ironise sur le fait qu'il en perd le désir...

### *Un modèle ?*

La démocratie est-elle encore un modèle ? Est-elle encore attractive ? Est-elle une référence, par exemple, pour les habitants de la plupart des pays arabes, africains ou asiatiques ?

Partout on soupçonne la démocratie d'entretenir de faux espoirs. Les volte-face de l'électorat de plusieurs pays de l'Est devraient nous inquiéter un peu plus. Après avoir désiré la démocratie comme une lueur d'espoir dans la nuit totalitaire, voilà que des majorités se recomposent en faveur des anciens tyrans. Et, dans ce cas, l'impatience n'explique pas tout.

Au sein même des pays occidentaux, de nombreuses voix s'élèvent pour réclamer une restauration nationaliste, identitaire et autoritaire. Il faut donc faire une distinction entre la réalité et la promesse. Et constater que sa part réalisable n'a connu qu'un commencement de réalisation. Il serait prudent de dire que la plupart des nations qui aujourd'hui se réfèrent à cet idéal, sont des pays « en voie de démocratisation », plutôt que des démocraties achevées.

Formellement, nous vivons dans une démocratie. C'est à ses valeurs que nous nous référons, ce sont ses institutions qui organisent notre vie publique. Les élections sont libres, nos représentants siègent dans des assemblées. On peut exprimer et manifester publiquement son désaccord, ou même son accord. La justice est globalement séparée du politique. L'armée et les forces de sécurité sont aux ordres du Gouvernement civil. La parole y est — relativement — libre.

Il n'en reste pas moins que le décalage qui caractérise les pays démocratiques, notamment occidentaux, entre les idéaux et leurs réalisations, entre les valeurs et les pratiques, est immense et que de ces pays sourd une profonde frustration. On peut trouver normal de souffrir de la domination dans un pays où le principe hiérarchique est au cœur de la culture acceptée par tous — c'est le cas de nombreux pays d'Asie, et sans doute en premier lieu de la Chine —, mais il est terriblement frustrant, car mensonger, de vivre l'inégalité des compétences dans la pratique du parlé démocratique dans des pays qui affichent le principe d'égalité au fronton de leurs édifices et qui l'enseignent, abstraitement, comme une grande conquête, dans leurs écoles.

C'est évidemment mieux, beaucoup mieux, que ce que connaissent de nombreux pays, ravagés par l'anarchie ou la dictature. Peut-on mettre sur le même plan les régimes qui se réfèrent à un idéal démocratique et ceux qui, même s'ils disposent de quelques institutions formellement démocratiques, sont de l'autre côté d'une frontière invisible ? Ce serait mettre au même niveau les États-Unis et l'Arabie saoudite, la France et l'Algérie par exemple, tous pays dotés d'un Parlement et d'un système électoral. La Biélorussie est aujourd'hui aux mains d'un dictateur psychopathe qui fait assassiner journalistes et opposants. Le Soudan, livré à la violence et à l'arbitraire faute d'un État suffisamment fort, sacrifie dans des massacres sans fin l'une de ses ethnies à une guerre civile atroce. La Birmanie est tenue d'une main de fer par une poignée de seigneurs militaires. Ces régimes n'ont rien à voir avec le plus timide des pays démocratiques. Mais, au moins, les premiers ne prétendent pas être démocratiques et sont donc, d'une certaine façon, dans leur brutalité même, cohérents avec eux-mêmes.

Nos démocraties inachevées valent cent fois mieux que cela, mais elles restent néanmoins en deçà, largement en deçà, de ce que l'idéal démocratique indique, raisonnablement, comme possible.

## *L'hypothèse d'un déficit du parlé démocratique*

Comment expliquer cet écart ? Comment rendre compte du fait que la plupart des pays occidentaux, après avoir fait, chacun à sa manière, une révolution démocratique, semblent aujourd'hui brutalement stoppés dans leur élan ? Comment analyser cette sensation d'être là, immobile, au milieu du gué, pris entre la déprime de la stagnation et la tentation de revenir en arrière ?

Ce livre tente une explication et propose pour cela une hypothèse. Celle-ci ne prétend pas épuiser le sujet, ni même constituer la seule voie d'entrée possible. D'autres angles d'attaque peuvent compléter cet apport ou en être une alternative. Celle-ci, ayant été peu explorée jusqu'ici, mérite toutefois, à mon sens, un peu d'attention.

Pour que l'alchimie démocratique puisse prendre, trois composants sont nécessaires.

Il faut, en premier lieu, des institutions démocratiques, c'est-à-dire des lieux de pratique et des normes qui puissent les encadrer et les garantir. La démocratie a besoin de cadres, de « dispositifs » de parole, de lieux où peuvent se prendre, se discuter, se contester les décisions.

En deuxième lieu, il est nécessaire que ceux qui participent à ce régime adhèrent à un certain nombre de valeurs, en premier lieu l'égalité et la liberté. Celles-ci sont supposées être désirables et susciter de l'enthousiasme. Ils doivent aussi dévaloriser la violence et admettre la possibilité d'une *conflictualité pacifiée*. Par « valeurs démocratiques », on entend ici une conception bien plus large que celle qui exigerait simplement qu'une société moderne ait un Parlement et dispose d'élections libres. L'idéal démocratique place la barre beaucoup plus haut, jusqu'à l'espoir d'une société où l'égalité, mieux, la *symétrie*, devienne l'axe réel qui redistribue l'ensemble des rapports entre les hommes, dans leur quotidien et jusque dans l'intimité de leur conscience.

En troisième lieu, la démocratie nécessite la mise en pratique de compétences spécifiques. De quoi s'agit-il concrètement ? Elles sont de trois ordres : d'abord, la capacité à se former une opinion, librement, sur un sujet donné ; ensuite, celle d'argumenter à égalité ces opinions, c'est-à-dire de convaincre sans violence et sans ruse, dans le cadre d'une conflictualité pacifiée ; enfin, de combiner l'écoute et la prise de parole dans une démarche d'« empathie cognitive ».

Nous ne sommes pas là dans les hauteurs des valeurs ou dans l'abstraction des institutions, mais dans ce qui, précisément, permet de donner corps, concrètement, à la démocratie, et d'y associer chacun, à son niveau. Pour être un démocrate, il faut savoir *parler démocratiquement*. Cette parole, nous le verrons, n'est pas donnée. Elle n'est pas naturelle. Si nous n'y sommes pas formés, ce sont d'autres compétences langagières, plus archaïques, qui reprennent le dessus, comme la soumission, l'autorité hors propos, le goût du consensus autoritaire.

Je voudrais donc faire ici l'hypothèse que le déficit de savoir-faire et de compétences démocratiques, la trop grande rareté d'un véritable parlé démocratique et la place gardée de ce fait par des pratiques langagières archaïques pourraient bien être l'une des causes principales du malaise actuel au sein de la démocratie et de son blocage comme processus.

# 2

## *La parole en amont des valeurs et des institutions*

démocratie formelle -> cadres, institutions, valeurs écrites.

démocratie informelle -> compétences à l'oeuvre de la parole

Qu'est-ce que la démocratie ? Cette question admet de multiples réponses. On admet en général que ce régime correspond d'abord à des valeurs, donc à des idéaux désirables, et ensuite à des institutions, qui les concrétisent. Les deux valeurs qui sont communément mises en avant comme centrales sont la liberté et l'égalité. La plupart des textes fondateurs ou des Constitutions des pays occidentaux y font explicitement référence.

Ces institutions se déploient essentiellement dans le domaine politique. Elles y aménagent des « dispositifs » de délibérations et de prises de décision. Elles varient selon les pays, les cultures, les traditions. Elles ont toutefois en commun un certain nombre de traits : Parlements et exécutifs élus, normes juridiques garantissant la liberté de parole, de circulation et de communication, égalité des droits politiques, élections libres.

Cette manière de définir la démocratie comme un face-à-face entre des valeurs et des institutions est-elle conforme à la réalité de l'héritage historique dont elle est le produit, en l'occurrence le moment fondateur athénien ? Est-elle suffisante pour décrire, dans son caractère intemporel, la réalité démocratique ?

Il est difficile à mon sens de concevoir la démocratie dans sa globalité sans inclure dans cette définition une troisième dimension, celle des savoir-faire et des compétences pour mettre en œuvre une parole démocratique. Poser le problème ainsi change singulièrement la donne. Cette instance de la parole démocratique constitue sans doute, historiquement et sociologiquement, la base même de la démocratie, *avant* même les valeurs ou les institutions. On comprendra mieux alors que, si ce fondement est trop fragile, le processus de démocratisation des sociétés est en permanence menacé.

Or, notre perception du rôle que joue le parlé démocratique tend trop souvent à le minorer et à le refouler. Nous voyons bien ce qu'est la démocratie dans ses aspects formels — le terme ici n'est pas péjoratif —, mais nous peinons à concevoir qu'elle exige d'abord, pour être pratiquée concrètement, des démocrates rompus à son exercice.

## *Une tradition de rupture*

La démocratie incarne une *tradition de rupture*. Ce nouveau régime politique se définit en effet à la fois par la façon dont il fait rupture et par ce qu'il rejette. On se reportera de ce point de vue, entre autres analyses pertinentes, à celle de l'historien français Jean-Pierre Vernant. Ce dernier montre bien que le refus central dont naît l'idéal démocratique grec est celui du mythe hiérarchique. La démocratie efface, selon Vernant, « *l'image mythique d'un monde à étages* » doté d'un haut et d'un bas qui sont en « *opposition absolue* ». La rupture aboutit à ce qu'« *aucun élément ou portion du monde ne s'y trouve plus privilégié aux dépens des autres,* [et à ce qu'] *aucune puissance physique n'est plus placée dans la position dominante* » [1].

Cette proposition est la clé de voûte de l'imaginaire démocratique. La rupture concrète qui correspond à cet imaginaire est celle de la cité grecque, et en premier lieu Athènes, avec le système de la royauté mycénienne. Cette dernière est construite sur le modèle de toutes les cités-États du bassin mésopotamien et du Moyen-Orient, comme une pyramide dont le roi est le sommet tout-puissant. Celui-ci, avec l'aide

1 Jean-Pierre VERNANT, *Les Origines de la pensée grecque*, PUF, Paris, 1962, p. 121 (10e éd., 2004).

de la bureaucratie qui l'entoure, contrôle absolument tous les aspects de la vie de chacun. Seule sa parole compte.

La démocratie se reconnaît à ce qu'elle reproduit à chaque étape de son histoire la rupture avec l'imaginaire et les pratiques de la hiérarchie et du mythe. C'est pourquoi l'opposition continue et toujours renouvelée à toute forme de tyrannie, subie ou exercée, la caractérise pleinement. L'institution démocratique est une sorte de révolution permanente, qui doit sans cesse recréer et maintenir des espaces clairement délimités, au sein desquels le principe hiérarchique est provisoirement suspendu. Ce caractère nécessairement constant de la rupture est lié, entre autres facteurs, au fait que le principe hiérarchique a tendance, si on le met à la porte, à revenir par la fenêtre, souvent sous des formes inédites.

Le principe d'égalité ou, mieux, de symétrie doit toujours être rapporté à l'alternative qu'il représente par rapport au principe hiérarchique. La pratique de la démocratie implique donc de répéter indéfiniment une rupture, une mise à l'écart, à certains moments précis de la vie sociale et politique, du principe qui distribue les actes le long d'un axe vertical.

## *À l'opposé d'une utopie*

Doit-on définir pour autant la démocratie comme un régime politique totalement égalitaire, qui en aurait définitivement terminé avec toute hiérarchie et tout récit fondateur ? L'idéal démocratique est-il celui d'une vie sociale qui se déroulerait continuellement sur le mode de l'assemblée générale permanente, de type « an 01[2] » ? Devrions-nous être en tout temps et en tout lieu des individus « libres et égaux », arc-boutés sur un universel « Ni commander, ni obéir » ? Une telle conception transformerait l'idéologie politique démocratique en une utopie totalitaire. Face à cette tentation, deux constats réalistes s'imposent. Le premier nous oblige à tenir compte du fait que toute société a besoin de « récits fondateurs », de mythes, d'un minimum de sens de la communauté (d'où la très belle proposition, paradoxale, de Dominique Schnapper, d'une « *communauté de*

2 Il s'agit d'une utopie égalitariste et communautaire à la mode en France dans les années 1970.

*citoyens*[3] »). La démocratie ne peut donc pas complètement rompre avec l'empire du mythe.

Le second constat est que nous ne pouvons pas nous passer, dans certaines situations, d'une parole et de cadres hiérarchiques. Ils sont souvent liés à une dimension technique ou fonctionnelle. On n'attend pas par exemple de l'officier des pompiers venu éteindre le feu chez soi qu'il réunisse d'abord ses hommes en cercle pour débattre de la meilleure méthode à employer.

On peut alors se représenter une société démocratique comme formée d'un ensemble de dispositifs locaux, qui sont en rupture avec le principe hiérarchique. Il s'agit en général de dispositifs de parole. Les exemples ne manquent pas et ils sont connus. On peut citer entre autres : la mobilisation temporaire du corps électoral, où une voix en vaut une autre, afin d'élire des représentants ou de prendre une décision par voie de référendum ; l'assemblée élue, qu'il s'agisse d'un Parlement législatif ou d'une assemblée d'actionnaires ; la réunion associative, où le pouvoir de décision appartient à l'assemblée générale de ses membres.

On pourrait ajouter, si l'on veut bien étendre le principe démocratique à la sphère privée, le couple, qui prend les décisions d'un « commun accord » après délibération. En allant encore plus loin, la délibération intime, où l'on pèse, en son *for intérieur*, le pour et le contre, est aussi un exemple d'espace démocratique.

## *Les dispositifs protodémocratiques*

Les Grecs ont-ils inventé la démocratie ? Si l'on se place au niveau matriciel que sont les dispositifs de parole, la réponse est négative. Marcel Detienne nous montre, à partir des travaux d'historiens et d'anthropologues, que des phénomènes équivalents ont émergé un peu partout sur la planète. On les voit apparaître à toutes les époques, au sein de cultures primitives comme de civilisations déjà constituées[4]. Ils se caractérisent par la mise en scène systématique de la

3 Dominique SCHNAPPER, *La Communauté des citoyens. Sur l'idée moderne de nation*, Gallimard, « Folio Essais », Paris, 2003.

4 Voir notamment les travaux réunis par Marcel DETIENNE dans *Qui veut prendre la parole ?* (*Le Genre humain*, n° 40, Seuil, Paris, 2003).

*symétrie* et par une rupture avec le double principe mythique et hiérarchique. Il est essentiel de remarquer que ces dispositifs se présentent la plupart du temps comme une sorte d'inclusion locale et limitée, avec ses règles propres, au sein d'une culture donnée. On en trouve ainsi chez les Ochollo, vivant au sud de l'Éthiopie, observés par l'anthropologue Marc Abélès, dans les sociétés traditionnelles cosaques à partir du XVe siècle, dans certains monastères japonais en rupture avec le système féodal aux XIVe et XVe siècles, ou encore dans les *ekklêsia* — communautés formées par les disciples de Jésus immédiatement après sa mort —, dont le fonctionnement est décrit dans les *Actes des apôtres* par Luc.

La très grande originalité des villes grecques qui expérimentent cette rupture au détour des VIIIe et VIIe siècles, est que leur société est constituée par de nombreux dispositifs démocratiques locaux (assemblées de quartier, tribunaux, rassemblement de tous les citoyens) reliés entre eux par un même principe. On dirait aujourd'hui qu'ils tissent un réseau si serré qu'il englobe la plupart des lieux où se prennent les décisions.

## *Un nouveau rapport à la parole*

Comment cette rupture avec le mythe hiérarchique s'est-elle opérée ? Une vision de la démocratie qui se concentrerait uniquement sur les valeurs et les institutions passerait à côté d'un fait essentiel : la rupture concrète qui s'est opérée l'a d'abord été sur le plan d'un *nouveau rapport à la parole.*

La philosophe Hannah Arendt insistait sur le fait que la démocratie en Grèce antique y avait d'abord été un espace de pratique, notamment de la parole. Ce nouveau statut « *précède par conséquent toute constitution formelle du domaine public et des formes de gouvernement* [5] ». En somme, la démocratie a d'abord été une nouvelle manière de distribuer concrètement la parole, notamment pour délibérer en vue de prendre des décisions à tous les niveaux, une nouvelle manière de savoir la prendre en public, mais aussi un nouveau rapport à l'*écoute*

5 Hannah ARENDT, *Condition de l'homme moderne*, Pocket, Paris, 1992, p. 259 (la notion d'« acte » renvoie chez Arendt à l'action par la parole et non à la fabrication des objets).

de l'autre. L'institutionnalisation de ce dispositif n'est venue qu'après, quand il a été question de sa généralisation à l'ensemble de la cité.

La démocratie est d'abord une démocratie *en actes*. Et ces actes sont d'abord des actes de parole, à l'intérieur de dispositifs qui sont appelés à se déployer très largement dans la société, jusques et y compris dans l'espace privé. Cette nouvelle manière de prendre la parole la redistribue autour du principe de *symétrie*. Elle va de ce fait avoir des répercussions jusqu'au cœur des relations entre les hommes, dans le regard fondamental que nous portons sur notre prochain et dans la manière dont nous nous adressons à lui. Il est vrai que, concrètement, lorsque nous sommes amenés à participer, de quelque manière que ce soit, au processus démocratique, c'est notre parole qui est engagée, qui parle pour nous, qui est notre représentant. C'est à travers elle que nous « apparaissons » aux autres. Arendt décrit la démocratie comme d'abord des espaces de parole « *où les hommes n'existent pas simplement comme d'autres objets vivants ou inanimés, mais font explicitement leur apparition*[6] ».

Il faut peut-être, de ce point de vue, placer la démocratie en un lieu précis du long chemin qui ponctue, comme le dit le philosophe français Georges Gusdorf, « *une vocation originaire à l'humanité dans l'homme, qui donne progressivement à la nouvelle fonction de la parole une prépondérance incontestable dans le comportement*[7] ».

### *Le principe de symétrie*

La démocratie est d'abord une pratique de la *prise de parole*, dans des « dispositifs » dont les normes sont régies par le principe de symétrie. Celui-ci serait antérieur, chronologiquement, aux grandes valeurs qu'il inspire, à savoir la liberté et l'égalité, et donc aux institutions qui en découlent.

Vernant insiste sur le fait que la démocratie est étroitement liée à une « *nouvelle image du monde* », dont les textes d'Anaximandre (610-545) rendent compte. Dans cette représentation radicalement nouvelle, « *sa structure géométrique confère au cosmos une organisation*

6 *Ibid.*, p. 258.
7 Georges Gusdorf, *La Parole*, PUF, Paris, 1952, p. 10.

*d'un type opposé à celui que le mythe lui prêtait. Aucun élément ou portion du monde ne s'y trouve plus privilégié aux dépens des autres, aucune puissance physique n'est plus placée dans la position dominante. La symétrie des diverses puissances constituant le cosmos* [...] *caractérise le nouvel ordre de la nature. La suprématie appartient exclusivement à une loi d'équilibre et de constante réciprocité. À la* monarchia, *un régime d'*isonomia *s'est substitué dans la nature comme dans la cité* » [8].

Vernant ajoute : « *Le lien de l'homme avec l'homme va prendre ainsi, dans le cadre de la cité, la forme d'une relation réciproque, réversible, remplaçant les rapports hiérarchiques de soumission et de domination. Tous ceux qui participent à l'État vont se définir comme des* homoioi, *des semblables, puis, de façon plus abstraite, comme des* isoi, des égaux [9]. » Cette notion et son emprise sur les consciences vont survivre au monde grec et compter parmi les éléments centraux de son influence.

Il est évidemment audacieux de soutenir, comme je le fais ici, que cette nouvelle image du monde est première par rapport à l'invention des valeurs et à leur institutionnalisation dans la cité. Vernant ne s'y risque d'ailleurs pas tout à fait. Mais cette spéculation permet de poser une question intéressante. Cette nouvelle image du monde, qui insiste sur la symétrie comme *lieu* [10] fondamental, n'est-elle pas elle-même la projection, si l'on peut dire, d'une nouvelle pratique de la parole, inventée en amont ?

Trois arguments permettent d'aller dans cette direction.

Le premier est issu des travaux anthropologiques déjà cités, qui révèlent l'existence, ici et là, de dispositifs de parole « protodémocratiques ». Nous n'avons de trace d'image du monde, ou de modèle cosmologique, qui correspondrait à l'invention de ces nouvelles pratiques de la parole qu'en Grèce et dans le monde chrétien. Celles-ci se présentent en général comme des isolats étranges au sein de cultures solidement constituées, en général primitives, mais aussi féodales. Il paraîtrait étonnant, compte tenu du caractère toujours très local de ces

---

8 Jean-Pierre VERNANT, *Les Origines de la pensée grecque, op. cit.*, p. 121.

9 *Ibid.*, p. 56.

10 Au sens où le philosophe belge Chaïm Perelman parle des lieux comme des « *prémisses d'ordre très général* » qui permettent de « *fonder des valeurs* », voir Chaïm PERELMAN et Lucie OLBRECHTS-TYTECA, *Traité de l'argumentation. La nouvelle rhétorique*, Éditions de l'Université de Bruxelles, Bruxelles, 1970, p. 112 (5e éd., 2000).

pratiques d'assemblées égalitaires, qu'elles soient accompagnées d'un nouveau système de croyance qui leur soit propre.

Il existe toutefois une exception à cette règle. La communauté des chrétiens de Jérusalem semble bien être un dispositif de parole proto-démocratique. Elle présente une caractéristique commune à toutes les assemblées de ce type, à savoir un centre vide, qui sert d'axe de symétrie. Or, les chrétiens de Jérusalem ont bien un système cosmogonique qui leur est propre. Celui-ci est en parfaite cohérence avec leurs nouvelles pratiques égalitaires de la parole. Ceci explique le rôle particulier que va jouer la chrétienté, ultérieurement, dans le développement de la démocratie en Occident ou du moins de la notion-phare d'égalité.

On peut donc supposer que les nouvelles pratiques de la parole peuvent se dispenser, au moins dans les premiers temps de leur apparition, d'un système de valeurs qui, en quelque sorte, les déterminerait. La démocratie serait donc, dans cet esprit, l'invention « spontanée » de nouvelles pratiques de la parole et de nouvelles normes oratoires. Leur « valorisation » ne viendrait qu'après coup. Les institutions démocratiques seraient là pour en assurer la permanence et la pérennité.

### *L'égalité comme égalité devant la parole*

Le deuxième argument à l'appui de cette hypothèse d'un fondement de la démocratie à rechercher du côté de nouvelles pratiques de la parole, tient à la conception de l'égalité qui s'est développée dans le monde grec. L'idéologie politique démocratique que tente d'appliquer la cité athénienne s'appuie, on le sait, sur deux valeurs, la liberté et l'égalité.

La liberté est une valeur de rupture avec le principe de domination. Les Athéniens y sont farouchement attachés. Cela distingue leur cité de celles régies par l'aristocratie ou l'oligarchie. Lorsque le principe « Ni commander, ni obéir » n'est pas applicable, les Athéniens se replient, si l'on en croit ce que nous dit le personnage de Thésée dans *Les Suppliantes* d'Euripide, sur le principe minimal qui consiste à « *administrer l'État tour à tour* ».

L'égalité se situe à deux niveaux. Dans le passage qu'il consacre à la démocratie comme idéologie, l'historien danois Mogens H. Hansen montre que les Grecs utilisaient deux termes pour parler de l'égalité : l'« *isonomia* », c'est-à-dire l'égalité des droits politiques, et l'« *iségoria* », le droit de parole égal dans les assemblées. Là où la tradition a retenu l'importance de l'*isonomia*, les Grecs, si l'on en croit Hansen, n'y attachaient pas une grande importance, privilégiant plutôt l'*iségoria* : « *Quand Hérodote décrit la naissance de la démocratie athénienne, il met en évidence l'*iségoria *et non l'*isonomia *comme principe de l'égalité démocratique ; et d'ailleurs,* ajoute Hansen, *son exposé est conforme à ce qu'on trouve dans les sources athéniennes : ce que les démocrates chérissent le plus dans l'égalité, c'est l'*iségoria *et non l'*isonomia [11]. »

Cette discussion, un peu technique mais essentielle, nous éclaire sur deux points.

Le premier est que le principe de symétrie et d'égalité devant la parole suppose que toutes les opinions soient *également* légitimes. Le principe de base du parlé démocratique est bien : « Ma parole vaut la vôtre. » Cela ne doit pas être entendu comme un principe relativiste d'équivalence des opinions, dans lequel on a trop souvent enfermé les sophistes. Cela veut dire que chacun a le droit de prendre la parole au nom d'une légitimité équivalente des opinions, mais que, une fois la parole prise, celle-ci peut convaincre et l'emporter sur d'autres opinions, sans que cela leur retire leur légitimité.

Le deuxième point souligne que l'importance de l'égalité comme valeur doit être rapportée au contexte principal dans lequel celle-ci se déploie : les assemblées, les dispositifs de parole, les normes oratoires. L'égalité est bien une valeur issue du nouveau statut de la parole qui est au centre de la société athénienne.

Le champ d'extension de cette valeur ne va d'ailleurs guère au-delà de sa concrétisation dans les dispositifs de parole. La notion démocratique d'égalité n'a pas de portée universelle. Elle régit le comportement des citoyens, des « égaux », lorsqu'ils s'assemblent pour échanger, confronter leurs opinions, prendre des décisions. En dehors de ce cadre local et artificiel, car régi par des normes oratoires, la notion d'égalité n'a pas de sens. Cela seul permet de comprendre le paradoxe

---

11 Mogens H. Hansen, *La Démocratie athénienne. À l'époque de Démosthène* (trad. de l'anglais par Serge Bardet avec le concours de Philippe Gauthier), Les Belles Lettres, Paris, 2003, p. 111.

athénien et, au-delà, de l'idéologie démocratique dans son ensemble. Cette société est parfaitement égalitaire pour ses citoyens. En dehors de cela, elle est esclavagiste, elle refuse les droits politiques aux femmes et aux « métèques » (ceux qui habitent la cité sans être descendants d'Athéniens).

Seule une conception des droits de l'homme issue à la fois de l'humanisme de la Renaissance et des Lumières confondra les deux niveaux, celui de la démocratie et celui de l'universalité des « droits de l'homme ».

### *La rhétorique, condition « sine qua non » de la démocratie*

Le troisième argument est le fait que la démocratie athénienne n'a pas pu se concevoir sans l'invention d'un enseignement de la parole, la rhétorique. Cet immense attachement à l'égalité concerne en premier lieu, on l'a vu, la parole, son exercice libre et symétrique. C'est que la parole est bien le centre de tout, l'« *action par excellence* », comme le dit Arendt.

C'est dans ce contexte qu'il faut apprécier le statut de la rhétorique et contourner un instant la tradition philosophique, qui lui est hostile depuis l'origine. La rhétorique, loin d'être un phénomène secondaire de la société démocratique grecque, une sorte d'outillage marginal, voire rusé, de la parole, en est une institution centrale. Elle se confond intimement avec les pratiques émergentes de la parole démocratique. Au point que l'on peut se demander s'il ne faut pas inverser notre perception habituelle. Celle-ci voudrait que l'on invente la démocratie d'abord, la rhétorique ensuite, comme son outil dans le champ de la parole. La quasi-simultanéité historique des deux instances pourrait conduire à l'hypothèse inverse : n'est-ce pas plutôt la rhétorique qui est la matrice de la démocratie ?

L'invention de la rhétorique répond à une préoccupation majeure du point de vue de l'exercice de l'égalité et de la liberté de parole. Comme l'avait bien remarqué Roland Barthes [12], la rhétorique est un vaste continent, un empire. Elle est à la fois réflexion sur la parole et

---

12 Roland Barthes, « L'ancienne rhétorique », *in Communications « Recherches rhétoriques »*, n° 16, Seuil, Paris, 1970.

son statut, fixation de normes oratoires et apprentissage de *compétences techniques* dans le domaine de la parole.

La société grecque supporte bien des inégalités, sauf devant la parole. La rhétorique fonctionne comme une grande machine égalisatrice. Elle doit permettre à chacun d'avoir des chances égales au départ de ces compétitions que sont les prises de parole dans les assemblées, comme les coureurs qui sont, nous dit Hansen, « *sur la même ligne dans les starting-blocks* [13] ».

L'auteur ajoute à ce sujet : « *Pour les Athéniens, la compétition était un aspect essentiel de la vie politique aussi bien que de la vie sportive et l'égalité se résumait, comme dans le sport, à l'obligation de partir en ligne. Il ne s'agissait pas d'être égaux par essence* [14]. »

L'égalité, donc, se construit. Dans le domaine de la parole, comme d'ailleurs dans celui du corps, la rhétorique est le lieu central de l'apprentissage de l'égalité. Elle permet d'*incarner* la démocratie par la parole.

## L'extension du champ de la démocratie

Cette troisième dimension de la démocratie que représente la pratique de la parole ne concerne pas uniquement, je l'ai dit au début de ce chapitre, le champ du politique.

Si l'on veut bien regarder cette réalité sous l'angle d'un nouveau rapport à la parole dans *tous* les domaines de la décision, on voit que l'allonge de la promesse démocratique va bien au-delà. Le philosophe français Marcel Gauchet soutient à ce propos que la démocratie « *n'est pas seulement le nom d'un régime, ni même d'un état social, mais celui d'une nouvelle manière d'être de l'humanité, sous la totalité de ses aspects* [15] ». On ne saurait effectivement réduire la démocratie à l'apparence politique qu'elle présente aujourd'hui ou au simple jeu de ses institutions politiques.

13 Mogens H. Hansen, *La Démocratie athénienne, op. cit.*, p. 109.

14 *Ibid.*, p. 112.

15 Marcel Gauchet, *La Démocratie contre elle-même*, Gallimard, Paris, 2002, p. XVIII.

### *Démocratie familiale et conjugale*

Ne faut-il pas étendre en effet la notion de démocratie au-delà du monde politique *stricto sensu* ? Ne sommes-nous pas, d'une certaine façon, prisonniers du modèle qui l'enferme dans un face-à-face entre les valeurs et les institutions ? Cette extension peut s'envisager à deux niveaux.

Le premier serait la capacité d'un régime qui se définit comme démocratique à associer le plus largement possible les citoyens à la prise de décision politique *à tous les niveaux*, et donc à mobiliser et à tenir compte réellement de leur parole.

Le second niveau serait la capacité à encourager, en quelque sorte horizontalement, des relations interpersonnelles de nature démocratique. Il n'est pas question de revenir aux thèses erronées du « Tout est politique » des années 1960, car bien des choses échappent au politique. Un concept élargi de la démocratie inclurait néanmoins une partie de l'espace privé.

On pense ici notamment aux relations dans le couple et aux relations intrafamiliales, où la puissance des idées démocratiques d'égalité a bouleversé les rapports dans beaucoup de cas, au point d'imposer comme idéal de référence un véritable modèle égalitaire. Même s'il est très délicat de poser la problématique des relations dans la famille ou dans le couple en termes de *démocratie familiale* ou de *démocratie conjugale*, il est clair que la référence aux valeurs d'égalité et de liberté est aujourd'hui très présente dans ces institutions de base [16].

Nous retrouvons là aussi les termes du débat précédent. Les relations dans le couple, par exemple, sont directement concernées, comme cas particulier des rapports entre les hommes, à la fois par le principe de liberté de chacun et par celui de l'égalité dans la prise de parole et la prise de décision. L'écoute mutuelle est également au centre de la relation. Qu'il n'y ait que deux « électeurs » dans cette assemblée un peu particulière ne change pas fondamentalement la donne (même si, techniquement, cela pose des problèmes de décision à la majorité...).

---

16 Voir, par exemple, l'ouvrage du chercheur français Michel Fize, *La Démocratie familiale. Histoire des relations parents-adolescents*, Presses de la Renaissance, Paris, 1990.

Il est rare aujourd'hui d'entendre affirmer des valeurs contraires, qui isoleraient les rapports entre conjoints du reste de l'évolution sociale. Le droit moderne, à l'opposé du droit patriarcal d'antan, a aménagé l'union légale, dans le mariage, comme une institution qui permet largement l'exercice concret de ces deux valeurs. Pourtant, au niveau de la pratique réelle, on peut se demander si les rôles effectifs de la plupart des conjoints ne sont pas le plus souvent guidés par d'autres valeurs que celles-là.

Est-il utile d'insister davantage sur ce point ? On voit clairement, à partir de cet exemple, comment on peut mettre en œuvre d'autres savoir-faire que ceux qui seraient en harmonie avec les valeurs légitimes. La dissonance conduit ici à affirmer publiquement des valeurs que l'on ne met pas en pratique.

### *L'opinion de l'enfant*

Une réflexion sur la démocratie familiale nous conduirait encore plus loin dans la même direction. Le problème est ici plus complexe, car nul ne niera, surtout pas dans le monde des pédagogues, la nécessité d'un rapport aux enfants qui combine l'exercice de l'autorité des parents avec la mise en place de rapports symétriques, à certains moments et à certaines occasions. Cela illustre très bien, à mon sens, le caractère toujours local, dans un sens spatial et temporel, de tout dispositif démocratique, et son inclusion dans un ensemble plus vaste.

Mais l'exigence démocratique n'en est pas moins là, au cœur de la pédagogie familiale. La Convention internationale des droits de l'enfant emploie des notions, notamment dans son article 12, qui relèvent clairement, jusque dans le choix des termes, d'une extension à ce domaine des valeurs et des savoir-faire démocratiques. Ainsi l'enfant a-t-il « *le droit d'exprimer librement son opinion sur toute question l'intéressant* » (12-1). La loi française qui recadre l'autorité parentale (loi du 4 mars 2002) va dans ce sens. Elle précise par exemple : « *Les parents associent l'enfant aux décisions qui le concernent selon son âge et son degré de maturité* » (art. 371-1 de la loi).

L'enfant doit donc pouvoir exprimer son point de vue par rapport à toute activité, procédure ou décision l'intéressant. Cela implique que, dans sa famille, à l'école et dans tous les autres lieux où il vit, on lui offre des espaces pour exprimer son opinion, dans une ambiance de respect et de liberté, et qu'il soit écouté. Dans son rapport présenté à l'Assemblée nationale en 1990 en vue de la ratification de la Convention internationale des droits de l'enfant, la députée française Denise Cacheux estimait que ce droit d'expression impliquait d'abord celui « *de s'exprimer, de parler, de donner son avis* », ensuite celui « *d'être écouté et d'être cru* » et enfin celui de « *participer au processus de décision et même de prendre seul des décisions* ». On serait tenté d'en faire un modèle général de la parole citoyenne !

La réalité des pratiques est sans doute loin, très loin d'être au niveau de la loi et des valeurs qu'elle sous-tend. Le paradoxe est clair : plus la portée de ces valeurs s'étend, plus la dissonance démocratique risque de s'accroître. Cela implique une attention beaucoup plus soutenue à la question des compétences démocratiques.

### *Immigration et pratiques de la démocratie*

Rajoutons un niveau de difficulté. La plupart des sociétés occidentales connaissent une forte immigration. Il peut s'agir d'une immigration choisie (dans le cas du Canada, par exemple) ou d'un mélange entre une immigration choisie et une forte immigration clandestine (États-Unis et France, notamment).

Les réfugiés les plus facilement acceptés (en théorie du moins) sont les réfugiés politiques, qui, précisément, viennent de pays où dominent l'oppression et la dictature, et sont de ce fait aux antipodes de la démocratie. En Europe, une très grande majorité des immigrants viennent de pays ou de régions rurales qui ne sont pas des démocraties ou sont très largement en deçà du seuil démocratique. Tire-t-on de ce constat simple, que personne ne contestera, toutes les conclusions qui s'imposent ? Laissons de côté la question de l'adhésion éventuelle de cette population aux valeurs démocratiques. Elle est suffisamment hétérogène pour que l'on rencontre tous les cas de figure, de l'hostilité déclarée de radicaux islamistes jusqu'à la fascination que ces valeurs provoquent chez ceux qui émigrent précisément pour cela. Oublions un instant leur connaissance des institutions du pays d'accueil, de ce qu'elles permettent ou non.

Pourquoi les immigrants issus de pays qui n'ont que peu, ou pas du tout, de traditions démocratiques auraient-ils spontanément des compétences dans ce domaine ? Or, la formation aux pratiques démocratiques est laissée totalement en friche. Elle l'est paradoxalement plus encore pour ceux qui en auraient le plus besoin. Certains pays imposent maintenant aux immigrants d'acquérir des connaissances sur le pays d'accueil, ses lois, sa Constitution. L'Allemagne fait par exemple passer une sorte d'examen de connaissances civiques. Sans nier l'éventuelle utilité d'une telle mesure, on voit qu'elle passe peut-être à côté de l'essentiel, l'apprentissage des compétences démocratiques.

Le prérequis du parlé démocratique qui s'impose à un pays n'est-il pas le parlé tout court de la langue du pays ? La question des banlieues en France, celle de la forte présence de communautés relativement autonomes par rapport au pays d'accueil, comme en Angleterre ou aux Pays-Bas, mériteraient d'être regardées aussi sous cet angle-là.

Ce chapitre avait pour objet, sans nier le rôle de l'adhésion aux valeurs et de l'existence d'institutions *ad hoc*, d'attirer l'attention sur un aspect de la démocratie qui n'est habituellement pas mis en avant : son incarnation dans la parole et les pratiques.

Il est maintenant nécessaire, pour renforcer cette approche, d'évaluer la réalité démocratique sous ces trois angles. Qu'en est-il de l'attractivité de la démocratie ? Comment s'est-elle affirmée au fil du temps ? Qu'en est-il actuellement de l'adhésion à ses valeurs ? Est-elle si forte qu'on le dit ? Y a-t-il suffisamment de cadres d'expression démocratiques ? Et, enfin, qu'en est-il des savoir-faire ?

# 3

## *La démocratie est-elle désirable ?*

Et si la démocratie était en crise tout simplement parce que cette idéologie politique n'est guère attirante ? Dans cette hypothèse, elle ne rencontrerait qu'une adhésion superficielle. Elle serait un collage mal ajusté à la réalité des sociétés humaines, une sorte d'idéal utopique bien sympathique, mais loin du réel. Il ne s'agirait donc pas d'une question de compétence ou de savoir-faire, mais d'un décalage lié à une absence de *désir de démocratie.*

Je voudrais, dans ce chapitre, plaider l'hypothèse inverse. Le problème de la démocratie ne vient pas à mon sens de son manque d'attractivité. Au contraire. Le désir est là, toute la question est de savoir comment l'assouvir. C'est parce qu'elle est très attirante que d'immenses frustrations se lèvent à son sujet. Comment expliquer sa force alors qu'elle s'appuie sur des pratiques toujours jugées insuffisantes ? Il faut, pour répondre à cette question, montrer que les pratiques qui sont au fondement de la démocratie ont été renforcées, au fil de l'histoire, et notamment en Europe, par d'autres traditions, très puissantes. Le grand fleuve de la démocratie a ainsi bénéficié du renfort d'affluents particulièrement impétueux.

Sans que cette liste soit limitative, je propose d'examiner comment l'héritage chrétien de l'égale dignité entre les êtres, la place nouvelle prise par l'individu, l'irruption de l'amour dans les rapports conjugaux, la mise en place d'un autre rapport à la violence sociale ont renforcé le principe de symétrie qui est au cœur de la parole démocratique. À ces facteurs s'en ajoute un autre, peu mis en évidence jusqu'à présent. La démocratie n'inaugure-t-elle pas un autre rapport, plus réaliste, au réel ?

Tous ces facteurs font aujourd'hui de la démocratie un complexe puissant, attractif et solidement enraciné, siège d'un véritable *désir*.

## *La convergence de l'égalité et de l'« ethos » chrétien*

Certains des matériaux qui ont permis de construire la démocratie l'ont précédée, ou viennent de renforts latéraux. Et ce d'autant plus que celle-ci est une rupture. Un accord sur ce point a marqué le débat passionnant qui s'est noué le 19 janvier 2004 à l'Académie catholique de Bavière, à Munich, entre le philosophe allemand Jürgen Habermas et le cardinal Joseph Ratzinger, qui sera peu de temps après élu pape par ses pairs, sur le thème des « *fondements prépolitiques de l'État démocratique* ».

### *Les sources prédémocratiques*

Sans entrer dans le détail d'un débat par ailleurs assez théorique [1], on retiendra qu'une certaine convergence a été possible entre ces deux penseurs qui incarnent pourtant des traditions différentes, Habermas se situant du côté de l'héritage rhétorique et de la philosophie des Lumières, Ratzinger incarnant un certain conservatisme de l'Église. À l'idée, que défend Habermas, selon laquelle « *le statut de citoyen est, dans une certaine mesure, inséré dans une société civile qui vit de sources spontanées ou, si l'on veut, "prépolitiques"* [2] », Ratzinger répond en écho

1 Reproduit dans le dossier intitulé « Les fondements prépolitiques de l'État prédémocratique », *Esprit*, n° 7, Paris, juill. 2004.

2 Jürgen Habermas, « Pluralisme et morale », *ibid.*

que les droits de l'homme « *sont incompréhensibles sans le présupposé que l'homme en tant qu'homme, de par son appartenance à l'espèce "homme", est sujet de droits, que son être porte en lui-même des valeurs et des normes*[3] ».

De fait, la démocratie puise à plusieurs sources qui lui sont antérieures. Celles-ci, avant de se fondre dans un ensemble à l'attrait du coup très consistant, avaient déjà construit leur propre légitimité.

Les deux valeurs centrales de la démocratie, l'égalité et la liberté, sont le fondement d'une promesse attachante. La notion d'égalité, notamment, va avoir un destin particulier. Fortement portée par le monde grec, elle va rencontrer sur son passage l'*ethos* chrétien, avec qui elle va entrer dans une résonance particulière. Au point que l'on peut se demander si la force de cette notion et, en arrière-plan, de la démocratie se serait maintenue sans cette confluence.

### *L'héritage chrétien*

L'égalité renvoie bien sûr à plusieurs origines. Comme je l'ai montré au chapitre précédent, la notion prédémocratique de symétrie, telle que la met en scène Vernant pour le monde grec, est évidemment l'une de ces sources.

Cette origine ne saurait cependant expliquer à elle seule l'attrait de cette notion. Le monde chrétien, en ajoutant à ce tableau la double idée du caractère sacré de la personne humaine (comme créature divine) et de l'existence d'un individu autonome, doté d'une intériorité, va donner un cadre d'épanouissement inégalé à cette notion d'égalité.

La préoccupation du monde chrétien n'est pas, dans cette perspective, de contribuer à une pensée démocratique qui s'est éclipsée avant la mort de Jésus et qui ne renaîtra progressivement qu'avec la découverte, à la Renaissance, des outils rhétoriques et des normes de débat qui caractérisaient le monde grec. Lorsque le monde chrétien, à la fin et après la chute de l'Empire romain, se mêle des affaires humaines, c'est pour aller dans le sens d'une théocratie. Il n'en reste pas moins que le principe de l'« égale dignité des êtres humains », aussi dissonant

3 Joseph Ratzinger, « Démocratie, droit et religion », *Esprit*, *op. cit.*

soit-il avec la réalité du pouvoir qu'exercera la chrétienté en Europe, va progressivement nourrir une rencontre décisive avec le principe d'égalité issu de la tradition démocratique.

C'est dans ce sens qu'avec Habermas et Ratzinger on ne peut guère, sans forcer la réalité historique, oublier cet apport « prédémocratique » essentiel, qui potentialise le renouveau démocratique. Et ce d'autant plus qu'une partie de la tradition chrétienne, après la Réforme, ira dans le sens de la responsabilité individuelle et d'une certaine forme d'individualisme démocratique.

L'Église chrétienne originelle n'était d'ailleurs pas si éloignée, dans ses pratiques, d'une réalité pré- ou protodémocratique. Une lecture attentive des *Actes* écrits par Luc vers 50, et qui sont la seconde partie d'un texte unique dont la première partie forme l'Évangile éponyme, est particulièrement troublante de ce point de vue. Le texte décrit, sur le mode de la chronique, la vie de la communauté des chrétiens de Jérusalem après la disparition de Jésus. On y retrouve nombre de caractéristiques qui sont communes aux dispositifs « protodémocratiques » rencontrés ici et là dans le monde [4] et dont Athènes est le meilleur exemple.

En premier lieu, une communauté se réunit autour d'un « centre vide », qui partage ses biens. La parole de chacun vaut la parole de chacun au sein d'une assemblée qui prend collectivement ses décisions. En prime, et c'est une véritable révolution pour le bassin méditerranéen, les femmes qui en sont membres sont associées aux processus de décision. L'idée de centre vide est liée au statut particulier de Jésus, qui n'est ni mort, ni physiquement présent. Le centre vide constitue le lieu de l'attente de son retour, que la communauté estimait imminent. Cela n'est pas sans rappeler ce que dit Vernant des premières assemblées grecques. La place occupée par le pouvoir central (le roi, par exemple) a été laissée vide après l'effondrement du palais. Les membres de l'assemblée l'occupent ainsi à tour de rôle, en y prenant la parole.

L'idée d'égalité n'est donc pas uniquement un présupposé éthique, lié à l'égale sacralité de chaque homme, mais une pratique chrétienne initiale, dont on trouverait sans doute de larges traces dans la vie et l'enseignement de Jésus. Si l'on en croit un auteur singulier comme

4 Voir à ce sujet les références en notes dans le chapitre précédent.

Éric Edelmann, celui-ci « *ne cherche pas fondamentalement à légiférer du dehors, mais à opérer en chacun une révolution intérieure dont l'ampleur est telle que la vie s'en trouve complètement changée et, en conséquence, tout l'ancien système de valeurs aussi* [5] ».

L'institution de l'Église sous la forme qu'elle prendra à partir du IVe siècle ne s'inscrira certes pas en continuité avec ce régime d'assemblée communautaire initial. Mais il faut noter qu'à partir de la Renaissance les pères jésuites concevront les programmes de l'enseignement, sur lequel ils ont le quasi-monopole, à partir du programme de la rhétorique ancienne. Or, l'exercice de la *disputatio*, par exemple, comme d'ailleurs la plupart des techniques de la rhétorique, est une incarnation du principe de symétrie et d'égalité de la parole. Aussi hiérarchisée soit-elle, l'Église comme institution a donc largement contribué, sur différents plans, à transporter dans le temps l'égalité comme valeur, mais aussi comme pratique.

### *L'attrait de l'individualisme*

À ce tableau, il ne faudrait en effet pas manquer d'ajouter la question de l'individualisme, thème cher aux sociologues. Cette tendance lourde va progressivement s'affirmer au fil des derniers siècles en Occident. Elle s'est développée en amont, du moins en partie à l'extérieur de la démocratie elle-même. On peut se demander si elle n'a pas ajouté des éléments d'attractivité qui lui sont propres au courant plus général de la démocratie.

Le monde chrétien, comme l'ont montré plusieurs auteurs, notamment Marcel Gauchet, a joué un grand rôle dans l'émergence de l'individualisme. Celui-ci se présente comme un mouvement d'affirmation du moi, ou, pour le dire comme le sociologue allemand Norbert Elias, d'inversion du rapport entre le « nous » et le « je ». Il accompagne probablement la démocratie depuis l'origine. Comment imaginer que la valorisation de la participation et de la prise de parole dans les assemblées n'ait pas eu pour conséquence la valorisation de la personne en tant que *sujet* de cette parole ? C'est sur cette question que

---

5 Éric Edelmann, *Jésus parlait araméen*, Éditions du Relié, Gordes, 2000, p. 63 et p. 64 (nouv. éd., Pocket, Paris, 2003).

l'on rencontrera le point le plus avancé d'un élargissement de la notion de démocratie. L'égalité quitte son ciel de valeur abstraite pour rejoindre le terrain concret des relations quotidiennes entre les personnes.

Ensuite, dans la ligne de ce qui vient d'être dit sur l'extension de la portée de ses promesses, son solide enracinement vient en partie de ce que ses valeurs concernent la vie de chacun au-delà du politique *stricto sensu*. La démocratie apporte un bénéfice de vie vérifiable. Paradoxalement, accepter l'égalité permet à chacun de se *grandir*. L'espoir sur ce plan, en tout cas, est suffisamment crédible. À titre d'exemple, et de point limite, on pourra évoquer le rôle qu'a joué l'amour (en tant que sentiment unissant deux êtres) comme l'un des facteurs d'accompagnement de la démocratie. La mise en lien de ces deux notions, l'une relevant du champ privé et l'autre du champ apparemment uniquement politique, peut sembler étrange ; pourtant, l'une et l'autre participent d'un progrès plus global de la notion d'égalité.

### *L'amour moderne comme pratique de l'égalité*

La reconnaissance, qui s'affirmera progressivement, du rôle du sentiment amoureux dans les relations sociales nécessite en effet comme préalable la reconnaissance du rôle de l'individu, mais aussi, et peut-être surtout, de la symétrie des sentiments. L'égalité n'est-elle pas la toile de fond de ce sentiment ? Celui-ci, on le sait, a probablement toujours été présent dans l'histoire des relations humaines, mais chaque culture et chaque société lui ont accordé plus ou moins de place, et l'ont plus ou moins relié au mariage et à la sexualité. Dans ce triangle « naturel » que forment le sexe, l'amour et le lien institutionnel, l'amour a souvent été le grand oublié. Les cultures traditionnelles ont largement favorisé le « mariage arrangé », seul capable, dans certaines circonstances, de maintenir un certain équilibre social. La tradition puritaine, romaine puis chrétienne, a éloigné aussi bien l'amour que la sexualité comme base d'une union.

Il faut pratiquement attendre la Renaissance en Europe pour que les choses changent de ce point de vue, d'abord dans les milieux paysans et populaires. À partir de là, comme le décrit l'historien français Jacques Solé : « *Le rôle de la femme est valorisé, les conjoints sont plus mûrs, ils se rencontrent dans un esprit d'équilibre, d'égalité, et l'affectivité a désormais sa place dans la formation du lien conjugal. Ce fut l'un des grands changements de ce temps : les paysans ont inauguré le mariage d'amour*[6] *!* »

Jusque-là, l'« amour courtois » reste pour l'essentiel un idéal littéraire dans un contexte où, selon l'historien Jacques Le Goff par exemple, dominent plutôt les mœurs pour le moins brutales des guerriers féodaux. Celles-ci excluent l'éventuelle expression de tels sentiments. L'historien rappelle l'importance, en 1215, « *année qui a profondément marqué la psychologie et la culture de l'Occident* », des décisions[7] du quatrième concile du Latran, qui s'est ouvert le 11 novembre de cette année-là. Les décisions qui y sont prises instituent le mariage comme sacrement. Elles ont pour conséquence de le fonder aussi sur le consentement de chacun des époux[8]. La femme commence ainsi à devenir un partenaire à égalité dans le couple.

Il faut certes attendre très longtemps, en l'occurrence pour la France les années suivant la Première Guerre mondiale, pour voir disparaître presque complètement le mariage arrangé en même temps que le puritanisme sexuel. On peut commencer à concevoir l'union quotidienne entre deux êtres comme le jeu d'une triple égalité, dans le sentiment amoureux, dans l'échange sexuel et dans le choix mutuel du conjoint[9]. La barre, il est vrai, est placée tellement haut que cette égalité concrète posera d'autres problèmes. Il n'en reste pas moins que l'égalité, dans ce sens, en connexion avec l'idéal politique, est dotée d'une immense attractivité et que l'idée même de revenir en arrière, à des « valeurs traditionnelles », n'est guère populaire. En somme, en libérant l'amour on libère aussi l'égalité, et réciproquement.

Cela vaut bien sûr pour les immigrants actuels. Beaucoup d'entre eux viennent de sociétés très traditionnelles sur la question du mariage. Les jeunes femmes issues de ces milieux découvrent vite les

6 Entretien avec Jacques SOLÉ, recueilli par Dominique SIMONNET, *L'Express*, 18 juill. 2002.

7 Au rang desquelles il faut aussi compter l'instauration de la confession obligatoire, qui va jouer un grand rôle dans l'essor d'une psychologie de l'intériorité.

8 Entretien avec Jacques LE GOFF, recueilli par Dominique SIMONNET, *L'Express*, 11 juill. 2002.

9 Même les Lumières, si l'on suit Mona OZOUF, avaient échappé à une actualisation de la nouvelle égalité entre les hommes et les femmes, car à l'époque révolutionnaire, dit-elle, « *on revendique une union avec du sentiment mais on en reste au mariage de pur arrangement et aux habitudes aristocratiques masculines* » (entretien avec Mona OZOUF, recueilli par Dominique SIMONNET, *L'Express*, 25 juill. 2002).

immenses avantages potentiels d'une conception égalitaire des relations entre les hommes et les femmes. On mesure également, en contrepoint, les difficultés à la mettre en pratique. Les meurtres quasiment rituels de jeunes filles qui y adhèrent, par exemple dans certains milieux turcs traditionnels, sont un exemple tragique du poids de la tradition [10].

Il ne suffit pas de désirer et de vouloir une nouvelle manière d'être, encore faut-il avoir les compétences et les savoir-faire pour la pratiquer. À défaut, les compétences archaïques reprennent le dessus, notamment la soumission au mari dans le cadre d'une relation traditionnellement inégalitaire. La résistance commence à s'organiser autour des mariages « forcés », dans certaines communautés maghrébines ou turques par exemple, de la part des filles notamment. Celles-ci, en référence au modèle de l'égalité et de la liberté, s'estiment maintenant être « victimes » lorsqu'elles sont dans cette situation (en France, on estime à 70 000 par an le nombre d'unions sous la contrainte, mais un tel chiffre est à considérer avec prudence). C'est la preuve de l'attrait des notions, indissociables dans un tel contexte, d'égalité et de liberté [11].

## *L'Europe, berceau de la démocratie ?*

On peut conclure, nous l'avons vu, des textes rassemblés par Detienne, que la démocratie n'a pas été inventée en Grèce. Pourtant, c'est bien là que, concrètement, elle s'est systématisée pour la première fois. D'autres tentatives dans d'autres régions du monde ont été vouées à l'échec, pour différentes raisons.

De la même façon, c'est bien au Proche-Orient puis en Occident que s'est développé le christianisme, même s'il a essaimé par la suite. La convergence des deux traditions, démocratique et chrétienne, s'est

10 L'opinion publique allemande a vivement réagi, en avril 2006, jugeant trop faible la peine prononcée par un tribunal de Berlin à l'encontre du jeune frère d'Hatun Sürücü, qui l'avait assassinée. Cette jeune fille avait été condamnée à mort par sa famille pour avoir refusé un mariage arrangé. Les deux frères aînés avaient été acquittés. Le député européen Cem Özdemir avait déclaré que ce verdict n'était pas *« le signal dont nous av*[i]*ons besoin pour montrer qu'aucun crime d'honneur ne saurait être toléré »* (Le Monde.fr, 15 avril 2006).

11 Voir à ce sujet les prises de position de mouvements comme Ni Putes Ni Soumises (www.niputesnisoumises.com).

donc opérée essentiellement en Europe. Elle n'est pas étrangère au dynamisme des civilisations qu'elle a portées. Le débat qui a traversé les institutions européennes, puis une partie des opinions politiques des pays concernés, sur la nécessaire mention de l'« héritage chrétien » mériterait d'être enrichi de ces données fondamentales. L'irruption du principe de laïcité, qui était au cœur du projet démocratique grec, ne change rien à cette donnée historique.

Sauf à supposer que le christianisme n'ait plus aujourd'hui aucune influence sur les consciences — ce qui ne se soutiendrait pas une seule seconde —, ce à quoi nous avons assisté est plutôt une dissémination et une traduction des principes chrétiens de sacralité de la personne humaine. Celle-ci a fortement influencé l'espace laïque du politique, sous l'espèce, comme le dit bien Ratzinger, d'une rencontre sur le terrain des « droits de l'homme ».

### *La promesse d'une réduction de la violence sociale*

À cela il faudrait ajouter une autre tradition, porteuse d'une dynamique encore inachevée, que Norbert Elias a qualifiée, un peu maladroitement sans doute, de « *processus de civilisation des mœurs* ». Le sociologue constate : « *Nous sommes allés pendant cinq cents ans d'une formidable violence, que nous ne pouvons que très difficilement imaginer, à une moindre violence et à l'autocontrôle de l'agressivité. Dans la société du Moyen Âge, la violence était inscrite dans la structure même de la société. La classe dirigeante était celle des guerriers. L'existence c'était la rapine, le combat, la chasse à l'homme et à l'animal. Les documents suggèrent d'inimaginables déchaînements affectifs où chacun, quand il le peut — à quelques rares exceptions près —, s'abandonne aux joies extrêmes de la férocité, du meurtre, de la torture, de la destruction et du sadisme*[12]. »

Elias montre bien comment le processus de pacification des mœurs va transformer les conditions mêmes de la vie en Occident. Ce processus s'appuie sur deux piliers. Le premier est l'irruption d'une valeur concrète issue de Rome, où elle était essentielle, redécouverte à la Renaissance : la *civilité* (*civilitas*). Celle-ci suppose le remplacement

12 Propos recueillis par Stanislas Fontaine (*Le Nouvel Observateur*, 29 avril 1974), annexés à Norbert ELIAS, *La Civilisation des mœurs*, Calmann-Lévy, Paris, 1973, p. 440 (nouv. éd., 1994).

d'une violence endémique par un jeu de paroles codées et ritualisées [13]. Le second est la criminalisation progressive et la judiciarisation correspondante des actes violents de la vie ordinaire, jusque-là considérés comme normaux ou inévitables [14].

La régression massive de formes de violence qui étaient endémiques va évidemment de pair avec la progression des valeurs et des pratiques qui serviront à fonder la démocratie à partir du moment où les pays anglo-saxons puis la France en feront une norme politique centrale, c'est-à-dire à partir du XVIIIe siècle.

Le principe d'égalité et le recul de la violence civile s'épaulent mutuellement. On peut se demander si ce dernier peut être considéré comme une condition *sine qua non* du premier aussi bien que le premier peut être considéré comme le principal aiguillon du second, notamment grâce à l'institution de la justice moderne. Nous sommes, là aussi, dans un complexe spécifiquement européen, plus même qu'occidental. Les États-Unis, s'ils ont été porteurs de la tradition d'égalité et de l'héritage chrétien, échappent en partie, pour des raisons historiques (notamment du fait que c'est un pays d'immigration), à ce processus de civilisation des mœurs qui paraît bien une spécificité européenne jusqu'à aujourd'hui [15].

## *Un autre rapport au réel*

L'attrait de la démocratie, on le voit, n'est pas une simple affaire d'attachement au droit de vote ou à l'institution du Parlement. Elle a des racines puissamment enfoncées dans le sol européen. Elle inspire

---

13 Voir à ce sujet les développements que je consacre à cette question dans *Éloge de la parole* (La Découverte, Paris, 2003) et dans *Argumenter en situation difficile* (La Découverte, 2004 ; nouv. éd., Pocket, 2006).

14 Voir à ce sujet les travaux passionnants de Robert MUCHEMBLED, notamment *L'Invention de l'homme moderne. Sensibilités, mœurs et comportements collectifs sous l'Ancien Régime*, Fayard, Paris, 1988.

15 Cette proposition ne doit bien sûr pas être entendue dans un sens ethnocentriste. Le fait que ce processus se soit développé en Europe n'a rien à voir avec une quelconque « supériorité européenne », idéologie dont certains, on le sait, font leurs choux gras. Nous sommes plus ici dans l'ordre de la contingence historique que dans celui d'une quelconque naturalité du phénomène. C'est d'ailleurs aussi le cas, globalement, pour la démocratie elle-même. Son principe est né un peu partout dans le monde, même si c'est à Athènes que, par contingence, elle a trouvé à se développer en premier.

un idéal pratique, même si la société a le plus grand mal à le mettre en application — on pourrait citer à ce propos l'acharnement de l'Église contre toutes les communautés chrétiennes « égalitaristes ». On pourrait ajouter à tout cela une raison supérieure, à la fois plus fondamentale et plus pragmatique encore.

Le fond de l'affaire ici est peut-être une souffrance anthropologique, propre à l'homme comme espèce. À la différence des animaux, soudés à leurs instincts et à leur perception immédiate du monde, l'homme n'éprouve-t-il pas, depuis l'origine, le sentiment curieux de ne pas avoir un accès direct, non réflexif, au réel ? N'est-il pas un *exilé du réel* ? Cette distance au monde est la source de sa réflexivité et de sa parole. Une part importante de ses actions ont pour but d'en retrouver le chemin, soit par la maîtrise technique, soit par le jeu approprié de sa parole. Le *réalisme* est peut-être l'une des voies qui apaisent cette souffrance fondamentale.

### *Démocratie et réalisme*

La démocratie n'inaugure-t-elle pas, sans que ses zélotes l'aient forcément recherché, un autre rapport au réel ? N'a-t-elle pas à voir avec la progression de ce « *principe de réalité* » que Freud évoque comme permettant une meilleure délimitation des « *frontières du moi* » [16] ?

Creusons cette piste du rapport au réel en partant de l'hypothèse selon laquelle la démocratie est peut-être le régime réaliste par excellence, avec tous les bénéfices et toutes les exigences — souvent insupportables — que cela suppose. Le passage à la démocratie aurait ainsi introduit un bouleversement radical de notre rapport au réel. Son attrait découlerait peut-être aussi des satisfactions que l'on peut en espérer. Quelques indices vont dans ce sens. Il y a d'abord un fait structurel qu'inaugure le monde grec. La séparation entre le public et le religieux est au cœur de la laïcité démocratique. Sur l'agora, on traite les affaires publiques, celles qui concernent les citoyens, la gestion de la cité et la régulation de la violence sociale. Sur l'Acropole, on

---

16 Sigmund FREUD, *Le Malaise dans la culture* (trad. de l'allemand par Pierre Cotet, René Lainé et Johanna Stute-Cadiot), PUF, Paris, 1995 (6e éd., 2004).

s'occupe du domaine du sacré, celui de la vie après la mort et de la finalité de l'être.

Je ne suivrai pas ici complètement Freud dans sa critique de la religion, et, plus généralement, du « *sentiment océanique* », jugé « *si infantile et si étranger à la réalité effective* »[17]. Mais il faut remarquer que le principe de laïcité qui était au cœur du projet démocratique grec introduit, sans doute pour la première fois dans l'histoire de l'humanité, une séparation essentielle qui permet des accès différentiels au réel. Socrate a été condamné à mort pour « impiété » et irrespect envers les dieux de la Cité. Les Grecs étaient très attachés au sentiment religieux, qui règne sur l'Acropole, mais aussi à la possibilité du réalisme politique, qui se déploie sur l'agora.

C'est au fond ce que fera aussi le monde chrétien en inaugurant, grâce au fameux « *Tu rendras à César ce qui est à César et à Dieu ce qui est à Dieu* », la dualité des affaires terrestres et des affaires spirituelles. Les mondes juif et musulman n'emprunteront pas cette voie. Les Juifs mêleront étroitement, après la seconde chute du Temple, la révolution monothéiste à un ethnicisme arc-bouté sur des rites de pureté archaïques[18]. Cet ethnicisme était sans doute nécessaire à la conservation de l'identité d'un peuple en diaspora. Mais, conjugué à un point de vue théocratique, il n'a pas constitué un contexte accueillant pour les principes démocratiques ou même prédémocratiques. Dans le monde arabo-musulman, la tentation théocratique, conjuguée avec d'autres formes d'ethnicisme, produira un résultat similaire, qui barre l'accès à ce qui fait le fond de l'attractivité démocratique.

La comparaison de la réception dans le monde arabe et dans le monde juif[19] de l'un des grands textes porteurs dans l'histoire des normes et des pratiques démocratiques grecques, à savoir la *Rhétorique* d'Aristote, est sur ce point édifiante. Comme l'écrit, de façon très

17 *Ibid.*, p. 16.

18 Voir notamment l'analyse de l'anthropologue Mary Douglas sur les rites de pureté dans la Torah dans *De la souillure. Essai sur les notions de pollution et de tabou* (trad. de l'anglais par Anne Guérin), La Découverte, Paris, 2001 (nouv. éd., 2005).

19 Le texte de la *Rhétorique* a disparu pendant longtemps et a été redécouvert en Occident *via* sa version arabe (texte d'al-Farabi), en 1256, dans une traduction d'Hermann l'Allemand. Jusqu'au XIIIe siècle, le Moyen Âge avait réduit la rhétorique, au sein du *trivium*, essentiellement à un art épistolaire. C'est la Renaissance qui redécouvrira le lien fondamental qui l'unit à la démocratie comme « art d'argumenter ». Voir sur ce point Philippe Breton et Gilles Gauthier, *Histoire des théories de l'argumentation*, La Découverte, coll. « Repères », Paris, 2000 (nouv. éd., 2004) et Michel Meyer (sous la dir. de), *Histoire de la rhétorique. Des Grecs à nos jours*, LGF, Paris, 1999.

clairvoyante et très synthétique, Jean-Pierre Rothschild : « *La rhétorique ne trouvait pas, chez les Juifs de langue arabe, d'application dans l'art du bien vivre, pour à peu près les mêmes raisons qu'en Islam : il n'y avait pas d'application possible au débat judiciaire qui n'existait pas sous une forme laïque... ni à des délibérations politiques*[20]. »

### *La rupture avec le mythe*

Un autre élément du nouveau rapport au réel que constitue la pensée démocratique est son étroite et permanente proximité avec le monde des sciences. La notion de symétrie jette un pont entre la naissance des sciences en Grèce et celle du nouveau régime politique. La Renaissance occidentale voit simultanément la redécouverte des normes de la parole démocratique — qui seront appliquées dans les villes italiennes où le mouvement se met en marche — et l'éclosion de la pensée scientifique et technique moderne.

L'indispensable rupture avec la pensée mythique permet d'instaurer, comme le dit si bien Vernant, « *une délimitation plus rigoureuse des différents plans du réel*[21] ». Or, le mythe, c'est, d'une certaine façon, l'abstraction, l'exaltation des lieux « hors du monde » où se décident, en dehors d'eux, le destin des hommes. Avec la démocratie, les hommes sont retombés les pieds sur terre, ne pouvant compter que sur leurs propres forces pour construire un destin qui n'est plus dicté par la providence.

La clé de voûte de l'ensemble est peut-être le fait que la nouvelle manière de prendre les décisions qui caractérise la démocratie conduit chacun à un réalisme absolu. Elle associe sur un même plan l'ensemble des participants au dispositif démocratique. En même temps, elle les contraint à n'appuyer les arguments du débat que sur des données immanentes — la transcendance étant rejetée dans l'espace limité et externe du religieux. Le démocrate est condamné au réel. La différence est radicale avec l'homme des structures communautaires, qui consacre toute son énergie à ne pas être l'auteur de décisions toujours

---

20 Jean-Pierre ROTHSCHILD, « La rhétorique dans la littérature hébraïque », *in* Gilbert DAHAN et Irène ROSIER-CATACH (sous la dir. de), *La Rhétorique d'Aristote. Traditions et commentaires de l'Antiquité au* XVII*e* *siècle*, Vrin, Paris, 1988.

21 Jean-Pierre VERNANT, *Les Origines de la pensée grecque*, *op. cit.*, p. 34.

déjà inscrites dans le mythe et donc, comme le remarque Mary Douglas, « *se réfère à un répertoire fixe de causes possibles* [...] *qui détermine un répertoire fixe d'actions obligatoires* [22] ».

### *La solitude du pouvoir*

La rupture s'opère également avec l'homme des hiérarchies. Celui-ci déploie des compétences différentes à tous les échelons de la pyramide. En position de soumis, il est dépossédé de la décision et ne peut que se laisser aller à la rêverie de l'esclave. Cela ne signifie pas que sa vie n'est pas dure mais, précisément, qu'il tente d'y échapper en s'extrayant du réel. En position de dominant, sa situation de ce point de vue n'est guère plus enviable, même s'il en tire des bénéfices secondaires.

Parce qu'il exerce le pouvoir de décision dans la solitude, malgré son désir toujours insatisfait de l'embrasser tout entier le chef n'atteint jamais que des portions très limitées du réel. Comme le montre merveilleusement bien le dialogue entre le poète Simonide et le tyran Hiéron, tout chef est frustré d'un réel qui lui échappe [23]. Le phénomène s'accroît quand il tente d'étendre son pouvoir à des zones plus vastes mais, du coup, encore plus inaccessibles.

### *Avoir prise sur le réel*

La promesse secrète de la démocratie, et peut-être la source ultime de son fort attrait, tiendrait-elle à ce qu'elle donnerait une *prise sur le réel* à ceux qui acceptent de jouer son jeu ?

Dans ce sens, comme l'écrit le psychanalyste et sociologue Gérard Mendel, dans une proposition à laquelle je souscris ici totalement : « *Le problème aujourd'hui ne consiste pas, pour les sans-pouvoir, à "avoir du pouvoir" seulement sur le mode traditionnel et par exemple par de meilleures procédures de délégation. Le problème politique, qui se révèle neuf,*

---

22 Mary DOUGLAS, *De la souillure, op. cit.*

23 Dialogue reproduit et commenté dans Leo STRAUSS et Alexandre KOJÈVE, *De la tyrannie* (trad. de l'anglais par Hélène Kern et André Enegrèn ; trad. de l'allemand par Marc de Launay), Gallimard, Paris, 1997 (nouv. éd.).

*serait celui, pour les individus à la base de la société, d'acquérir du pouvoir sur leurs actes à l'intérieur des institutions où ils sont présents*[24]. »

C'est pourquoi il faut s'en former une vision élargie, qui concerne de nombreux aspects du développement humain, et ne pas la réduire à la politique. Le fait que nombre de contemporains s'attachent principalement au droit de vote et que cette instance soit celle qui soit le moins remise en question dans son principe (même les régimes non démocratiques l'ont maintenue, tout en la vidant de son contenu), renvoie peut-être à l'idée que le droit de vote est l'instrument *a minima* d'une prise sur le réel politique.

La démocratie — et on voit bien là son extrême connivence avec le mouvement individualiste qui l'accompagne — contribue, comme aucun régime ne l'a jamais fait auparavant, à la construction du moi, à l'établissement de frontières qui permettent clairement à chaque individu de sentir et de vivre en actes son immersion réaliste dans le monde concret. Pour le dire autrement, mais sans vouloir filer outre mesure la métaphore, la démocratie est l'instance qui fait grandir la personne humaine.

Dans ce sens, on peut dire que s'est construit au fil du temps, sous l'influence des différents facteurs que je viens d'énoncer, un véritable désir de démocratie. C'est sans doute là que le nouveau régime inaugure une difficulté originale et à bien des égards non surmontée aujourd'hui dans la pratique — alors qu'elle est fort attractive en théorie —, car cette prise sur le réel implique l'exercice d'une *responsabilité* peut-être épuisante et pour laquelle nous sommes encore mal taillés.

---

24 Gérard Mendel, *Pourquoi la démocratie est en panne. Construire la démocratie participative*, La Découverte, Paris, 2003, p. 90 et p. 91.

# 4

## *Des valeurs en perte de vitesse ?*

L'attrait des promesses dont la démocratie est porteuse est, nous l'avons vu, très fort. Le désir vient de loin. Cela ne veut pas dire qu'il ne puisse pas y avoir un doute sur la possibilité d'actualiser ces valeurs. L'égalité ne serait-elle pas une utopie et la liberté un leurre ? L'enracinement profond évoqué résiste-t-il à l'usure du temps, comme à l'accumulation des frustrations ? Qu'en est-il, *aujourd'hui*, de notre rapport à l'idéologie politique démocratique ? Y aurait-il une perte de confiance dans les grandes valeurs qui la fondent ?

Je voudrais montrer dans ce chapitre que le problème ne se situe pas à ce niveau. Précisément parce qu'elles sont encore largement populaires, les valeurs démocratiques contribuent à la frustration actuelle. Le reproche qu'on peut leur faire n'est pas tant d'exister et de promettre, que de ne pas tenir. C'est bien parce que nous y croyons qu'il y a un problème. Dans cet esprit, plus l'adhésion à ces valeurs sera forte, plus leur déficit d'application dans la parole et dans les comportements concrets sera problématique.

Ne sous-estime-t-on pas, généralement, la force de l'adhésion aux valeurs démocratiques ? Une très grande majorité des opinions publiques des pays occidentaux semblent être fermement attachées aux idéaux démocratiques. Paradoxalement, ceux qui ne votent plus régulièrement, s'absentent de la vie publique et citoyenne, semblent le faire par frustration plus que par désintérêt. Même ceux qui font le choix de voter pour les candidats de l'extrême droite ou des nouveaux populismes qui émergent ici et là, notamment en Europe, ne le font pas tous par désaveu idéologique des valeurs de la démocratie.

L'une des formes de rejet des valeurs démocratiques serait l'hostilité, voire une désaffection majeure des opinions publiques occidentales vis-à-vis de la politique en général et de la démocratie en particulier. Quelles sont la réalité et l'ampleur de ce phénomène ? Ne sont-ce pas là des idées préconçues ? Ne faut-il pas distinguer entre la critique du principe démocratique lui-même, qui serait finalement peu active, et la critique des conditions concrètes de déploiement de ce principe, qui, elle, serait bien plus vive ?

J'examinerai également, dans le cadre de cette hypothèse, les cas limites du nazisme, de l'extrême droite et du radicalisme islamique. Ces menaces bien réelles, dans le passé comme dans le présent, contre la démocratie sont-elles forcément le signe que des couches entières de la population sont devenues hostiles aux valeurs démocratiques ? Ce n'est pas si sûr.

Interrogeons-nous d'abord sur la critique ou le désamour éventuel pour l'idée démocratique. Est-ce un sentiment si réel et si massif qu'on veut bien le dire ? On explorera ici plutôt l'hypothèse selon laquelle non seulement les opinions publiques occidentales sont attachées au principe démocratique, mais que celui-ci est doté à leurs yeux d'un très fort attrait.

## *La mesure d'un attachement*

Peut-on évaluer de manière chiffrée cet attachement ? De nombreuses enquêtes ont tenté de mesurer le rapport de l'opinion aux valeurs de la démocratie. Elles ont été réalisées auprès d'« échantillons représentatifs » des populations française et européenne. Elles montrent, dans un premier temps, que la plupart des personnes interrogées sont capables d'identifier les grandes valeurs et les institutions associées à la démocratie.

Du fait de l'élévation généralisée du niveau d'éducation et du rôle d'information joué par les médias, le mode de fonctionnement des grandes institutions démocratiques est relativement bien connu. Cela concerne le système électoral avec le principe de l'égalité des votes, les assemblées élues, le principe du référendum, les lois qui garantissent les libertés publiques et notamment la liberté d'opinion, le droit d'association. Certains iront même jusqu'à évoquer leur connaissance de la Constitution française de 1958, de la séparation des pouvoirs, de l'indépendance de la justice. On peut dire que nous sommes bien *informés* de ce qu'est la démocratie. Même ceux qui contestent ce type de régime, comme certains des électeurs qui votent pour des partis extrémistes de droite, ont en général un niveau de connaissance élevé de ce dont ils ne veulent pas. Du point de vue de l'information sur la démocratie, nous sommes donc sans aucun doute compétents.

Au-delà de cette connaissance, bien réelle, de nombreuses personnes interrogées dans ces enquêtes témoignent en plus, dans un deuxième temps, de leur attachement à ces valeurs même si celui-ci est très souvent nuancé et associé à de multiples frustrations.

Dans un modèle qui a inspiré les sciences politiques jusqu'à aujourd'hui, le politologue américain David Easton distingue trois niveaux d'attitudes à l'égard de la démocratie, selon que l'on a affaire à l'adhésion au noyau central des *valeurs* démocratiques, à la confiance dans les *institutions* et les procédures propres à la démocratie représentative, ou à la confiance dans les *représentants* et les gouvernants.

Si l'on distingue, avec Grunberg, le niveau de l'attachement au vote (le plus proche du cœur des valeurs démocratiques) et celui de l'attachement à l'existence des partis politiques (plus loin du noyau central), on voit s'opérer un décrochage important. Ainsi, 79 % des personnes interrogées en France trouvent « très important » (40 %) ou « extrêmement important » (39 %) que « *les gens votent régulièrement aux élections* »[1], alors que 46 % seulement émettent le même jugement quant au fait qu'« *il y ait des partis politiques* ». Retenons donc pour l'instant, sur le plan de la mesure de l'opinion, que « *si la manière dont fonctionnent en pratique les régimes démocratiques peut être l'objet de critiques parfois vives, aucune étude n'a décelé les prémices d'un mouvement*

1 Cité par Gérard Grunberg, « Le soutien à la démocratie représentative », art. cit., p. 113.

*qui mettrait en cause la légitimité des fondements mêmes du régime démocratique*[2] ».

Il est curieux de constater par ailleurs que cet attachement au noyau dur de la démocratie semble relativement indépendant de plusieurs variables qui habituellement divisent plus qu'elles ne rassemblent. Ainsi, selon le politologue français Étienne Schweisguth : « *Aucun lien n'a pu être établi entre la baisse objective des performances économiques et un affaiblissement de l'adhésion au principe même du régime démocratique*[3]. » On aurait pu s'attendre à ce que la crise économique ait des effets sur la confiance dans ce domaine. De la même façon, l'opinion sur l'importance du vote comme institution est globalement la même selon que l'on se situe politiquement à gauche ou à droite, ou même qu'on ne se situe ni dans un camp ni dans un autre. Il y a mieux. Toujours selon Grunberg, « *les différentes visions de la démocratie ne sont pas liées aux positions sociales des individus*[4] », ni aux niveaux d'études. Le fait d'avoir un certificat d'études primaires, un baccalauréat ou un diplôme de l'enseignement supérieur ne change rien : les chiffres de l'adhésion aux éléments qui font le socle de la démocratie ne varient pas, ou très peu.

### *La critique de la représentation*

Les enquêtes qui montraient l'attachement aux valeurs abstraites comme l'égalité ou concrètes comme le droit de vote mettent cependant en évidence ce que certains appellent une « crise de la représentation ». Globalement, plus on descend l'échelle qui va de la théorie à la pratique, plus le mécontentement s'accroît.

Ce dernier a tendance à se fixer sur les partis politiques et les représentants élus, qui ne bénéficient que d'une confiance très relative. Ainsi, à la proposition « *Les hommes politiques se préoccupent de ce que pensent les gens comme vous* », les enquêtés répondent majoritairement (à 75 %) « non » : « pas d'accord du tout » à 38 % et « plutôt pas d'accord » à 37 %. Ils portent un jugement similaire sur leur

---

2 Étienne Schweisguth, « La dépolitisation en question », *in* Gérard Grunberg, Nonna Mayer, Paul M. Sniderman (sous la dir. de), *La Démocratie à l'épreuve*, *op. cit.*, p. 61.

3 *Ibid.*, p. 60.

4 Gérard Grunberg, « Le soutien à la démocratie représentative », art. cit., p. 118.

« honnêteté » (70 %). Pour expliquer ces chiffres, Gérard Grunberg soutient que « *ce serait l'attitude générale à l'égard du régime de la démocratie représentative qui expliquerait la défiance à l'égard des représentants plutôt que l'inverse*[5] ». Cette critique ne concernerait donc pas au premier chef la personne des élus ni la démocratie en soi.

Il y aurait, selon lui, « *au sein du modèle démocratique* [...] *deux sous-univers : l'un qui participe plutôt du modèle du Gouvernement représentatif* [...] *l'autre plutôt du modèle de la démocratie sociale et protestataire, dans lequel les citoyens accordent moins d'importance aux partis dans le fonctionnement de la démocratie*[6] ». Dans les deux cas, il se manifeste un attachement à la démocratie et au droit de vote, mais un désaccord sur la nature de la démocratie. Si l'on suit toujours Grunberg, il y a, chez ceux qui font partie du « deuxième univers », à la fois un problème de « *compétence politique* », lié à un niveau d'études moins élevé, et un problème d'adhésion à des valeurs « *ethnocentristes et autoritaires* ». Il conclut que le premier problème joue un rôle moindre que le second, qui constitue une variable dotée d'un plus fort pouvoir d'explication.

Il est pourtant tentant de ne pas opposer ces deux niveaux. L'autoritarisme est une pratique qui elle aussi requiert une certaine compétence. Ceux qui ont une expérience et une compétence pratique dans ce domaine auront tendance à préférer un modèle de démocratie qui privilégie l'élection d'un « homme fort », qui ne se préoccupe pas des partis ni de l'Assemblée.

### *Un attachement qui résiste au pire*

D'où vient cet attachement à la démocratie ? Une remarque très pertinente d'Étienne Schweisguth nous met sur la voie lorsqu'il évoque le rapport à la durée : « *L'attachement*, nous dit-il, *aux institutions et aux principes démocratiques — élections libres, suffrage universel, État de droit — est généralement très élevé dans les démocraties européennes. En règle générale, il est d'autant plus élevé que la démocratie est installée depuis longtemps. La durée, ici, ne semble pas être un facteur de*

5 *Ibid.*, p. 126.
6 *Ibid.*, p. 114.

*lassitude*[7]. » On pourrait bien sûr déduire de cette proposition que nous sommes dans une sorte de conservatisme et que l'adhésion aux grandes valeurs de la démocratie est un effet de l'habitude. Une telle qualification serait toutefois trop superficielle pour correspondre à la réalité.

L'exemple du rapport à la démocratie des habitants des pays occidentaux qui ont été soumis, à un moment de leur histoire, à des régimes qui ont rompu toutes les amarres avec les principes et les pratiques de la démocratie est particulièrement significatif. C'est le cas de l'Allemagne où, malgré la faiblesse des traditions démocratiques, la nazification a nécessité une féroce et permanente combinaison de propagande massive et de répression cruelle. Le pays avait connu la république de Weimar, et suffisamment longtemps pour que de nombreux Allemands aient pu faire l'expérience de la démocratie, dans un environnement européen où ce régime était ancré. C'est en partie parce que cette expérience démocratique avait eu lieu, quelles qu'aient été ses imperfections, que les torrents de la propagande ont été nécessaires.

La propagande, paradoxalement, va de pair avec la démocratie. Dans un contexte où la pure coercition suffit, où la hiérarchie s'exerce sans partage, où le mythe, sous sa forme archaïque, en impose suffisamment, la propagande n'a pas de sens. Elle est une invention typique de la décomposition des régimes démocratiques.

### *La démocratie contre le mythe nazi*

L'exemple du nazisme permet en tout cas de mettre le doigt sur l'antagonisme profond qui règne entre les fondations de la démocratie et la tentative de revivifier le mythe comme mode d'organisation symbolique des sociétés[8]. Une fois que la démocratie est passée par là, rien n'est plus comme avant. Dans ce sens, aussi étrange que

---

7 Étienne Schweisguth, « La dépolitisation en question », art. cit., p. 61.

8 « On pourrait peut-être définir l'hitlérisme comme l'exploitation lucide — mais pas nécessairement cynique, car elle-même convaincue — de la disponibilité des masses au mythe. La manipulation des masses n'est pas seulement une technique : elle est aussi une fin, si, en dernière instance, c'est le mythe lui-même qui manipule les masses, et se réalise en elles. » (Philippe Lacoue-Labarthe et Jean-Luc Nancy, *Le Mythe nazi*, Éditions de l'Aube, La Tour-d'Aigues, 1991, p. 70 [nouv. éd., coll. « L'Aube Poche », 2005]).

cela puisse paraître, le poids et surtout la permanence de la propagande nazie sont le signe de l'échec relatif de l'acceptation de cette idéologie, même dans un pays comme l'Allemagne des années 1930.

Le souhait d'Hitler de rétablir le principe hiérarchique dans son absolue nudité [9] s'est heurté au *principe-égalité* que partageait une partie importante du peuple allemand, malgré les faiblesses et les hésitations de la tradition démocratique dans ce pays. Le maintien de l'influence de la religion, et des principes qu'elle avait portés du point de vue de l'« égale dignité entre les hommes », n'est pas étranger à la persistance de cet idéal. Il peut paraître paradoxal, j'en ai conscience, d'insister sur la « résistance démocratique » du peuple allemand, là où la plupart des analyses d'historiens insistent précisément, et de façon incontestable, sur le rôle qu'a joué le peu de traditions démocratiques de ce pays dans l'avènement du nazisme et sur la faiblesse des actes de résistance concrets des Allemands après 1933.

Comme le remarque fort justement le témoin et historien William L. Shirer, le pays n'avait guère de tradition d'égalité : « *La guerre de Trente Ans et la paix de Westphalie (1648) qui la termina portèrent au pays un coup final, si désastreux qu'il ne s'en est jamais tout à fait relevé... L'acceptation de l'autorité et de l'obéissance aveugle à des tyranneaux* [et le retour du servage] *qui se posaient en princes s'enracina dans sa mentalité. L'idée démocratique du Gouvernement parlementaire, qui connut de si rapides progrès en Angleterre au* XVII^e^ *et au* XVIII^e^ *siècle et qui explosa en France en 1789, n'eut pas d'éclosion en Allemagne* [10]. »

Mais mon analyse ne se situe pas au même niveau que celle de l'historien. Il s'agit de souligner ici que la nécessité du recours à la propagande pour un tel régime, comme violence exercée sur les

---

9 Ce principe constitue l'essence mythique du nazisme, comme Hitler le martèle jusqu'à l'obsession dans *Mein Kampf* : « il lui incombe [à *la philosophie populaire*] d'aider à la victoire du supérieur et du plus fort et d'exiger la subordination de l'inférieur et du plus faible, conformément à la vérité éternelle qui régit l'univers. De la sorte, elle sert le principe aristocratique qui est à la base de la Nature et elle adhère à la validité de cette loi, qui s'applique du haut jusqu'en bas de l'échelle des êtres. Elle constate non seulement les différentes valeurs des races mais aussi celle des individus... ainsi la philosophie populaire de la vie correspond au vœu le plus profond de la Nature, puisqu'elle restaure le libre jeu des forces qui doivent amener à une élévation mutuelle et continue jusqu'à ce qu'enfin l'élite de l'humanité, s'étant assuré la possession de la terre entière, ait toute l'indépendance voulue pour agir dans des domaines qui seront en partie au-dessus et en partie en dehors d'elle » (cité par William L. SHIRER, *Le Troisième Reich*, tome 1 : *Des origines à la chute*, Stock, Paris, 1960, p. 118 et p. 119).

10 *Ibid.*, p. 123.

consciences, tient exactement à ce que ses idées ne passent pas toutes seules, sinon bien sûr pour un cercle de convaincus. Elles se heurtent à un obstacle *culturel* profond, commun à l'ensemble de l'Occident. Les nazis auront beaucoup de peine à le réduire et n'arriveront jamais à l'éradiquer totalement.

### *La persistance de la démocratie dans le « laboratoire alsacien »*

Le cas de l'Alsace fournit un autre exemple de la force du principe démocratique, tel qu'il s'est constitué dans la longue durée historique. Cette région, pourtant terre de culture germanique, portait avec force ce principe, et pas uniquement du fait du poids de la France depuis le XVIIe siècle [11]. Elle a pu de ce fait résister, quoi qu'on en dise parfois, à la nazification lors de l'occupation allemande de 1940 à 1945. Hitler avait pourtant fait du « laboratoire alsacien » un cas exemplaire de sa politique. Mais rien n'y a fait, et, très tôt, les nazis durent constater leur échec. Cet exemple montre particulièrement bien combien les traditions démocratiques, même dans une zone germanique, ont en partie protégé les populations de l'influence du totalitarisme et du « principe mythique-hiérarchique ».

Les nazis ont d'ailleurs dû maintenir l'effort de propagande jusqu'au bout — et surtout à partir de 1943 — pour convaincre les Allemands d'être les acteurs d'une « guerre totale » qui les conduira pourtant au désastre. Ce cas saillant, et particulièrement dramatique, illustre combien la propagande n'a de sens que par rapport à l'influence, en profondeur, de valeurs comme l'égalité ou la liberté. Celles, précisément, que l'Occident avait vues s'installer durant des siècles, au point de confluence entre la tradition politique

---

11 Françoise Lévy-Coblentz évoque ainsi la période agitée pendant laquelle « se crée l'unification de l'Alsace avec la France : la population, *dont les aspirations profondes tendent depuis le Moyen Âge à la démocratie*, accepte avec enthousiasme les réalisations révolutionnaires ; en même temps se dessine une réaction hostile à l'Allemagne, devenue le symbole des "tyrans étrangers" par suite de l'émigration et, surtout, des menées antirévolutionnaires des princes d'Empire possessionnés en Alsace. Aux institutions féodales germaniques s'opposent les libertés démocratiques françaises. C'est pour les sauver et défendre leur territoire que les Alsaciens se battent avec tant d'acharnement lorsque surgit le péril de l'invasion » (« Alsace », *in Encyclopædia Universalis*, Universalis, Paris, 2004 [10e éd.]).

démocratique d'origine grecque, porteuse du principe de *symétrie*[12], réactivée à la Renaissance avec l'humanisme, et la tradition chrétienne, porteuse du principe d'« égale dignité » des êtres humains.

L'attachement à la démocratie ne fait donc guère de doute. Mais peut-être s'agit-il d'un attachement, certes non pas superficiel ou volatile (l'exemple de la résistance au nazisme nous prouve sa solidité), mais néanmoins fragile parce qu'il serait contemporain ou uniquement lié à la réaction face aux horreurs que les régimes non démocratiques ont engendrées tout au long du XXe siècle.

Dans ce cas, l'effacement progressif de la mémoire de ces terribles moments pourrait engendrer un repli de l'idée démocratique. Certains le craignent. Mais cette analyse fait l'impasse sur la longue durée dans laquelle la démocratie, comme régime politique et plus généralement comme nouveau rapport à l'autre, s'est installée. Elle est porteuse, comme nous allons le voir maintenant, d'une promesse qui exerce une attraction puissante.

## La fin du politique comme valeur ?

Une autre forme du rejet de la démocratie aurait sa source non dans un projet idéologique ou religieux, comme nous venons de le voir, mais tout simplement dans la « dépolitisation » qui caractériserait les sociétés « postmodernes ». L'adhésion aux valeurs démocratiques serait ruinée non par hostilité mais par indifférence, ce qui serait pire. La très abstraite « fin de l'histoire » s'appuyant sur une fin concomitante des idéologies, la démocratie serait emportée dans ce tourbillon qui éloignerait à jamais la politique d'un quotidien subitement devenu très réaliste puisque « désidéologisé ».

### *L'individualisme contre la démocratie ?*

Qu'on le regrette ou qu'on l'approuve, on pointe du doigt l'individualisme croissant des sociétés contemporaines. Cette nouvelle

12 Voir, au sujet de cette notion essentielle, Jean-Pierre VERNANT, *Les Origines de la pensée grecque*, *op. cit.*, notamment au chapitre 8.

modalité d'être dissoudrait le lien social et ruinerait tout désir d'association politique, donc le fondement même de toute démocratie.

On pourrait aussi souligner, dans cette perspective, un éventuel surcroît de « réalisme » d'opinions publiques moins manipulées, très bien informées par les médias, et désormais formées d'individus responsables à qui « les politiciens ne la font plus ». La chute du Mur de Berlin aurait consacré la maturité de l'homme moderne, enfin débarrassé des chimères du politique.

Ces affirmations reposent assez peu sur des observations et restent généralement très impressionnistes. Elles supposent l'ingratitude fondamentale d'une opinion qui sait pourtant le lien étroit qui existe entre l'épanouissement de l'individu et le cadre qui le permet, la démocratie comme système politique. Si une telle cécité était atteinte, il y aurait en effet fort à craindre pour l'avenir de nos sociétés. L'idéal de la liberté de l'individu reste, dans l'esprit de l'opinion publique, en rapport direct avec le monde des idéaux démocratiques.

La poussée de l'individualisme, bien réelle, doit être appréciée dans ce qu'elle apporte aussi bien que dans ce qu'elle retire. Les observateurs les plus attentifs évoquent plutôt, au titre des effets les plus négatifs, un décalage entre une conscience aiguë des droits et un laxisme dans l'exécution des devoirs. Ce travers renforce l'attachement à la démocratie et surtout à l'une de ses valeurs centrales, la liberté. C'est tout le problème que nous souhaitons poser ici, celui du dissensus entre l'adhésion aux valeurs démocratiques, souvent perçues d'abord en termes de droit — ce qui n'est au fond pas une mauvaise perception —, et la question des pratiques effectives. La démocratie ne protège pas, hélas, contre l'égoïsme ou le repli sur soi, et il est clair que certains veulent surtout les bienfaits de la démocratie pour eux. Comme le dit la fameuse plaisanterie : nous sommes égaux mais certains le sont un peu plus que d'autres ! Mais cela reste, *in fine*, une preuve de l'attachement aux promesses de la démocratie.

### *Un effacement du politique ?*

La thèse de l'effacement du politique dans les sociétés modernes trouve plus de contradicteurs que de thuriféraires. L'un des premiers, dès les années 1960, à avoir à la fois anticipé et critiqué cette thèse, est probablement le juriste, philosophe et théologien français Jacques Ellul, dans un ouvrage consacré à l'« illusion du politique ». « *À ne considérer*, écrivait-il alors, *que l'inquiétude des essayistes ou des politologues qui procèdent à l'analyse de cette dépolitisation, nous pouvons déjà mesurer à quel point la politique est devenue une valeur*[13]. »

Certes, Ellul critique vivement cet envahissement du politique. Il aurait même absorbé le sentiment de « *communion qui a fui de partout ailleurs* ». Le théologien constate amèrement, car tout cela pour lui relève de l'illusion : « *La foi dans des fins accessibles à l'homme, dans l'amélioration de l'ordre social, dans l'établissement d'un ordre juste et pacifique, et tout cela par le moyen politique, est peut-être une des caractéristiques les plus profondes, et probablement nouvelles, de notre société*[14]. » Écrit trois ans avant les événements de Mai 68, c'est-à-dire dans cette période d'engourdissement qui a précédé le grand réveil de la jeunesse occidentale, ce texte témoigne d'un solide instinct de prévision.

Ellul constate que la politique est devenue aujourd'hui une « *valeur suréminente* » par rapport à laquelle s'ordonnent toutes les autres valeurs. Il rajoutera la « *technique* » comme une autre de ces valeurs « suréminentes ». Ce constat indiquerait que l'adhésion à certaines valeurs comme la liberté ou l'égalité se situe, par un phénomène de translation, sur le registre des croyances. Or, celles-ci sont plus solidement enracinées que les simples idées politiques. Le diagnostic d'Ellul reste valable aujourd'hui. Il n'a guère été entamé par le retour du serpent de mer de la « dépolitisation » qui a connu une nouvelle variante avec la tentative du politologue américain Francis Fukuyama. On sait l'échec paradoxal de cette thèse. Elle a assuré la notoriété de son auteur sur un constat de « *fin de l'histoire* » pourtant immédiatement démenti par les faits. Nul doute que le thème reviendra sur le devant de la scène, comme par une sorte d'effet de cycle.

Curieusement, l'importance du politique et de l'idéologique est souvent mieux mise en évidence par ceux qui s'en plaignent que par ceux qui s'en réjouissent. Ainsi, dans un texte récent, l'économiste français Jean-Paul Fitoussi, connu pour ses diagnostics sûrs dans son domaine, stigmatise le « *retour des temps idéologiques* ». Selon lui, après

---

13 Jacques ELLUL, *L'Illusion politique*, Robert Laffont, Paris, 1965, p. 38 (nouv. éd., La Table ronde, Paris, 2004).

14 *Ibid.*, p. 36.

un court triomphe d'une vision pragmatique de l'économie de marché qui avait réussi « *à nous faire oublier que le capitalisme était à la fois un système concret d'organisation et une idéologie* », les « *grandes interrogations du présent semblent* [...] *toutes être exprimées en termes idéologiques : pour ou contre la mondialisation, le libéralisme, le développement durable, le pacifisme, l'impérialisme, l'unilatéralisme, etc.* »[15].

Il est vrai que si l'on analyse le contenu des grandes oppositions idéologiques aujourd'hui, à la différence d'un passé pas si lointain, le grand reproche que se font mutuellement les partisans des différents camps en présence, par-dessus les tranchées qui les séparent, est de ne pas avoir de politiques « assez démocratiques ». Ce modèle est devenu une référence universelle très peu contestée.

### *La nouvelle prééminence de la démocratie*

Au XIXe siècle européen, on voyait encore s'affronter d'un côté les partisans de la restauration de l'Ancien Régime et de l'autre démocrates et républicains. Il y a à peine plus d'un demi-siècle s'affrontaient encore, dans l'espace public démocratique des principaux pays occidentaux, y compris aux États-Unis, les partisans de régimes violemment antidémocratiques et ceux de la démocratie.

Pour la première fois sans doute depuis la naissance de la démocratie en Grèce, où Athènes voyait s'opposer le parti démocratique et le parti aristocratique, plus personne ne conteste, dans le débat politique, lorsque celui-ci est libre, la prééminence des valeurs démocratiques. Lorsque le mouvement antimondialisation ou les courants hostiles à la politique américaine dans le monde s'en prennent aux États-Unis, c'est pour leur reprocher de ne pas suffisamment incarner ces valeurs. Les dirigeants américains réfèrent quant à eux systématiquement leur politique, y compris leur politique étrangère, aux grandes valeurs universelles de la démocratie. Pour les tenants du libéralisme, les « socialistes » sont les fossoyeurs de la démocratie. Pour ces derniers, c'est l'inverse, le libéralisme est « antidémocratique ».

Et chacun, dans la polémique, de se traiter d'« antidémocrate », en utilisant, par amalgame, le repoussoir ultime dans ce domaine que

15 Jean-Paul Fitoussi, « Le retour des temps idéologiques », *Le Monde*, 4 avril 2003.

constitue le « nazisme ». Ainsi, le sommet de Nice en 2000 et les grandes manifestations antimondialisation qui l'ont entouré avaient donné lieu à un échange particulièrement vif, où chaque camp désignait l'autre comme en dehors de l'espace démocratique. Wallach Lori, présidente de Global Trade Watch, une organisation activement antimondialisation, avait ainsi déclaré : « *Avant, chaque communauté pouvait avoir sa propre politique. Aujourd'hui, c'est le règne du "commerce* über alles"[16]. » En réponse, Jacques Peyrat, maire de Nice, avait répondu : « *Ces gens qui nous empoisonnent à longueur de temps, qui ne travaillent pas, ces feignants, ces paresseux, ces trublions, ces révolutionnaires... ce sont les mêmes méthodes, les mêmes gens qui ont fait basculer l'Allemagne nazie en 1936*[17]. » Ce à quoi Mike Moore (à ne pas confondre avec Michael Moore), alors directeur général de l'Organisation mondiale du commerce (OMC), avait ajouté un peu plus tard, comme en écho, que « *l'extrême gauche et l'extrême droite se sont unies dans les rues contre la mondialisation* » et qu'« *elles l'avaient fait pour la dernière fois dans les années 1930 contre la démocratie décadente* »[18].

De ce débat, assez lamentable dans son excès et dans ses procédés rhétoriques, on peut retirer qu'il s'organise bien autour de l'affirmation de la valeur de la démocratie. Ses protagonistes ne sont pas forcément de bons démocrates dans leur pratique de la parole[19]. Mais ce débat constitue un bon symptôme de ce que les valeurs démocratiques, sur lesquelles ils appuient leur argumentation, sont susceptibles de rencontrer la large adhésion de la très grande majorité du public. Il n'est en effet guère populaire, aujourd'hui, de critiquer l'espoir et les valeurs démocratiques. Le faire vous range dans la catégorie de ceux dont le radicalisme conduit soit à l'hypocrisie (l'extrême droite), soit à la clandestinité obligée (Al-Qaida), soit à un égoïsme social toujours jugé insupportable, soit à une théorisation bien trop abstraite du rôle du politique dans les sociétés modernes. Même s'ils alimentent une défiance dont il faut s'écarter, on voit bien que la

16 Cité par Patrice DE BEER, *Le Monde*, 30 juin 2000.
17 Jacques PEYRAT, *Libération*, 15 déc. 2000.
18 Mike MOORE, *Le Monde*, 26 mai 2001.
19 On peut en effet se demander, avec Aristote, si l'emploi de tels procédés rhétoriques, qui font appel à des énoncés « hors de la cause », ne positionne pas leurs auteurs hors du champ de la parole démocratique. Je renvoie sur ce point à mon ouvrage *La Parole manipulée*, La Découverte, Paris, 2004 (nouv. éd.).

marginalité de ces points de vue est la conséquence d'un très fort attachement populaire à la promesse qu'incarne la démocratie.

Cet attachement est bien sûr parfaitement compatible — il en est même en partie responsable — avec la frustration que provoque l'absence de réalisation pratique de cette promesse. Aussi faut-il bien distinguer, dans le magma parfois indifférencié de la parole hostile à la démocratie, entre l'adhésion à ses valeurs et le refus d'une réalité qui ne les concrétise pas.

## *L'influence des mouvements hostiles à la démocratie*

L'attachement aux valeurs démocratiques ne trouve-t-il pas ses limites dans l'existence de courants qui y sont fortement et explicitement hostiles ? On ne peut pas ne pas penser, en particulier, d'une part à l'extrême droite, et d'autre part à l'islam radical. Avec ces deux pôles, nous tenons une source majeure d'hostilité à la démocratie, même si leur jonction, sur un plan idéologique ou même politique, n'est évidemment pas pour demain [20].

### *L'hostilité relative de l'extrême droite*

Selon une idée préconçue, l'extrême droite, sous sa forme actuelle, serait porteuse d'une hostilité radicale envers la démocratie. Il faut, sur ce point, être très précis. N'est-il pas nécessaire de faire une distinction entre les dirigeants des partis d'extrême droite ou « *national-populistes* », pour reprendre l'expression du politologue français Taguieff, leurs cadres et leurs militants, leurs sympathisants et surtout leurs électeurs ? La pyramide que forme cet édifice n'est pas très homogène.

Beaucoup de dirigeants des partis d'extrême droite, en Europe, même si certains disent le contraire, sont sans conteste hostiles à la démocratie comme régime politique, pour des raisons d'ailleurs différentes. En France, les dirigeants du Front national se partagent en tendances souvent opposées idéologiquement. Les uns sont

20 Même si on peut s'interroger sur les connivences que tentent de construire certains dirigeants d'extrême droite en France avec, par exemple, le régime iranien.

catholiques traditionalistes, et ne verraient pas forcément d'un mauvais œil un retour à des formes d'exercice du pouvoir politique plus proches de l'Ancien Régime. Les autres appartiennent à la mouvance dite « païenne ». Ils sont de ce fait encore plus éloignés des formes modernes prises par la démocratie. On remarquera toutefois la grande prudence de ces dirigeants, quelle que soit la tendance à laquelle ils appartiennent. Ils n'affichent guère publiquement une hostilité trop brutale à l'égard des valeurs démocratiques. Celle-ci risquerait de ne pas faire recette, y compris aux yeux d'une partie de leur électorat et même de leurs militants.

Car à ce niveau-là, qui n'est plus celui des hauts dirigeants et des « chefs », la réalité est plus complexe. L'enquête conduite par le sociologue français Daniel Bizeul au sein de l'appareil militant du Front national en France montre une réalité très hétérogène, à l'encontre des idées simplistes habituelles qui font des membres de base de l'extrême droite tout de go des « fascistes » et des « nazis ». Il serait en effet très audacieux, après la lecture de cette passionnante expérience de terrain [21], de soutenir que le fait d'être sympathisant, militant ou même cadre subalterne de ce parti implique *de facto* une hostilité envers la démocratie comme valeur ou même envers ses institutions.

Certes, l'acceptation de certaines thèses de l'extrême droite, ou encore la nature des pratiques militantes dans un appareil fortement hiérarchisé autour du « principe du chef », entrent à l'évidence en contradiction avec l'attachement à la démocratie qui est pourtant exprimé par beaucoup dans ce contexte. On trouve là aussi une forte dissonance entre des pratiques et des valeurs.

Bizeul distingue, chez les militants, plusieurs tendances qui forment « *un conglomérat d'expériences historiques et de milieux socio-économiques ayant de prime abord peu en commun* [22] ». Le sociologue différencie ainsi « *cinq types de figures et de ressorts affectifs : la volonté de revanche des rapatriés d'Algérie ; la volonté d'en découdre des jeunes blancs ; la fierté de la patrie et de la foi chrétienne ; l'anticommunisme des milieux bourgeois ; le désarroi des milieux à la dérive* [23] ». S'il est clair que les personnes relevant de la deuxième catégorie, formée de

21 Daniel Bizeul, *Avec ceux du FN. Un sociologue au Front national*, La Découverte, Paris, 2003.

22 *Ibid.*, p. 204.

23 *Ibid.*, p. 207.

nationalistes révolutionnaires, de « skins » et d'authentiques mais heureusement rares néonazis, sont clairement hostiles aux valeurs démocratiques, le jugement doit être plus nuancé pour les quatre autres catégories. En particulier la dernière, celle des « milieux à la dérive », qui renvoie plutôt à une frustration vis-à-vis des promesses de la démocratie qu'à un véritable antagonisme idéologique.

On peut à partir de là faire l'hypothèse que les sympathisants et surtout les électeurs de l'extrême droite et des partis populistes un peu partout en Europe appartiennent surtout à ce cinquième type. Plusieurs signes indiquent que le véritable noyau idéologique de l'extrême droite ne forme qu'une composante assez mince de cet électorat [24].

Bien sûr, lorsque l'on évoque dans un tel contexte l'« attachement aux valeurs de la démocratie », on ne peut pas s'empêcher de se poser la question de savoir à quelle conception de la démocratie on fait référence. La démocratie pour des personnes appartenant à des « milieux à la dérive » est-elle la même que pour des personnes très bien insérées socialement et institutionnellement ? De fait, les électeurs du Front national — qui ne se présente bien sûr pas comme un parti au même titre que les autres — sont ceux qui accordent le moins leur confiance non seulement aux représentants (13 % seulement des électeurs du FN, 37 % pour ceux du PS et 41 % pour ceux de l'UDF dans l'enquête à laquelle fait référence Grunberg) mais au système de la représentation politique lui-même.

Il n'en reste pas moins que ces deux « sous-univers » de représentation de la démocratie se rejoignent dans un commun attachement au droit de vote, qui constitue pour cet auteur « *le centre du modèle démocratique* [25] ». On ne peut donc pas inférer de l'influence électorale, bien réelle, de l'extrême droite, en France et dans certains pays européens, qu'elle recouvre mécaniquement une tendance hostile aux grandes valeurs de la démocratie. La masse des électeurs et un certain

---

24 Celle-ci pourrait être, au maximum, de l'ordre de 4 % à 5 % de l'électorat en France, pour un score global de l'extrême droite autour de 15 %. Je renvoie, sur l'ensemble de ces questions, aux travaux du GREDA (Groupe de recherche sur l'extrémisme de droite en Alsace, greda-@club.fr) et notamment aux hypothèses sur « *l'électorat alpha* », qui vote pour l'extrême droite sans en partager les valeurs.

25 Gérard Grunberg, « Le soutien à la démocratie représentative », art. cit., p. 113.

nombre de sympathisants et de militants de l'extrême droite ne sont pas autant qu'on l'imagine détachés de ces valeurs. Ils témoignent même d'une frustration très spécifique à leur égard.

### *Le refus de l'islam radical*

Dans un tout autre domaine, on constatera que le refus des valeurs démocratiques est explicite parmi les tenants de certains courants religieux radicaux, notamment du côté de l'islam. Les textes des fondateurs d'Al-Qaida, par exemple, sont sans équivoque sur ce point. Compte tenu de la forte présence des musulmans dans les pays démocratiques (en France, les musulmans constituent au moins 10 % de la population ; en Hollande, les quatre villes les plus importantes seront à très court terme à majorité musulmane), cela entamerait-il, au sein de ces populations, l'attachement aux valeurs démocratiques ?

Est-il besoin de le dire, les racines de cette hostilité à la démocratie n'ont rien à voir avec les positions « identitaires » de l'extrême droite [26]. Ces dernières supposent un attachement à la pureté ethnique et le refus de l'étranger comme corrupteur naturel d'une identité nationale soudée au sol et au sang, là où l'islam radical reste un monothéisme prosélyte et, à sa manière, universalisant.

L'hostilité de l'islam radical à la démocratie, comme part du rejet du politique en général, est une question théologique et doctrinale centrale, comme l'illustrent les propos du médecin égyptien Ayman al-Zawahiri, réputé « numéro 2 » d'Al-Qaida. Dans un texte rédigé au début des années 1990 en Afghanistan et qui reste aujourd'hui une référence mondiale dans ces milieux, celui-ci déclare : « *La démocratie : soit la législation vient de Dieu seul et c'est à Lui (qu'Il soit exalté !) que l'on se réfère en cas de conflit, et l'on met en accord ses actes avec ses paroles : "il n'y a d'autre Dieu que Dieu", soit on donne le droit de légiférer à d'autres que Dieu comme le peuple* [27] *et ses députés, et c'est à eux que l'on se réfère en*

26 Surtout de sa tendance « païenne », car les catholiques « traditionalistes » ont les mêmes tentations théocratiques que leurs homologues musulmans ou juifs.

27 Le mot « peuple » traduit l'arabe « *cha'* » qui est un terme péjoratif dans le discours islamiste contemporain.

*cas de conflit ; cela revient à prendre des divinités, des pairs et des associés à Dieu*[28]*.* »

Cette conception, assez déterminante car elle tient à l'écart du politique tous ceux qui s'en réclament, est évidemment issue d'une lecture littérale, *via* le Coran, de l'interdit fondamental érigé par l'Ancien Testament concernant l'idolâtrie : « *Tu ne te feras point d'image taillée, ni de représentation quelconque des choses qui sont en haut dans les cieux, qui sont en bas sur la terre, et qui sont dans les eaux plus bas que la terre*[29] », interdit essentiel au monothéisme, c'est-à-dire à l'affirmation selon laquelle, comme le disent très bien les musulmans : « *Il n'y a de Dieu que Dieu.* » La seule loi qui s'applique est donc celle de Dieu, celle que Dieu a communiquée au Prophète, et qu'il n'est même pas besoin d'interpréter (ce serait le début de l'idolâtrie) car sa Lettre suffit. Toute assemblée qui s'avise de faire une loi usurpe donc le pouvoir de Dieu. Elle s'érige en quelque sorte en « idole », en « associé » de Dieu. Le statut de la parole, dans cette perspective, est radicalement différent de celui qu'elle a en démocratie.

### *Une faible influence idéologique*

L'influence de l'islam radical est certes importante du point de vue des conséquences mondiales en termes de sécurité des populations, de risques de troubles sociaux dans les pays musulmans ou même occidentaux. Elle l'est aussi du point de vue géostratégique, en fournissant des prétextes à des interventions militaires comme celle des Américains en Irak. Elle reste néanmoins faible en termes d'influence idéologique, notamment parmi les populations musulmanes vivant dans les pays occidentaux. Les tenants de l'islam modéré, très majoritaires, et les très nombreux pratiquants, ou simplement fidèles, de cette doctrine religieuse n'adhèrent guère à de telles conceptions. Ils ne témoignent d'ailleurs pas d'hostilité, du point de vue des valeurs,

---

28 Ayman AL-ZAWAHIRI, « La moisson amère. Les soixante ans des Frères musulmans », texte traduit et commenté *in* Gilles KEPEL et Jean-Pierre MILELLI (sous la dir. de), *Al-Qaida dans le texte*, PUF, Paris, 2005.

29 On trouve mention de ce commandement à plusieurs endroits du texte, notamment, pour celle qui est citée ici, Exode 20:4, puis Deutéronome 4:16, 4:23, 5:8, et Lévitique 26:1.

au principe démocratique, qu'il soit décliné à la mode communautaire anglo-saxonne ou à la mode républicaine, à la française.

On constatera que même certains groupes parmi les plus radicaux, comme les Frères musulmans en Égypte ou le Hamas en Palestine, finissent par se présenter aux élections et à se faire représenter au Parlement. Même s'il y a là un choix tactique évident, le dissensus entre la croyance religieuse et la pratique politique entame l'unicité de la première. Le Hamas au pouvoir en Palestine n'invoque-t-il pas à tour de bras sa « légitimité démocratique » ?

Les promesses démocratiques concernant l'égalité des hommes et des femmes (qui impliquent, par extension, la superposition du choix amoureux et de celui du conjoint) constituent même un pôle d'attraction certain dans une partie de la jeunesse féminine musulmane. Celle-ci voit de moins en moins de contradictions majeures entre les convictions religieuses et ce bénéfice majeur que constitue le principe d'égalité des sexes.

Certains points de ce qui vient d'être dit mériteraient évidemment d'être nuancés. Il est vrai qu'une trop grande dérive communautaire, en rupture avec le modèle anglo-saxon aussi bien qu'avec le modèle républicain, implique *de facto* un détachement et une indifférence, plutôt qu'une opposition, aux valeurs démocratiques. Mais, pour l'instant, cette dérive est combattue suffisamment vigoureusement, aussi bien à l'intérieur qu'à l'extérieur du monde musulman, pour que l'attachement aux valeurs démocratiques des populations musulmanes ne soit pas mis en question.

On partagera ici, au moins sur cette question [30], la position du politologue français Emmanuel Todd. Ce dernier avait déclaré, dans un entretien donné immédiatement après les émeutes de novembre 2005 dans les banlieues françaises : « *Je ne vois rien dans les événements eux-mêmes qui sépare radicalement les enfants d'immigrés du reste de la société française. J'y vois exactement le contraire. J'interprète les événements comme un refus de marginalisation. Tout ça n'aurait pas pu se produire si ces*

---

30 Car je pense que l'on peut être en désaccord avec le fait que les jeunes dont il parle soient les mêmes personnes que les casseurs à l'origine des dégradations et des violences. Ces derniers ont davantage le profil d'une jeunesse délinquante « perdue » composée, selon la belle analyse de Sophie Ernst, d'« *individus dont la subjectivité est en grave souffrance* » (« Chaos urbain : le besoin d'école », *Libération*, 28 nov. 2005). La place prise par ces « casseurs » dans les agressions contre les mouvements « anti-CPE » du printemps 2006 en France renforce cette hypothèse.

*enfants d'immigrés n'avaient pas intériorisé quelques-unes des valeurs fondamentales de la société française, dont, par exemple, le couple liberté-égalité* [...] *je lis leur révolte comme une aspiration à l'égalité*[31]. »

Évoquant par ailleurs le vote FN, abordé plus haut, Todd soutenait qu'il avait « *une composante d'égalité, avec cette capacité à dire "merde" aux élites, et une composante d'inégalité, avec le fait d'aller chercher plus bas que soi l'immigré bouc émissaire*[32] ».

D'un point de vue politique et religieux, l'ensemble des forces radicales qui pourraient contribuer à l'affaiblissement de l'influence des grandes valeurs démocratiques ne semblent pas jouer un grand rôle. Leur influence n'est en tout cas pas suffisante pour éroder le socle de l'adhésion aux grandes valeurs démocratiques, avec lesquelles elles sont obligées de composer.

En conclusion de ce chapitre, de quelque côté que l'on se tourne, on peine à voir un affaiblissement de l'intérêt pour les grandes valeurs de la démocratie. Leur caractère attractif est non seulement intact, mais il semble se renforcer avec le temps. Le problème que nous cherchons à cerner n'est donc pas là. Peut-être se trouve-t-il dans la faiblesse des institutions démocratiques. C'est ce point que je voudrais maintenant examiner.

---

31 Emmanuel TODD, entretien donné au quotidien *Le Monde*, 12 nov. 2005.
32 *Ibid.*

# 5

## *Un manque d'espaces démocratiques ?*

La méthode choisie ici pour vérifier l'hypothèse selon laquelle l'une des sources du « malaise dans la démocratie » résiderait dans un déficit de savoir-faire pratiques, consiste dans un premier temps à procéder par élimination d'autres hypothèses possibles. Comme nous venons de le voir, le problème n'est pas dû à un manque de désir pour la démocratie, ni à un défaut d'attachement à ses valeurs.

Avant de nous concentrer sur la question des compétences, il nous reste à envisager une dernière possibilité, celle d'une difficulté au niveau des institutions et des cadres d'expression démocratiques. Pour beaucoup de gens, le blocage viendrait de là. Il se situerait à deux niveaux, politique et économique.

Dans le premier cas, les institutions politiques actuelles ne permettraient pas un véritable fonctionnement démocratique. Dans le second, le cadre structurel des relations salariales, le poids des inégalités économiques ruineraient à la base toute possibilité de démocratie. L'existence d'inégalités économiques bien réelles dans les banlieues françaises est par exemple souvent la seule ressource d'analyse pour rendre compte du déficit de citoyenneté qui conduit notamment à des violences récurrentes. Ce double paradigme explicatif occupe le devant de la scène. Je voudrais, dans les pages qui suivent, proposer quelques arguments qui vont au-delà. Il ne fait pourtant pas bon, en tout cas en France, s'écarter trop de ce rail commun à la gauche et à la droite, comme à la majorité des sociologues ou des journalistes. Les mésaventures, y compris judiciaires, d'Alain Finkielkraut le montrent bien. Au moment de la crise des banlieues, ce dernier avait tenté d'autres analyses. Mal lui en a pris. On ne s'écarte pas si facilement, et sans risque, de la routine intellectuelle.

L'avantage de ce paradigme est qu'il reporte sur d'autres la responsabilité de ce qui nous arrive. Il est évidemment plus facile d'incriminer, à la manière foucaldienne, le « pouvoir » et son emprise tentaculaire. Ou encore de se replier derrière les difficultés économiques pour ne pas assumer une citoyenneté offensive. En somme, l'État, le pouvoir et la finance se ligueraient pour vider la démocratie de sa substance. Tout changement, le plus minime soit-il, est ainsi renvoyé aux calendes grecques d'une révolution globale.

L'idée qui me servira de guide tout au long de ce chapitre est différente. On peut la formuler en une phrase : les cadres démocratiques existent, à tous les niveaux ; c'est *nous* qui n'en faisons rien. Le plus souvent par manque de compétence à les utiliser.

Il serait bien sûr difficile de soutenir que tout est parfait de ce point de vue et que nos institutions fonctionnent bien. De très nombreux progrès sont possibles dans l'aménagement des dispositifs politiques décisionnels. L'expérience historique de la démocratie montre que les cadres, les dispositifs de parole appropriés à la résolution d'un problème donné se créent aussi en marchant. Se plaindre de leur absence, c'est déjà se soumettre à ce que l'on dénonce. Les recherches sur la « démocratie participative » ou encore sur le manque de « dispositifs de décision » intermédiaires montrent qu'il y a encore bien du chemin à faire.

Mais l'on n'évitera pas la question de savoir pourquoi les dispositifs existants fonctionnent souvent mal, n'observent pas les normes du débat démocratique et de ce fait sont souvent désertés.

## *Les cadres démocratiques existent*

Le problème semble résider dans le fait que de nombreuses institutions démocratiques sont le siège de pratiques qui, elles, ne le sont pas. D'autres compétences y semblent à l'œuvre. L'effet de dissonance est ici ressenti au niveau le plus concret, celui d'un décalage entre les valeurs affichées et les pratiques réelles.

### *Les frustrations de la vie associative*

La vie associative en France fournit un excellent exemple de ce phénomène. Elle se présente comme le creuset idéal des pratiques démocratiques. Elle est d'ailleurs souvent le haut lieu d'affirmation des valeurs correspondantes. La liberté, le droit et la pratique de l'association ne sont-ils pas au cœur, comme le disait déjà Alexis de Tocqueville, du projet démocratique moderne [1] ? L'association constitue l'un des éléments constitutifs les plus importants de l'espace public démocratique. Pourtant, elle est souvent le siège d'importantes frustrations. Le malaise est perceptible dans bon nombre d'entre elles.

Lieu d'une association volontaire et d'un partage égalitaire de l'accès à la prise de décision, elle se réduit le plus souvent à un jeu de *rapports de force* hiérarchiques d'où beaucoup se sentent exclus. Présidents autoritaires, factions locales qui manœuvrent en coulisse pour imposer leurs vues, dirigeants à vie, adhérents réduits au rang de main-d'œuvre supplétive, décisions prises en petit comité, la liste des dérives est longue et connue. Chacune de ces dérives mobilise, de la part de ceux qui s'y livrent, des compétences bien spécifiques. Aptitude à dominer, savoir-faire dans le domaine de la ruse et de la manœuvre, capacité de dissimulation stratégique, recours manipulateur au consensus, sans oublier les aptitudes, très répandues, à se soumettre.

---

1 Alexis DE TOCQUEVILLE disait que « dans les pays démocratiques, la science de l'association est la science mère » et il ajoutait que « pour que les hommes restent civilisés ou le deviennent, il faut que parmi eux l'art de s'associer se développe dans le même rapport que l'égalité des conditions s'accroît », *in De la démocratie en Amérique*, vol. II, Garnier-Flammarion, Paris, 1981, p. 117.

### *Un dispositif pourtant égalitaire*

Le cadre normatif de la très grande majorité des associations présente toutes les caractéristiques d'un potentiel démocratique. La loi qui sert d'appui à ce cadre, en France, est celle du 1er juillet 1901. Selon son article 1er : « *L'association est la convention par laquelle deux ou plusieurs personnes mettent en commun, d'une façon permanente, leurs connaissances ou leurs activités dans un but autre que de partager des bénéfices.* » Depuis l'adoption de cette loi, les associations se forment librement, sans même qu'il soit besoin pour cela de faire de déclaration préalable (article 2 de la loi du 1er juillet 1901). Sur un plan constitutionnel, le principe de la liberté d'association se situe tout en haut de la hiérarchie des normes de notre pays, ce qui implique que les actes réglementaires, les jugements et même les autres lois doivent le respecter.

Comme le garantit l'architecture normative prévue par la loi elle-même, la parole doit y être distribuée de façon égalitaire [2]. L'assemblée générale de tous les membres, qui y délibèrent à voix égales, est l'« *organe souverain de l'association* ». Il serait tentant de dire que si on se laisse porter par les normes légales de la vie associative, on se trouve presque dans une obligation de démocratie. Il faut ruser avec elles, les détourner pour manipuler les assemblées, faire admettre des comportements autoritaires et, dans les faits, déposséder leurs membres du potentiel décisionnel de leur parole. Combien d'assemblées générales ont ainsi été transformées en « chambres d'enregistrement » ?

On ne peut donc pas soutenir, dans cet exemple très important, qu'il y a une absence de dispositif ou de cadre démocratiques. D'autant que l'association est un levier d'intervention sociale potentiellement majeur. Ce sont plutôt l'usage qui en est fait et les détournements dont elle est l'objet sur lesquels il faut s'arrêter.

---

2 Pour s'en convaincre, il suffit de regarder des statuts types ou les textes de loi sur les associations (entre autres : www.droitenligne.com/matieres/associations.html ou www.carrefourlocal.org/vie_locale/cas_pratiques/actioncult/associationloi1901.html).

### *La confiscation de la parole dans les partis politiques*

Le problème est à peu près le même au sein des partis politiques, qui produisent de très nombreuses frustrations. La « confiscation » de la parole démocratique y serait une pratique courante. Ce thème est d'ailleurs fréquemment utilisé par des responsables intermédiaires. Avides de progresser dans l'échelle des responsabilités, ils prennent appui sur ce sentiment de frustration des adhérents, en leur promettant de « véritables changements » dans le fonctionnement de leur organisation. Inutile de dire que, la plupart du temps, une fois parvenus à leurs fins, ils « découvrent » que, la « nature humaine » étant ce qu'elle est, il faut bien en revenir à des modes de gestion politique « éprouvés », c'est-à-dire fort peu démocratiques. Jusqu'à ce qu'un nouveau responsable arrive et conteste ce décalage...

Tout cela est frappant quand les associations ou les partis en question affichent sans retenue leurs valeurs « démocratiques ». Mais cela l'est encore plus quand il s'agit de partis d'extrême droite, où il n'est pas rare qu'on se plaigne, paradoxalement, d'une telle confiscation, alors que les valeurs affichées au sommet sont bien différentes. Ce dernier point illustre ce qui avait été évoqué précédemment, à savoir la persistance des valeurs démocratiques au sein même des partis d'extrême droite, au grand dam de leurs dirigeants. Celles-ci sont souvent affirmées dans la pratique, notamment comme contre-pouvoir d'un autoritarisme toujours présent dans la direction et au sommet.

Le problème se pose avec une tout autre ampleur et avec des conséquences catastrophiques dans le cas des partis libéraux ou de gauche. Le paradoxe y est souvent à son comble. Ces associations ou ces partis organisent leurs programmes autour de la promesse de davantage de démocratie politique, dont ils se veulent souvent les hérauts. Donnent-ils le meilleur exemple concret d'un fonctionnement interne en accord ces valeurs ? La réponse est connue et mieux vaut ne pas insister.

Les péripéties qu'a connues l'association altermondialiste Attac (Association pour la taxation des transactions pour l'aide aux citoyens) en France montrent que personne n'est à l'abri de fonctionnements singulièrement perturbés sur le plan démocratique. Cette association a connu à sa tête, en 2005-2006, une très grave « crise de gouvernance », qui s'est accompagnée de pratiques fort peu démocratiques. Les solutions en général proposées à ces dysfonctionnements récurrents sont pensées en termes de « nouveaux modes d'organisation » et de « réformes de structure ». On peut se demander si le problème n'est pas ailleurs, précisément sur le plan de l'exercice concret de compétences démocratiques clairement identifiées comme telles. Si le désir de démocratie, bien réel dans ce type d'association, ne trouve pas à s'incarner dans les pratiques de la parole, ce ne sont pas des réformes de statuts qui changeront quoi que ce soit.

### *L'échec de cadres démocratiques expérimentaux*

Pour illustrer ce fait, on se demandera si offrir des cadres pleinement démocratiques, à titre expérimental par exemple, suffit à enclencher des comportements démocratiques. Au vu des tentatives menées dans cette perspective par le groupe Desgenettes, autour de Gérard Mendel[3], on sera tenté de conclure par la négative. Il propose ainsi, dans le cadre d'interventions extérieures, à certaines formations politiques ou militantes de réfléchir et de transformer leurs pratiques d'organisation et, comme on dit maintenant, de « gouvernance ». Le récit, très honnête, des échecs subis par le groupe illustre bien le fait qu'il ne suffit pas de proposer des cadres de fonctionnement plus démocratiques — ce que le groupe fait —, mais qu'il y a une difficulté récurrente des gens à se les approprier. Une analyse en termes de « compétences démocratiques » éclairerait sans doute ces échecs d'une lumière nouvelle.

### *Démocratie participative et assemblées générales*

La « démocratie participative » incarne aujourd'hui l'espoir d'un renouveau des institutions politiques. On avait connu en d'autres temps, même si cela n'est pas comparable, l'espoir de l'« autogestion ».

3 Voir le récit et l'analyse détaillée que propose Gérard MENDEL dans *Pourquoi la démocratie est en panne, op. cit.* Les exemples cités concernent notamment les Verts, la CFDT et le Parti socialiste.

La piste vaut sans doute la peine d'être explorée. À condition qu'elle ne soit pas un « hochet » politique électoral.

L'invention de nouveaux dispositifs décisionnels associant plus largement les citoyens est une bonne chose. Le problème est qu'elle risque de rencontrer sur son chemin, comme premier et formidable obstacle, la question des savoir-faire. Rien ne sert de créer un nouveau cadre si celui-ci doit n'abriter que l'exercice d'anciennes compétences, adaptées à une société hiérarchisée. L'expérience des « conseils » ou « comités de quartiers », tentée par plusieurs municipalités, montre bien les limites du genre. La question, à mon sens, ne réside pas dans la nature des cadres institutionnels proposés, mais d'abord dans la façon dont ils sont utilisés. Les compétences sont ainsi un prérequis incontournable.

Un autre exemple particulièrement frappant de cette réalité est la façon dont le mouvement « anti-CPE » s'est auto-organisé pendant le printemps 2006. Les « assemblées générales » étudiantes ont constitué un temps très fort de ce mouvement. Elles se sont souvent tenues quotidiennement. Très fréquentées, elles ont donné lieu à de très nombreuses prises de parole suivies de votes. Elles constituaient un cadre de débat et de prise de décision libre d'inventer ses propres règles.

L'observation empirique de quelques-unes de ces grandes assemblées générales montre que le désir de démocratie et la liberté totale d'inventer des règles oratoires butent sur un obstacle invisible. Une sorte de « sélection naturelle » des orateurs les plus écoutés et les plus influents, mais aussi les plus brutaux, s'est progressivement mise en place. Les compétences archaïques, la violence verbale, et parfois physique, le goût du rapport de force, la ruse démagogique se sont petit à petit invités dans les AG, au fur et à mesure de la « radicalisation » du mouvement.

Celui-ci aurait pourtant gagné en force si les choses s'étaient passées différemment. Sa portée aurait peut-être alors dépassé largement le seul CPE (contrat première embauche) et il aurait pu pousser la « crise de régime » à son terme. Ce cas précis montre par ailleurs que les savoir-faire démocratiques sont relativement indépendants du niveau de formation et d'éducation.

### *Une parole privée de possibilité d'action*

Un autre cas de figure illustre la relative ruine démocratique des institutions politiques. Sous la pression des frustrations, en même temps que pour céder aux sirènes de la « communication », il est devenu fréquent que le politique « donne la parole » aux citoyens. Mais la plupart du temps les choses se déroulent de telle manière que la parole, pourtant tenue dans un espace *a priori* démocratique, ne puisse pas avoir de véritable effet, et soit ainsi privée de sa capacité d'action.

La multiplication des « réunions de concertation », par exemple, à l'échelon municipal, fournit une bonne illustration d'une parole sollicitée, celle des habitants d'un quartier ou d'une ville, mais dont il n'est que très rarement tenu compte. Le but de ces réunions, il est vrai, est souvent de calmer les frustrations et le désir de démocratie qui émergent avec force lorsqu'un problème majeur se pose dans l'environnement immédiat. On pourrait en dire autant de la partie des enquêtes publiques qui concernent l'information et la prise d'avis du public[4]. Il n'y a pas mieux par exemple qu'un maire, autoritaire dans les faits, pour tenir des discours sur la « nécessaire participation de tous ». Celui-là n'hésite pas à convoquer des assemblées de citoyens. Mais celles-ci resteront à peine consultatives, ou auront lieu alors que les décisions sont déjà prises. Ces pratiques sont un grand classique de la « démocratie municipale », de gauche comme de droite. Consulter les citoyens sur une décision déjà prise a le don de les mettre en fureur. L'expression de leur frustration et de leur légitime colère servira en retour de prétexte à de tels élus pour… ne plus les solliciter.

Tout se passe comme si le jeu des valeurs auxquelles nous adhérons était en partie découplé du jeu des pratiques qui sont censées les concrétiser. Pourquoi s'étonner que beaucoup s'indignent du décalage entre ce que disent certains hommes politiques et ce qu'ils font, entre leur éthique affichée et leur pratique ? On ne parle pas ici du décalage entre les promesses de leurs programmes politiques et leur réalisation législative, mais, à un niveau supérieur, du décalage entre l'affichage

4 Sur le contexte de ces débats, voir Louis Simard, Laurent Lepage, Jean-Michel Fourniau *et alii* (sous la dir. de), *Le Débat public en apprentissage. Aménagement et environnement. Regards croisés sur les expériences française et québécoise*, L'Harmattan, coll. « Villes et entreprises », Paris, 2006.

d'une croyance en l'égalité et la réalité autoritaire de leurs pratiques de débat. L'illustration la plus emblématique de la sous-utilisation massive des cadres démocratiques est probablement l'Assemblée nationale. À l'occasion de la crise du CPE et du recul en rase campagne du Gouvernement, Dominique Paillé, député UMP (Union pour un mouvement populaire) des Deux-Sèvres, a émis le diagnostic suivant : « *Il y a eu une erreur de méthode, mais nous, les députés, ne l'avons pas corrigée comme il l'aurait fallu au Parlement en disant : "Stop, discutons"*. » La culture du Parlement français, marquée il est vrai par la soumission à l'exécutif, ne serait-elle plus une « *culture du débat* »[5] ?

La critique qui converge sur l'Assemblée nationale française ne concerne pas le cadre démocratique qu'elle représente effectivement, mais le fait qu'il ne soit pas utilisé par les députés. Le pouvoir de la démocratie ne peut pas fonctionner quand les compétences mises en œuvre pour l'exercer relèvent de l'autoritarisme et de la soumission. Dans un tel contexte, il ne faut guère s'étonner du succès d'hommes politiques autoritaires, s'appuyant explicitement sur un principe hiérarchique. Ils séduisent l'opinion moins par le contenu de leur programme que par l'image de cohésion qu'ils donnent entre leurs valeurs et leurs pratiques. Ils présentent l'avantage de ne pas être « hypocrites » et de « faire ce qu'ils disent » (sauf qu'ils ne disent sans doute pas tout à fait ce qu'ils feraient s'ils étaient au pouvoir, mais c'est une autre affaire...).

### *Les cadres inutilisés de la démocratie familiale et conjugale*

Quittons le terrain de la politique pour nous projeter dans tous les autres lieux où le principe d'égalité est à l'œuvre. Comme nous l'avons vu, la famille ou le couple ont constitué des terrains d'extension majeurs des nouvelles valeurs démocratiques. Prendre ensemble une décision, échanger des arguments sur des opinions différentes, consulter les enfants et tenir compte, dans un contexte précis, de leur opinion, tous ces gestes essentiels de la parole quotidienne ouvrent un

---

5 On se reportera au commentaire de cette question par Christophe JAKUBYSZYN et Philippe RIDET paru dans l'édition du *Monde* du 12 avril 2006.

immense champ de possibilité, qui concerne les petites comme les grandes décisions.

Les cadres juridiques autorisent, légitiment et encouragent de telles pratiques. Il y a souvent, dans le couple ou la famille, un grand désir de s'appuyer sur elles pour construire des relations plus satisfaisantes. Le bénéfice entrevu est immédiat. Elles permettent une pacification et une douceur inégalée dans les relations. Elles ouvrent la possibilité d'une conflictualité assumée et contrôlée, qui laisse à chacun la liberté de ses propres opinions.

Tout est possible dans ce domaine. Alors pourquoi la réalité est-elle si décevante ? On voit bien ici que ce n'est ni une question de désir, ni de cadres qui rendraient les choses possibles. Une anthropologie de la famille et du couple mettrait en évidence que ces dispositifs de parole sont plutôt le lieu d'exercice de compétences largement différentes des compétences liées à la pratique de la parole démocratique. On y est pourtant très libre de s'organiser comme on veut. Mais là aussi l'autoritarisme, la recherche du consensus hors propos, le savoir-faire de la soumission règnent trop souvent en maîtres.

## *Attendre la fin des inégalités sociales ?*

Les potentialités ouvertes par l'existence de cadres et d'institutions démocratiques seraient-elles annulées par le poids des inégalités, non pas du point de vue de la parole, mais dans le domaine des réalités économiques et sociales ? C'est l'explication que l'on a coutume d'avancer dans certains milieux, notamment à gauche et surtout à l'extrême gauche politique, à partir du constat que ces inégalités marquent profondément les sociétés les plus modernes et les plus avancées, comme les États-Unis, l'Angleterre ou les différents pays de l'Ouest européen. Une certaine pensée politique fait même de ces inégalités l'obstacle incontournable à toute démocratie. Il faudrait pouvoir, dans cet esprit, résoudre le problème de l'égalité économique avant même de poser celui de l'égalité politique. Une telle affirmation, lieu commun de la gauche française, ne manque pas d'arguments.

Ce faisant, on cadre autrement l'habituel rapport entre le poids des inégalités économiques, bien réelles, et celui des inégalités « politiques ». Là où, dans les paradigmes intellectuels communs à la droite, on insistera sur le fait que la forte permanence des inégalités renvoie aux contraintes d'airain d'une sorte de loi naturelle qui tempère l'idéal démocratique, à gauche on fera du traitement et de la réduction des inégalités économiques le point d'entrée obligé d'une généralisation dans la pratique du principe démocratique.

Autant le dire tout de suite, aucun de ces deux paradigmes n'apparaît satisfaisant pour expliquer le problème dont il est question ici, tant l'un et l'autre font l'impasse sur cet élément central, presque matriciel, de la démocratie concrète qu'est le rapport à la parole. Ce paradigme explicatif a pour lui l'apparence de l'évidence et surtout la légitimité de la justice. Il relèverait du bon sens de soutenir qu'une personne écrasée culturellement et socialement ne fait pas un si bon citoyen. Même s'il faut pour cela faire l'impasse sur le fait que cela ne l'empêche peut-être pas d'avoir une opinion et de pouvoir, éventuellement, la défendre [6].

L'argument selon lequel il faudrait résoudre les inégalités économiques pour pouvoir accéder au stade véritablement démocratique est un peu tempéré par l'exemple de certains pays arabes, enrichis par la possession de réserves naturelles abondantes, notamment le pétrole. Ceux-ci ont largement partagé ces richesses, soit en les redistribuant directement à *tous* les habitants du pays, soit en créant un environnement égalitaire du point de vue de la santé ou des infrastructures publiques (ce n'est pas le cas de tous les pays producteurs, bien sûr). Le niveau de vie y est donc élevé et l'économie bien plus « égalitaire ». Ces pays sont-ils pour autant démocratiques ? Bien sûr que non, et ils ne le revendiquent même pas.

### *Un préalable obligé ?*

La question est en effet de savoir comment placer, dans l'échelle des causes, les inégalités économiques et sociales. Dans certaines circonstances, leur pouvoir de ruiner les efforts d'égalité démocratique n'est pas contestable. On peut tout de même s'interroger sur la

6 La déconnection de la gauche notamment socialiste avec le monde ouvrier en France est sans doute un effet de cette impasse. L'« ouvrier » y est évacué du champ de perception, car il n'aurait pas d'opinion légitime, étant « peu cultivé ».

pertinence du paradigme idéologique qui fait de la réduction de ces inégalités-là le préalable à toute avancée de la démocratisation.

Cette question a été particulièrement présente au moment des émeutes de novembre 2005 en France. Le Gouvernement Villepin, impatient sur ce sujet de se situer au centre-gauche, a proposé une réponse en termes économiques, d'ailleurs bien maigre, à un problème qui se posait, peut-être, en d'autres termes. Il n'est pas sûr en effet que poser la résolution des inégalités économiques et sociales comme base d'un renouveau de la démocratie ne soit pas en partie un leurre. Les groupes défavorisés de la société sont aussi — et peut-être surtout — des groupes qui n'arrivent pas à se faire entendre, au sens strict. Pour reprendre la terminologie d'Hannah Arendt, ils n'ont pas fait leur « *apparition* » dans l'espace public.

Ce sont aussi des groupes où la compétence démocratique est faible. L'inversion de causalité est tentante. On est aussi économiquement et socialement défavorisé parce que l'on n'a pas la compétence pour se faire entendre et pour prendre sa place dans la ronde de l'égalité démocratique. En tout cas, il semble que, pour pouvoir penser ce problème des causes de l'incompétence démocratique, il soit nécessaire de sortir du lieu commun des bases strictement économiques de l'égalité, dont la source est probablement, dans la pensée politique, une certaine interprétation de Marx.

### *Le caractère insupportable des inégalités sociales*

Il ne faut donc pas se tromper sur les rapports qu'entretiennent la démocratie et les inégalités. Celles-ci existent et sont insupportables. Il suffit de se reporter par exemple à l'ouvrage d'Alain Bihr et Roland Pfefferkorn [7] pour se rendre compte de l'ampleur du désastre dans ce domaine. Ces auteurs insistent d'ailleurs sur le « *retournement de la tendance... de réduction des inégalités* » qui s'est opéré il y a une vingtaine d'années. Le mouvement séculier de correction de l'injustice a été ainsi brisé par « *les politiques néolibérales* ». Peu s'opposeraient aujourd'hui à un tel diagnostic, revendiqué y compris par les penseurs libéraux.

---

7 Alain BIHR et Roland PFEFFERKORN, *Déchiffrer les inégalités*, Syros, Paris, 1999 (2e éd. augmentée).

Un chapitre de leur ouvrage est consacré aux inégalités au sein de l'espace public. Comme l'écrivent ses auteurs : « *L'enjeu de ces inégalités est clair. C'est le pouvoir exercé par certains groupes sociaux dans et sur la société civile et les appareils d'État — il s'agit des inégalités de pouvoir entre les différents groupes sociaux ayant finalement pour fonction d'assurer la pérennité de toutes les autres formes d'inégalités*[8]. » Mais le fait est que la démocratie peut sans doute supporter un certain nombre d'inégalités. C'est même sans doute l'une des premières questions fondamentales que les démocrates grecs eurent à se poser, dans leur tentative de généraliser à la société tout entière le principe démocratique jusque-là réservé à quelques assemblées.

Ils n'ont pas manqué, évidemment, de constater l'existence, comme noyau dur de la réalité sociale, de nombreuses inégalités, de toute nature. Certains hommes ont une constitution physique plus robuste que d'autres, certains courent plus vite, certains sont peut-être plus « intelligents » (il serait nécessaire de mieux définir ce terme), certains sont plus riches que d'autres, dès la naissance. La liste est longue et on n'en finirait pas de la dérouler.

### *Laisser les inégalités à l'extérieur du champ politique*

Fallait-il poser comme préalable à l'institution démocratique la réduction de toutes ces inégalités ? Comme le dit le philosophe et anthropologue Emmanuel Terray dans une synthèse très imagée : « *Nous connaissons la solution réaliste qui a été retenue : elle consiste à découper, à l'intérieur du champ social, un espace du politique ; à laisser jouer, à l'extérieur des limites de cet espace, les inégalités de toute nature ; et au contraire à les tenir pour nulles et non avenues à l'intérieur de ces limites ; elle a consisté enfin, entre le champ social et l'espace politique, à creuser des fossés assez profonds ou à ériger des barrières assez hautes pour que les inégalités acceptées dans le premier ne viennent pas contaminer et ruiner l'égalité qui doit régner dans le second*[9]. » La démocratie supporte toutes les inégalités, sauf une, dont la suppression était sans doute la

8 *Ibid.*, p. 448.

9 Emmanuel Terray, « Égalité des Anciens, égalité des Modernes », *in Les Grecs, les Romains et nous. L'Antiquité est-elle moderne ?* (textes réunis par Roger-Pol Droit), Le Monde Éditions, Paris, 1991.

condition *sine qua non* du déploiement concret de leur idéal, l'*inégalité devant la parole*. Une personne sans opinion, ou sans compétence pour la défendre, n'a aucune chance d'être partenaire, de quelque manière que ce soit, d'un jeu démocratique. Une société qui en serait essentiellement composée ne mériterait pas d'être appelée « démocratique ». C'est pourtant un peu ce qui nous arrive dans les pays occidentaux. La situation actuelle de beaucoup de nos démocraties se décrit mieux en termes d'incompétence que l'inverse.

Nous devrions peut-être être moins obnubilés par les inégalités économiques et ne pas en faire le prétexte au blocage actuel de la démocratie. On pourrait même avancer encore dans ce raisonnement et soutenir que, dans un certain nombre de cas, *il n'y a inégalité économique que parce qu'il y a incompétence à défendre son point de vue par la parole dans des cadres appropriés*. J'ai parfaitement conscience que cette proposition peut être mal interprétée, tant le débat aujourd'hui est figé sur des positions idéologiques usées mais néanmoins inébranlables, mais je reste persuadé qu'on ne peut pas se réfugier derrière des situations effectivement pénibles pour justifier qu'on n'arrive pas à se faire entendre, ou pour légitimer le recours à la violence délinquante.

En somme, que l'on soit dans des dispositifs propices à la prise de parole ou dans des cadres répressifs de ce point de vue, qu'on nous dise de prendre la parole ou qu'on nous en empêche, le problème reste le même si, en amont de tout cela, nous sommes incompétents à la prendre. L'obstacle majeur à la démocratie est donc peut-être plus profond — et plus grave — que le simple produit d'un rapport de force qui verrait des « élites », économiques et politiques, se « reproduire » et toujours dominer. Et de cette incompétence tous sont victimes, y compris d'ailleurs les « élites ».

Si le cœur de la démocratie est bien un certain rapport à la parole, c'est peut-être l'incompétence à la prendre d'une certaine façon, en rapport avec le principe d'égalité, qui constitue le frein majeur à ce qu'il batte correctement.

# 6

## *Une question de compétences ?*

Nous venons de voir que le malaise dans la démocratie ne prenait pas sa source là où on l'attend généralement. Alors d'où vient le problème ? Pour répondre à cette question, il faut descendre du ciel des valeurs, rejoindre celui des pratiques et poser, peut-être, la question autrement : qu'est-ce que se comporter démocratiquement ? Comment pratique-t-on la démocratie ?

Nous connaissons bien la démocratie en théorie, dans ses valeurs, ses principes et ses institutions, elle nous attire et nous y adhérons massivement. Nous en parlons même avec enthousiasme. Mais, dès qu'il s'agit des *pratiques* démocratiques, nous sommes moins diserts. Curieusement, ce sujet n'a pas l'air d'intéresser grand monde. Cela viendrait-il de ce que nous aurions des pratiques spontanément démocratiques, du fait par exemple d'en connaître et d'en partager les valeurs, et que, tel monsieur Jourdain, nous les mettrions en œuvre sans le savoir ? Ou, plus probablement, de ce que *les pratiques véritablement démocratiques seraient beaucoup plus rares qu'il n'y paraît* ?

En fait, beaucoup ne voient même pas exactement ce dont il s'agit. Faites l'expérience autour de vous. Et on ne saurait évidemment résoudre cette question en se contentant de la seule participation électorale ou du fait d'être bien informé, car chacun sent bien que la démocratie va bien au-delà de cette dimension. Pour paraphraser Sartre, qui définissait l'homme comme « *la somme de ses actes* », ne peut-on dire de la démocratie qu'elle est aussi la somme des actes qui la composent ?

### *Descendre au niveau des pratiques ?*

On peut bien sûr se demander, dans un tel contexte, ce que sont des pratiques *véritablement* démocratiques et quels sont les critères qui permettent de les déterminer comme telles. La réponse est assez simple. *Ce sont les pratiques, dans le quotidien, qui correspondent aux valeurs démocratiques auxquelles nous adhérons*. Il faut donc, si cette proposition est juste, constater qu'il y a un très net décalage entre théorie et pratique, entre les valeurs et leur mise en œuvre, entre les aspirations et leur concrétisation, entre les institutions et leur fonctionnement réel.

En même temps, l'une des grandes sources du malaise dans la démocratie semble être précisément ce renoncement permanent à un idéal pourtant affiché et souvent rappelé dans les discours publics. Combien de maires, hommes ou femmes, extraordinairement autoritaires dans leurs pratiques quotidiennes, et connus pour ne jamais écouter qui que ce soit, tiennent de magnifiques discours éthiques et humanistes sur la démocratie ! Ce décalage est connu et très souvent énoncé comme tel. Confronté à des pratiques autoritaires dans le cadre du fonctionnement quotidien d'une assemblée élue, tel homme politique évoquera la « dure réalité humaine », le fait que « les hommes sont comme ils sont » et qu'il y a loin de la pratique à l'idéal compte tenu de la « nature humaine ».

On trouvera évidemment le même type de rationalisation dans le cas des rapports de domination homme-femme, où il n'est pas rare qu'une personne affiche des valeurs d'égalité dans le couple, mais se replie sur cette fameuse « nature humaine » pour justifier de réelles pratiques de domination en complet décalage avec ces valeurs. En somme, on voudrait bien, mais on ne peut point...

On est volontiers disert sur les grandes valeurs, alors que quelques rationalisations sommaires suffisent en général à arrêter le débat sur les pratiques effectives. Or, celui-ci est évidemment essentiel. Là, dans cette dissonance, réside sans doute l'un des problèmes essentiels de la démocratie aujourd'hui, en France comme dans la plupart des pays européens ou nord-américains.

## *Qu'est-ce qu'une compétence démocratique ?*

Situer le problème au niveau des pratiques revient à poser la question de la compétence. On pourrait bien sûr supposer que l'institution de la citoyenneté suffit à nourrir les pratiques correspondantes. La société vous décrète citoyen, donc vous l'êtes dans la vie concrète. Ce statut juridique ferait en quelque sorte de chacun un praticien spontanément compétent de la démocratie. De la même façon, l'adhésion déclarée, et sincère, aux grandes valeurs qui fondent ce régime impliquerait que l'on soit en mesure de les pratiquer. L'idéologie politique tiendrait ici lieu d'apprentissage de son application.

Cette représentation formelle et superficielle des instances qui feraient de chacun de nous automatiquement des démocrates, pose de nombreux problèmes. C'est le cas notamment pour le processus de naturalisation, qui transforme une personne issue d'une culture étrangère, éventuellement non démocratique, en un citoyen censé pratiquer instantanément les règles et les normes démocratiques. Le problème est le même pour tous les jeunes nés français, qui, le jour de leur majorité, sont eux aussi censés se transformer *illico* en citoyens compétents. En fait, le problème est le même pour tout le monde.

Il faut être clair sur ce point, *ce n'est pas parce que l'on est juridiquement citoyen que l'on est compétent pour pratiquer la démocratie.* On peut d'ailleurs être plutôt compétent dans bien d'autres pratiques, comme par exemple l'exercice d'une domination, dans un contexte qui appellerait l'égalité et la liberté.

La pratique de la citoyenneté s'évalue donc au regard des compétences réelles qu'elle met en œuvre. Pourquoi utiliser ici le terme de compétence ? N'appartient-il pas à un lexique technocratique qui déshumanise ce qu'il nomme ? Il est temps peut-être de redonner à cette notion toute sa vertu initiale, là où la technocratie l'aurait plutôt vidée de son sens.

### *De l'autorité au droit de juger*

Le mot, très précieux par sa richesse dénotative et la complexité des sens qu'il recouvre, provient du vocabulaire juridique. Outre le sens technique linguistique que lui a donné Noam Chomsky, et qui ne nous intéresse pas directement ici, le terme répond à deux définitions. La première situe la compétence comme une « *aptitude reconnue légalement à une autorité publique de faire tel ou tel acte dans des conditions déterminées* » ; la seconde renvoie à une « *connaissance approfondie,* [à une] *habileté reconnue qui confère le droit de juger ou de décider dans un domaine* » [1].

Ces deux définitions s'appliquent particulièrement bien aux pratiques démocratiques. Ce régime fait de chacun de nous, précisément, une « *autorité publique* ». C'est en cela qu'il fait rupture avec les systèmes anciens. Même si tout le monde ne devient pas « magistrat » (au sens large que l'Antiquité donnait à ce terme, celui de toute personne exerçant une délégation du peuple), chacun est sommé d'être dans une posture active et d'assumer sa part de souveraineté.

Être citoyen, c'est exercer une autorité sur la chose publique et être légalement reconnu comme apte potentiellement à réaliser « *tel ou tel acte dans des conditions déterminées* ». Toute autre conception de la citoyenneté serait antagoniste avec la démocratie. Cela n'a rien à voir avec le débat qui oppose démocratie directe et démocratie représentative, car ce dernier cas n'implique en rien un abandon de souveraineté. Mais ce « *droit de juger ou de décider dans un domaine* » suppose une « *connaissance approfondie, une habileté reconnue* ». Juger (au sens de se former un jugement) et décider sont les deux piliers de la démocratie. Le champ couvert par cette compétence est donc clairement délimité. Il ne s'agit pas d'une compétence à exprimer des sentiments, à écrire des récits, ou à informer objectivement.

Il faut, à ce stade, distinguer le niveau des compétences de celui des savoir-faire. Le savoir-faire renvoie à l'univers des techniques. Argumenter, par exemple, relève d'un savoir-faire. Écouter les arguments d'autrui en est un autre. À cette liste on pourrait ajouter les savoir-faire qui consistent à prendre la parole en public, à savoir construire de

---

1 Alain Rey (sous la dir. de), *Dictionnaire culturel en langue française*, Le Robert, Paris, 2005, vol. 1, p. 1715.

façon ordonnée une intervention ou, sur un autre plan, à savoir maîtriser ses sentiments ou ses pulsions. On pourrait parler aussi bien de « compétences techniques », mais cette expression serait synonyme de « savoir-faire ».

La compétence est une notion plus vaste, qui englobe les savoir-faire en les dépassant. Dans le cas des compétences démocratiques, celles-ci renvoient à la capacité personnelle d'un acteur à mettre en œuvre ces techniques par rapport à une finalité plus globale qui inclut une conscience de la légitimité de cette action, une connaissance approfondie du contexte dans lequel elle se déploie, mais aussi une reconnaissance spécifique de l'autre, sur la base de la *symétrie*, et enfin un renoncement à la violence dans le débat. Toutes ces conditions permettent une articulation entre le niveau de l'idéologie politique démocratique et celui des pratiques.

Je voudrais prendre le risque ici, en sachant toute la fragilité d'un propos aussi normatif, de proposer une liste de ces compétences spécifiquement démocratiques. Je proposerai ensuite, sur le plan de la méthode, de comparer ce cadre « idéal » avec ce que nous pouvons savoir de la façon dont, en général, ces compétences se déploient réellement dans notre société.

### *Des compétences sur quatre plans*

Il me semble, notamment à partir de ce qui a été dit au chapitre 2, que les compétences démocratiques peuvent se déployer sur quatre plans :

1 — Celui de l'« objectivation [2] ». Il s'agit ici de la capacité globale à écarter toute pulsion ou toute tentation d'ordre psychologique ou culturel de recourir à la violence, à la vengeance, à la colère au sein d'un dispositif de parole qui permet de mettre en œuvre une « conflictualité pacifiée ». Cette tentation peut provenir de l'existence de points de vue différents et du constat de leur légitimité éventuelle.

2 — Celui de l'« empathie cognitive ». Comme le dit bien Daniel Favre, chercheur en didactique, « *la capacité d'empathie... paraît ainsi*

2 J'ai développé ce point dans un ouvrage regroupant plusieurs études de cas : *Argumenter en situation difficile, op. cit.*

*relever des savoir-faire démocratiques* », notamment parce que « *l'empathie est corrélée négativement et spécifiquement aux comportements violents* »[3]. Ce concept renvoie, au niveau des savoir-faire, à la capacité à se projeter, sur un plan cognitif[4], dans le point de vue de l'auditoire, d'identifier l'opinion qu'il défend et de concevoir les arguments dont il dispose à l'appui de cette opinion différente. Cette compétence est indispensable pour pouvoir se placer en posture de convaincre cet auditoire, ou de se laisser convaincre par lui, c'est-à-dire de jouer le jeu du débat démocratique, notamment du point de vue de la prise de décision collective.

— Celui de la formation des opinions. Avec la prise de décision, la capacité à se forger une opinion est une condition *sine qua non* de la citoyenneté. Il ne s'agit pas ici de s'informer ou de construire une connaissance de nature scientifique, mais, sur un autre registre, de se forger un point de vue sur tous les éléments « discutables » du débat public ou même des choix individuels. Se former une opinion relève d'une compétence spécifique. Celle-ci implique, au niveau des savoir-faire, la capacité à examiner en son for intérieur les arguments en faveur de tel ou tel point de vue, de les tester mentalement et de les évaluer, afin de se les approprier. Dans ce sens, c'est bien une compétence qui « confère le droit de juger ». Avoir des opinions en démocratie est en quelque sorte un devoir, car celles-ci en constituent la matière première.

— Celui de la promotion d'une norme oratoire de symétrie dans l'interaction ou le débat. L'idée est ici que tout dispositif de parole démocratique fonctionne parce qu'il y a mise en œuvre concrète de ces normes et, en amont, des compétences correspondantes. C'est le jeu des compétences qui est la matrice des normes, même si celles-ci peuvent acquérir par la suite une « autonomie agissante ». Dans ce sens, en démocratie, chacun est une « autorité publique » qui a la charge et la responsabilité de générer autour de lui, quand cela est légitime, des normes de débat démocratique. Les savoir-faire qui

3 Daniel Favre, « L'empathie : un indicateur pour les actions de prévention de la violence », *Actes du forum « La non-violence à l'école, de la maternelle à l'université »*, 13 oct. 2004, p. 35 (www.decennie.org).

4 Dans ce sens, ce concept est différent de celui d'« empathie affective », qui est au cœur par exemple de la démarche de « *communication non violente* » de Marshall B. Rosenberg (*Les mots sont des fenêtres* [*ou bien ce sont des murs*]. *Introduction à la communication non violente*, La Découverte & Syros, Paris, 1999 [nouv. éd., 2005]).

s'articulent sur cette compétence sont la capacité à prendre la parole, à argumenter un point de vue, à écouter celui des autres.

Ces quatre plans forment un ensemble de compétences qui permettent à la fois de faire rupture avec d'autres régimes de parole et de créer un espace protégé au sein duquel une pratique démocratique peut se déployer.

### *Un déficit possible*

Le déficit ou l'absence de ces compétences peuvent relever de plusieurs cas de figure. La question principale est celle de savoir si la situation observée relève de normes démocratiques ou non. Dans le premier cas, l'absence de pratiques démocratiques est un véritable déficit et on pourra parler d'incompétence. Cette absence est la plupart du temps le signe que d'autres compétences ont rempli l'espace de la parole. Dans le second cas, la compétence démocratique n'est guère pertinente et l'emploi d'autres compétences est légitime.

Ainsi, celui qui affiche dans un couple son attachement au principe d'égalité mais qui se comporte comme un tyran autoritaire aura remplacé les compétences démocratiques qui seraient appropriées par les savoir-faire de l'oppression. Peut-être le fait-il parce qu'il ne sait pas agir autrement, qu'il n'a pas appris, ou qu'il est plus facile pour lui de se comporter comme il l'a toujours fait. Peut-être en retire-t-il un bénéfice trouble et qu'il cède dans ce cas à la tentation, au prix d'un dissensus interne.

Le fait est qu'il y a en cette circonstance une dissonance entre valeurs affichées et pratiques effectives. Celle-ci n'existe pas dans tous les contextes où la démocratie n'est pas requise. Parler ici de « compétences » n'implique donc pas que ce terme soit réservé aux dispositifs de parole démocratiques. De très nombreuses compétences sont identifiables dans l'ordre de la hiérarchie, de la soumission, de la recherche de consensus, ainsi que dans l'ordre de la violence physique ou de la coercition mentale. Ce n'est donc pas parce que nous vivons formellement dans ce régime que la parole démocratique est la seule possible. Elle est *en concurrence* avec d'autres types de parole, d'autres normes et d'autres modèles de distribution de la parole. Et cette concurrence n'est pas toujours en sa faveur.

Nous sommes de ce point de vue dans une curieuse situation. On sait par exemple que l'autorité est une valeur en singulière décroissance. Le phénomène est particulièrement visible depuis la fin des années 1960. C'est le cas non seulement dans les pays anglo-saxons de tradition libérale, mais également dans les pays européens qui ont pourtant une longue tradition de centralisation comme la France. Mais cette décroissance de l'autorité comme valeur ne semble correspondre ni à une baisse d'intensité des pratiques d'autorité ni à un retrait des dispositifs de parole où celle-ci est distribuée de façon hiérarchique (où la parole d'en haut compte plus que celle d'en bas).

Il apparaît nécessaire de faire un inventaire rapide des différentes pratiques de parole, si l'on veut montrer que certaines d'entre elles, lorsqu'elles sont trop invasives, constituent un frein à la démocratisation du champ social et politique.

## *La hiérarchie et le consensus : des compétences archaïques ?*

Revenons, pour éclairer ce point, à une notion que nous avons déjà rencontrée lors de notre enquête, celle de dispositif de parole. C'est grâce à ces dispositifs et à ces normes que toute société humaine organise la distribution et la circulation de la parole entre ses membres. Il s'agit, on le voit, d'un objet finalement assez bien circonscrit.

En même temps, on constate une très grande variété de dispositifs de parole, avec des règles extrêmement diverses et des finalités très différentes. Il faut insister sur l'historicité de ces dispositifs, qui ne relèvent, en tant que tels, d'aucune « loi naturelle », mais sont bien, au sens fort, une manifestation de la diversité culturelle qui a toujours régné sur notre planète. Il nous faut donc situer les dispositifs de parole démocratiques par rapport à d'autres dispositifs dont nous avons déjà entrevu la nature, par exemple tous les dispositifs régis par le principe de hiérarchie et d'autorité. L'avantage de cette démarche est de suivre notre fil, qui consiste à voir comment les choses se passent, *dans la pratique*, dans le concret de la circulation de la parole.

### *Trois grandes familles de dispositifs de parole*

Il faut évidemment faire preuve d'une certaine brutalité typologique pour réduire à quelques catégories la très grande diversité des règles et des normes qui organisent la parole. Il n'en reste pas moins qu'on distingue malgré tout certains regroupements.

On peut distinguer trois grandes familles de dispositifs de parole, suivant que les normes qui les organisent et les compétences qu'elles mettent en œuvre privilégient, très en amont, un principe de totalité (ou de communauté), un principe hiérarchique ou un principe symétrique. Il faut se garder d'une perspective évolutionniste qui en ferait autant d'étapes dans l'histoire de l'humanité, car il s'agit là d'autant de composantes structurelles de toute culture humaine.

### *L'importance première de la parole*

Depuis qu'elle a pris conscience d'elle-même, l'humanité a connu de nombreuses évolutions. Au moins 3 000 générations d'*Homo sapiens* se sont succédé, qui n'ont eu de cesse d'innover, de transformer leur environnement et surtout la manière d'organiser leur vie en société. Les préhistoriens et les archéologues insistent sur les changements intervenus dans les techniques matérielles. Ils ont raison. Comment nier que savoir allumer un feu ou façonner des outils de pierre, compétences dont les *Homo sapiens* héritent de leurs ancêtres, ont été la source de transformations radicales ? Comment nier que l'accélération, jusqu'à aujourd'hui, du progrès technique ait eu une incidence majeure sur leur vie ? L'invention du bronze a provoqué autant de surprises, sans doute, que celle d'Internet.

Mais cette vision des choses, si elle restait trop étroite, cacherait peut-être un autre aspect essentiel, les transformations de la vie en société. L'organisation sociale, la culture comme mode de rationalisation, la place des individus dans le groupe, la manière de prendre les décisions, des plus courantes aux plus stratégiques, ce que l'on fait avec la parole et comment on en organise la distribution et la circulation, tout cela, qui fait le cœur de notre vie, a également subi de très nombreuses transformations.

L'une des premières mutations qu'a connues l'humanité de ce point de vue a sans doute été la découverte, et la généralisation, de la pratique qui consiste à enterrer ses morts et à ritualiser ce geste. L'enterrement, dans ce cas, est source de vie. Il redonne une autre vie aux disparus, que jusque-là on laissait au bord du chemin, à la merci des charognards. De très nombreuses cultures du paléolithique font ainsi une large place, jusqu'au cœur de leurs cercles de parole et de décision, à ceux qui ont disparu, mais qui continuent à exister sous une autre forme et à qui on continue à parler. La parole est une chose si importante que même les morts l'ont, la gardent et la prennent.

Cette présence des morts dans le quotidien des vivants heurte notre réalisme contemporain. Elle n'en fixe pas moins un mode d'organisation sociale original, qui donne notamment aux disparus une parole toujours active. C'est en donnant aux morts cette parole que les vivants ont peut-être pris conscience de la leur. Enterrer ses morts et les préparer pour un au-delà toujours proche est bien le signe que ces sociétés sont composées d'êtres pensants, dont la parole est réflexive et non simplement réactive à l'environnement, comme l'est celle des animaux.

Cette découverte-là, qui fonde les cultures humaines, occupera de très nombreuses générations. Préoccupé de se reproduire dans un environnement qui lui est le plus souvent hostile, l'homme, pendant longtemps, modifie peu le principe d'organisation sociale qui lui permet de vivre en petites communautés de chasseurs-cueilleurs, très soudées, refermées autour d'une langue et d'un récit fondateur. Derrière l'immense variété des formes que prennent les cultures humaines, tout au long de cette période nomade de conquête des grands espaces, au nord, à l'est et à l'ouest, c'est bien un même mode de vie qui se profile.

Car tous ces groupes extraordinairement divers ont en commun de former chacun des communautés sans hiérarchie et pour qui cette notion même n'est pas pertinente. Chacun y a une place organiquement fixée et exerce des compétences clairement identifiées. Personne n'y exerce le pouvoir — au sens moderne où nous l'entendons — et la fonction de prise de décision est souvent dévolue à des collectifs de parole dont le rôle est d'interpréter le récit fondateur, le mythe qui lie le groupe, afin d'en faire surgir la direction à prendre. Le mythe a ainsi une fonction d'englobement total ; il permet de régler les moindres détails de la vie. Il dit qui fait partie du groupe et qui n'en fait pas

Genre les Témoins de Jehova

partie, ce qu'il est pur ou impur de faire. Les hommes et les femmes du paléolithique habitent d'abord au sein du mythe, qui fixe les paroles, et seulement ensuite dans l'environnement naturel et matériel.

Les dispositifs de parole totalisants sont des assemblées larges, englobant idéalement une communauté unie par un même *récit*, où l'on s'exprime sur le mode de la palabre et où la recherche du consensus mobilise l'essentiel de l'énergie langagière. Ce dispositif est donc articulé autour du passé. À travers sa fonction de répétition du récit initial, la parole y sert essentiellement à se reconnaître comme membre de la communauté et à maintenir la cohésion sociale. Dans ce type d'assemblée, il n'y a ni centre, ni périphérie, ni véritable détenteur de pouvoir, chacun y occupant une place en quelque sorte fixée. La parole totalisante implique que l'individu soit tout entier un être social et que sa part privée soit la plus réduite possible.

Les humains n'y ont pas le monopole de la parole, dans des sociétés où, comme l'écrit Mary Douglas, « *les choses ne sont pas distinctes des personnes* [5] ». Ces dispositifs sont des lieux de prise de décision toujours rapportée à des déterminants posés comme extérieurs (le destin, le mythe) et qui font appel à l'interprétation des signes ou à l'ordalie. La parole totalisante se présente enfin comme une parole « sans sujet », du moins sans sujet individuel.

Ces sociétés ne sont ni le paradis originel, ni la brutalité primitive. Elles sont un monde construit, si l'on peut dire, avec les « moyens du bord ». Des centaines, des milliers de générations ont réglé leur vie sociale à cette horloge-là. Jusqu'à ce qu'un changement radical intervienne, il y a à peine 200 générations, le changement le plus important après l'enterrement des morts.

### *Une rupture civilisationnelle : la parole hiérarchisée*

Le bouleversement est venu en plusieurs points du globe, à des périodes différentes. Au point que nul groupe humain ne peut prétendre en avoir la paternité. Ici et là, en Inde et en Chine, au Proche-Orient et en Amérique, peut-être en Afrique, s'inventent localement des sociétés radicalement nouvelles, que les historiens

5 Mary Douglas, *De la souillure, op. cit.*, p. 102.

nommeront de façon inappropriée des « civilisations » (les sociétés antérieures n'étaient-elles pas « civilisées » ?).

Elles couvrent au début peu d'espace, jusqu'à ce que la frénésie de l'expansion leur fasse occuper des taches significatives sur la mappemonde. Mutation progressive, changement brusque ? On ne sait pas. En revanche, ces nouvelles sociétés, très minoritaires, sont encore largement entourées de ce qui formait les mondes primitifs du paléolithique, qui vont être soit assimilés, soit repoussés aux marges de la civilisation.

La civilisation n'est au début qu'un exotisme, appelé dans certains cas à disparaître ou à revenir à la case précédente. On reconnaît facilement ces nouvelles sociétés : elles se voient de loin, car elles construisent haut. Palais, temples, pyramides dominent les aires environnantes. Le désormais « sauvage » les contemple, de loin, comme un mystère dont il ne sait s'il doit l'approcher. Cette hauteur architecturale est d'abord une hauteur pour la parole de celui qui commande, le prince, le roi, le chef. Le premier symptôme de cette rupture — et peut-être même sa matrice — est le nouveau rôle de la parole comme celui d'un outil de *pouvoir* sans précédent. Le gouvernement des choses et des êtres va désormais passer par un exercice nouveau de la parole redistribuée de façon hiérarchisée — le terme, tentant, d'« inégalitaire » est en l'occurrence inapproprié car anachronique.

La parole va devenir, dans sa capacité d'organisation et de transformation du monde, la chose la moins bien partagée, car captée, absorbée, redistribuée et monopolisée par la nouvelle autorité, celle des princes, des rois, de tous ceux qui se placent au centre dominant du nouveau monde inventé par la civilisation. La parole du pouvoir va s'appliquer aux hommes, à tous les êtres vivants qui sont sous la juridiction du pouvoir, à la nature, que l'on peut ainsi domestiquer et mettre en coupe réglée, en premier lieu grâce à l'agriculture.

La force de la parole hiérarchisée se nourrit de l'affaiblissement de ceux à qui elle s'impose. Le nouveau dispositif met ainsi en scène la dépréciation de la parole de celui qui est dominé au sein d'un échange où cette dernière est systématiquement minorée. La parole incorpore la violence pour pouvoir se dispenser le plus possible d'avoir à l'exercer physiquement. Elle va s'enfermer dans des dispositifs doublement caractérisés par l'institution d'un centre élevé et d'une périphérie abaissée. Les premières civilisations se reconnaissent à ce qu'elles construisent des bâtiments et des architectures qui témoignent de ce double déplacement : des palais, qui dominent au centre et dont la parole de ceux qui les font construire est souvent gravée dans les fondations mêmes, comme dans les grandes cités du bassin mésopotamien.

La parole est désormais tenue sur un siège spectaculaire (trône), central et élevé, dans une mise en scène souvent destinée à impressionner (statues d'animaux ou figures de divinités). La parole du pouvoir est toutefois distincte de celle du mythe, plus permanente. Elle occupe un temps plus court, devenu un temps historique. L'invention de l'écriture semble à peu près systématiquement liée à ce déplacement. La parole devient au sens strict performative, c'est-à-dire une énonciation qui fait exister ce qu'elle dit du simple fait de le dire (comme dans l'exemple classique : « La séance est ouverte »). Le temps dans lequel se déploie cette famille de dispositifs est le présent.

Le pouvoir, parce qu'il s'appuie sur des individualités puissantes qui captent les ressources à leur profit, rend possible un début de détachement de l'individu par rapport au collectif[6], qui conduira plus tard à l'individualisme. La part de l'espace privé, en tout cas pour ceux qui n'ont pas la parole, est évidemment extraordinairement restreinte, voire considérée comme potentiellement subversive, justifiant l'institution de dispositifs de vision et de parole panoptiques, équivalents à ceux qu'a décrits Michel Foucault pour l'Ancien Régime.

Ce modèle de distribution de la parole s'est inscrit dans la longue durée. Il fait même retour, comme modèle dominant, dans des sociétés qui y avaient pourtant en partie renoncé, à l'instar du monde romain qui réinstaure une forme sociale archaïque, l'empire, après avoir connu plusieurs siècles d'un modèle plus complexe, mélangeant héritage d'une parole totalisante, parole démocratique issue du monde grec et parole oligarchique. Le grand témoin de cette transition entre deux régimes de parole, qu'il décrit finement, est Tacite, qui

6 À ce sujet, Louis Dumont, dans son essai sur l'individualisme, remarque qu'il n'y a pas de contradiction entre l'individualisme comme idéologie et, par exemple, le pire des régimes de pouvoir que l'on ait connus : le régime nazi, précisément incarné dans la parole d'un individu, le chef, auquel chacun doit s'identifier (Louis DUMONT, *Essais sur l'individualisme. Une perspective anthropologique sur l'idéologie moderne*, Seuil, Paris, 1983 [nouv. éd., 1991]).

s'interroge sur l'évolution des modèles de prise de parole depuis la République jusqu'à l'Empire [7].

C'est tout un jeu de compétences nouvelles qui se met en place. Celles-ci concernent aussi bien la façon de prendre le pouvoir, de le garder, de l'exercer que la façon de le subir, de s'y abandonner ou de lui résister.

Dans la famille des grands livres de l'histoire de l'humanité, on comptera aussi les « manuels » qui recensent ces compétences et les transmettent, de *L'Art de la guerre* du Chinois Sun Tzu [8], écrit au début de la civilisation chinoise, jusqu'au tout aussi fameux *Prince*, de l'Italien Nicolo Machiavelli (Machiavel), qui fut secrétaire de la république de Florence au XVIe siècle.

## *Coexistence, hétérogénéité et dissonance des statuts de la parole*

Les premières sociétés hiérarchisées conservent une place importante aux mythes (qui seront aussi très importants dans le monde démocratique grec). De la même façon, la parole totalisante a trouvé un nouvel espace de déploiement au sein d'un certain nombre de mythes contemporains (on se souvient de la magnifique description que Roland Barthes a faite des mythologies de la modernité), auxquels il faudrait compter celle de la « communication ».

La révolution démocratique grecque amorcée à Athènes n'a pas supprimé totalement le principe hiérarchique, malgré l'obsession du « Ni commander, ni obéir » qui caractérise ses citoyens.

Toutes les sociétés apparues en Occident depuis l'effondrement de l'Empire romain et surtout la fin du Moyen Âge sont des alliages composites. Les démocraties d'aujourd'hui mélangent de façon complexe des dispositifs de parole relevant des trois principes. Il y a bien du mythe et de la communauté, et le principe totalisant du consensus est souvent à l'œuvre. Le XIXe siècle a produit de nombreux grands récits, autour de la Nation par exemple. Le libéralisme

---

7 TACITE, *Dialogue des orateurs* (trad. du latin par Henri Bornecque), Les Belles Lettres, Paris, 1985 (nouv. éd., 2003).

8 Sun TZU, *L'Art de la guerre*, Flammarion, « Champs », Paris, 1978.

aujourd'hui fonctionne bien, d'une certaine façon, comme mythe. La Nature s'est aussi installée comme telle dans l'imaginaire contemporain (après avoir été longtemps une valeur négative).

Le principe hiérarchique est largement présent, sur le vieux mode du « Commander et obéir ». Le principe symétrique est lui aussi à l'œuvre. Nous sommes donc appelés, dans de nombreuses situations sociales, à passer rapidement d'un mode à l'autre, d'un dispositif à l'autre ; souvent, les dispositifs de parole sont enchevêtrés de façon complexe.

Pourtant, le principe hiérarchique a représenté une rupture historique lourde, dont le mythe ne s'est jamais remis, car plus jamais il n'a pu être totalisant. Il a été condamné à n'occuper qu'une partie des sociétés qu'il englobait jusque-là. Le principe de laïcité est né de cette rupture, puisque désormais les croyances, les valeurs, les mythes sont compartimentés. De cette rupture sont nées les religions d'après le mythe. À l'image d'un monde organique, qui occupait tous les interstices de l'univers visible et invisible, s'est substituée celle d'un monde à étages, dont la société indienne des castes sera le meilleur et le plus pur exemple. Après l'invention hiérarchique, le monde ne sera plus jamais comme avant.

La seconde rupture qui va marquer l'histoire des sociétés humaines est celle de la démocratie, du moins d'un mode nouveau de circulation de la parole, notamment du point de vue de la prise de décision. Il importe de savoir qu'à chaque fois la rupture implique un renoncement à des formes anciennes de pensée et d'action, un retrait des compétences et des savoir-faire qui leur correspondent. Il est très difficile d'imaginer un dispositif de parole qui soit à la fois hiérarchisé et symétrique. Il doit être l'un ou l'autre au point essentiel de son fonctionnement. La question est plutôt de savoir comment s'articulent deux dispositifs de ce type et c'est là que les difficultés commencent.

Un exemple de cette difficulté est, par analogie, la relation parent-adolescent. Celle-ci a une dimension évidemment hiérarchique et nombre des décisions qui concernent ce groupe familial sont prises par les parents. En même temps, le processus éducatif implique que les parents aident l'adolescent à accéder à l'autonomie. Ils instaurent, localement, une symétrie dans les relations. Celle-ci peut aller jusqu'au partage en commun de certaines décisions, selon, souvent, des rites d'assemblée (on se réunit un peu solennellement, et la relation symétrique n'aura qu'un temps, bien délimité). Tous les parents savent que dans ce domaine l'art est difficile.

En fait, toutes les institutions hiérarchisées ont besoin, aujourd'hui, d'inclure dans leur fonctionnement des « isolats » démocratiques. La contestation du principe d'autorité se double de nécessités fonctionnelles, dans des environnements professionnels de plus en plus complexes, pour « desserrer » l'étau hiérarchique et mettre en quelque sorte de l'huile dans les rouages. Même l'institution militaire a besoin de phases symétriques. La situation où l'officier demande son avis à son subordonné, le temps d'une discussion qui suspend les grades, est bien connue.

### *La dissonance des pratiques*

Le problème, à mon sens, est que, d'un côté, ces trois principes sont conciliables, ou disons plutôt articulables, mais que, d'un autre côté, ils sont antagonistes. La pratique de l'un implique en effet une rupture nette avec les autres. Cette coexistence est donc le siège de plusieurs dissonances, au moins sur deux plans, la question de la décision et celle que j'appellerai ici la « question de l'expansivité ».

Toute décision implique un choix, celui des modalités techniques grâce auxquelles elle sera prise. Est-ce un dispositif où le pouvoir est distribué hiérarchiquement et repose sur les épaules des plus « compétents » ou des plus puissants ? Les paroles des uns s'imposeront alors aux autres. Est-ce une rationalité externe au débat, de nature scientifique par exemple, ou encore les exigences « naturelles » d'une communauté « nationale » ou ethnique qui seront mises en œuvre ? Dans tous ces cas, la parole commune va s'imposer à tous.

Ou s'agit-il d'un dispositif où la décision est prise collectivement après un échange symétrique d'arguments immanents à un espace public constitué comme « communauté de destin » de ceux qui y participent ? L'alternative est ici entre l'autorité, le fatalisme et le débat. Qui prend la décision et comment celui ou ceux qui la prennent sont-ils désignés ?

On remarquera que le principe totalisant, celui du récit, du mythe, laisse souvent une place importante soit aux humains qui sont morts (le rôle des ancêtres est par exemple très important dans le mythe nationaliste) soit à des êtres non humains. Ce dernier cas de figure, apparemment archaïque, a fait irruption dans la postmodernité, notamment au sein du « mythe cybernétique ». Les machines, notamment informatiques, deviennent des partenaires potentiels de dialogue, voire même des « intelligences » chargées de prendre des décisions [9]. Dans cet esprit, certains animaux, comme les singes ou les dauphins, sont censés pouvoir réintégrer un monde de la parole plus global, tel qu'il est décrit par un certain « récit écologique ».

*L'expansivité des dispositifs de parole*

Le problème majeur qui reste posé du fait de la coexistence de trois registres de parole aussi hétérogènes est leur rapport à l'*expansivité*. Peu de tendance à l'expansivité « externe » dans le cas de la parole totalisante. Le récit vaut pour le groupe familial, la tribu, la communauté. Il est peu prosélyte, parce que communautaire. En revanche, l'expansivité « interne » est très forte, puisque tous les membres du groupe concerné par le récit doivent en admettre les impératifs. Le groupe forme souvent un seul et même dispositif de parole, qui dicte quoi dire et comment le dire à tous ses membres, sous peine d'impureté, d'exclusion ou d'élimination.

L'expansivité de la parole hiérarchisée pose un tout autre problème et elle apparaît dans bien des cas comme une « expansivité de conquête », jusqu'à la dérive majeure que constitue la tentation d'exclure toute valeur liée à la symétrie. Le pouvoir tend à s'imposer sur des territoires toujours plus vastes et à ne connaître de limite que lorsqu'une résistance apparaît, ce qui appelle la guerre. Le nazisme constituera de ce point de vue une tentative probablement unique de constituer un régime à la fois totalisant et hiérarchisé, où le mythe est précisément le mythe de la hiérarchie lui-même. Une telle entreprise impliquait que soient purgées toute pratique ou toute idée de

9 Comme l'écrit en 1948 Dominique Dubarle, dans son « annonce » de l'existence d'une nouvelle manière de penser le monde, la cybernétique : « Une des perspectives les plus fascinantes ainsi ouvertes est celle de la conduite rationnelle des processus humains... Nous pouvons rêver à un temps où une machine à gouverner viendrait suppléer — pour le bien ou pour le mal, qui sait ? — l'insuffisance aujourd'hui patente des têtes et des appareils coutumiers de la politique » (*Le Monde*, 28 déc. 1948).

symétrie. On voit à cette occasion à quel point sont antagonistes les principes de hiérarchie et de symétrie : on ne peut pas obéir à la fois à l'un et à l'autre, car ils ordonnent le monde qui nous entoure de façon radicalement disjointe.

Autant le principe hiérarchique est expansif par nature, autant le principe symétrique au fondement de la démocratie ne l'est pas. Les dispositifs de parole qui en dépendent sont toujours locaux, circonscrits dans le temps et dans l'espace, et d'une certaine façon provisoires. Là où le pouvoir, pour s'exercer, doit occuper de façon permanente le temps et l'espace, la parole symétrique se caractérise par sa discontinuité structurelle, au moins en l'état actuel des choses.

Il implique également ce que l'on pourrait appeler une « non-obligation fondamentale d'y participer » comme condition de sa participation même (c'est tout le paradoxe de la liberté). Ces caractéristiques de non-expansivité expliquent sans doute pourquoi les dispositifs de parole symétriques ont tant de mal à s'imposer et à se généraliser, y compris dans les sociétés qui prétendent y puiser leur référence majeure.

## *Pourquoi les compétences démocratiques ont-elles tant de mal à prendre leur place ?*

Force est de constater que, y compris dans les sociétés qui font référence à l'idéal d'égalité et de démocratie, les cadres de parole symétriques ont le plus grand mal à se déployer, entraînant par là même une paralysie et un certain conservatisme. Pourtant, la parole symétrique semble rester un idéal partagé par beaucoup. Alors pourquoi un tel déficit ? On peut poser cette question à trois niveaux distincts.

Le premier concerne la place que l'on laisse à ces dispositifs dans un monde encore largement marqué par les rapports de force, la parole hiérarchisée et les inégalités de toute nature. Le deuxième concerne la nature même du dispositif de parole symétrique. N'y a-t-il pas en son sein par exemple une sorte de constitution structurelle qui en empêcherait ou en limiterait le déploiement ? Le troisième niveau concerne le désir des gens de participer et de s'impliquer dans de tels dispositifs et leur compétence pour le faire.

## *Le poids de la parole de pouvoir*

Le premier point est celui qui appelle le moins de commentaires car beaucoup de choses ont été dites à ce sujet. Ce n'est pas un *scoop* de constater que la parole de pouvoir reste un modèle largement dominant. En analysant l'échec des dispositifs de démocratie participative qu'il proposait, pourtant souvent à la demande des institutions concernées, Gérard Mendel tente d'expliquer les raisons de la difficulté à sortir de la problématique du pouvoir et de l'autorité.

Il s'interroge ainsi sur « *ce qui se passe quand on veut toucher aux formes de pouvoir habituelles, autoritaires, hiérarchiques, délégatives* » et conclut, entre autres, à l'existence d'un mur lié à la culpabilité : « *Chaque fois que l'on affronte l'autorité extérieure, il se produit des résonances avec l'autorité intérieure, celle des parents intériorisés. Inconsciemment, toute expérience d'une nouvelle forme de pouvoir heurte le socle de la personnalité de chacun qui est fait des identifications aux parents. Cette culpabilité se nourrit de la peur inconsciente, complètement inactuelle chez l'adulte mais qui n'en reste pas moins forte, de perdre l'appui et la protection des parents. C'est le problème psychologique fondamental de l'espèce humaine qui réapparaît constamment. Il est donc intéressant de voir comment il surgit dans la vie sociale, dans les rapports intercollectifs* [10]. »

On remarquera aussi, sur un plan plus sociologique cette fois, que le pouvoir hiérarchique consacre une partie importante de son énergie à sa propre reproduction, dans le cadre d'une expansivité de conquête.

Ce type de dispositif n'est pourtant plus entouré, du fait de la crise de l'autorité, d'une grande légitimité sociale. On ne trouve plus guère en effet aujourd'hui de discours qui porte une représentation du monde justifiant l'inégalité, la hiérarchie « naturelle » entre les êtres. Le racisme, comme point culminant de ces conceptions, n'a plus beaucoup de légitimité publique (excepté dans le discours de l'extrême droite et de ceux qui s'y reconnaissent, et encore).

Curieusement, il y a un décalage important entre l'absence de légitimité de ces pratiques et leur réalité. Ceci explique peut-être, comme nous le verrons plus loin, la remontée fulgurante des techniques de propagande dans l'espace public. Celles-ci constituent une sorte de

10 Entretien avec Gérard MENDEL : « Les risques psychologiques du changement » (lipietz.club.fr/lectures/lec_mendel.html).

« pouvoir dissimulé » dans une société qui ne veut plus d'autorité, au moins en apparence.

### *Les contradictions internes à la parole symétrique*

Le deuxième point, qui concerne la nature même du dispositif de parole symétrique, recèle de curieux paradoxes. Contrairement aux deux autres familles de parole, celui-ci n'a pas besoin de mettre en œuvre son expansivité pour exister. Ce dispositif ne tient-il pas sa pertinence de son caractère local ? L'erreur n'est-elle pas de postuler son universalité *a priori* ?

Alors qu'un tel dispositif peut fonctionner parfaitement bien si, justement, il est limité dans le temps et dans l'espace, la prétention à l'universalité qui l'entoure ne peut engendrer que des frustrations. Ces frustrations provoquent une fausse alternative : ou tout, ou rien. Cette universalité n'est peut-être ni souhaitable, ni réalisable, dans la mesure où de nombreuses inégalités subsistent. L'exemple grec est particulièrement significatif de ce point de vue. Il arrive fréquemment dans certains milieux que soit contestée la légitimité de la démocratie athénienne — et, par extension, la démocratie comme « modèle occidental » — parce que celle-ci était esclavagiste. Mais c'est là commettre un contresens important, issu d'une vision trop « universaliste » de la démocratie. Une société démocratique n'est au fond qu'une société dans laquelle de nombreux dispositifs de parole démocratiques *locaux* sont reliés entre eux par un maillage invisible (de l'électeur au Gouvernement par exemple en politique). C'est précisément la continuité de ce maillage qui paraît le plus fragile.

Le caractère non nécessaire de cette expansivité renvoie à une autre caractéristique structurelle de ces dispositifs : ceux-ci ne fonctionnent qu'en aménageant largement la possibilité de la défection. Pour le dire autrement, la possibilité de ne pas y participer donne tout son prix à la participation elle-même. La défection, comme modalité d'action, est au centre de l'idéologie libérale, qui en a fait la seule modalité de changement, au détriment de la prise de parole. En somme, le paradoxe résumant cette situation est que les dispositifs de parole symétrique gagneraient, pour pouvoir s'étendre dans la société, à ne pas revendiquer une trop grande expansivité, à renoncer à toute utopie universaliste.

On comprend que les certitudes et les compétences maintes fois rodées du principe hiérarchique soit préférées, selon Mendel, à une situation finalement « *très angoissante... qui a des résonances très profondes avec les zones les plus archaïques de la personnalité* ». Lorsque, ajoute-il, « *vous sortez d'une norme, de limites bien précises, et que vous n'avez pas, pour remplacer les organisations existantes régies par cette norme, quelque chose d'autre à proposer qui soit suffisamment précis, rodé, c'est-à-dire un fonctionnement alternatif "clefs en mains", vous vous retrouvez dans une zone psychologique très particulière, fort inquiétante* » [11]. Cette façon de définir le cadre démocratique, malgré son pessimisme, est sans doute très réaliste.

*La symétrie : désir et compétences*

Le troisième niveau concerne ce que l'on pourrait appeler le « désir de symétrie ». Ce désir est souvent couplé à l'anticipation d'une compétence à entrer dans ce type de dispositif — question qui ne se pose pas dans le dispositif hiérarchisé, notamment pour les « dominés », puisque la compétence à être dominé est elle aussi assumée par le « dominant », ni dans le dispositif totalisant, qui prend entièrement en charge cette compétence.

Je l'ai déjà dit, le désir de symétrie paraît, au moins en Occident, solidement enraciné. C'est plutôt son découplage avec les pratiques et les compétences qu'elles impliquent qui est en question. L'hypothèse majeure, qui est au cœur de ce livre, est que, au-delà de la forte poussée de compétences plus archaïques, c'est plutôt à un *déficit* de compétences démocratiques que nous avons affaire. Je voudrais maintenant tenter de montrer la réalité et l'ampleur de ce déficit.

---

11 *Ibid.*

# 7

## *Les résultats troublants d'une expérience de parole*

Les différents diagnostics que nous venons de faire nous conduisent dans la même direction. La démocratie est attractive, son principe n'est pas contesté et elle offre en théorie de multiples espaces où s'exercer.

Pour évaluer ce qui relève de cette « incompétence démocratique », il faut aller au-delà des fonctionnements institutionnels et prendre le problème à la racine : mesurer notre capacité à nous former des opinions et à les défendre librement, dans l'exigence d'un échange où la parole de chacun vaut celle de chacun, sans violence et en respectant la symétrie des points de vue. Sans ce jeu de compétences-là, rien ne peut se passer, et la parole, même quand elle est tenue, risque fort de n'avoir aucun *effet*. Car la parole démocratique se définit surtout par sa capacité à avoir de l'effet, à être une action, comme le rappelait Arendt.

Cette nouvelle étape de notre enquête doit nous permettre d'assurer l'hypothèse selon laquelle le malaise dans la démocratie vient donc d'abord d'un problème de compétences. Il est donc nécessaire de la vérifier sur un terrain solide. Ne pourrait-on pas imaginer, dans cet esprit, une expérience qui serait une sorte de « test » de ces compétences démocratiques, un test qui fonctionnerait en dehors de tout cadre contraignant la parole ?

C'est dans cet esprit que j'ai organisé, dans un cadre de recherche contrôlé, une « expérience de parole » à partir d'un dispositif type de débat argumenté, auquel plusieurs centaines de personnes ont été confrontées. Ce dispositif expérimental de distribution de la parole est régi par de strictes règles démocratiques. Il permet de mieux voir comment ces compétences se déploient et, surtout, quels sont les obstacles à leur déploiement. Le résultat est troublant, voire alarmant. Il semble en tout cas confirmer que là se trouve bien le cœur du problème.

## *Une expérience de démocratie...*

Voilà comment cette « expérimentation » s'est déroulée. Animateur de nombreux stages de formation à l'argumentation, j'ai été conduit à mettre en place un exercice spécifique, sous la forme d'un débat organisé entre des participants qui défendent des opinions et tentent d'en convaincre les autres. Il ne s'agissait au début que de proposer un exercice d'application des techniques de l'argumentation dont j'enseignais la théorie.

### *Un bouleversement existentiel*

En tant que formateur, j'étais soucieux que les stagiaires *incarnent* le savoir qui leur était dispensé. Mais je me suis rapidement rendu compte que, quels que soient les efforts pédagogiques déployés et l'intérêt suscité, l'argumentation, que je leur présentais assez lourdement comme une vraie pratique démocratique de la parole, restait pour eux une matière théorique.

J'ai donc conçu un exercice spécifique, qui permettait à chacun non seulement d'appliquer des techniques d'argumentation et de formation des opinions mais également d'éprouver un rapport inédit à l'autre, dans un cadre où l'on pouvait mesurer l'effet d'une parole tenue. Je dois dire que tout cela a été pour moi une véritable découverte car il est apparu rapidement que l'exercice avait une portée bien plus vaste, et qu'il touchait le cœur de la pratique démocratique. Aussi modeste et locale soit-elle, cette expérience de parole démocratique allait droit au fond des choses.

Ce n'est guère étonnant quand on connaît les liens historiques entre les techniques du convaincre (*techné rétoriké*) et les exigences concrètes d'un nouveau régime politique qui privilégie la prise de parole et la décision collective dans des assemblées où l'on débat de tout. L'argumentation n'est rien d'autre au fond que la forme concrète prise par l'action démocratique.

Les leçons que l'on peut tirer de cet exercice dépassent donc largement le cadre de la formation à l'argumentation. Pour les quelques centaines de personnes qui y ont participé [1], depuis plusieurs années, il a représenté une véritable prise de conscience existentielle. Il a permis de mettre en évidence à la fois leurs difficultés et le chemin qui restait à parcourir pour « apprendre » les compétences requises. Celles-ci apparaissaient nécessaires, non seulement pour se former une opinion et l'argumenter de manière convaincante, mais, bien au-delà, pour prendre part à des débats démocratiques, que ce soit à l'échelon local, professionnel, associatif ou politique, ou à une échelle plus vaste. Nous avons même poussé plus loin ensemble la réflexion pour voir si les normes de la parole démocratique ne s'étendaient pas également à l'espace privé, à la famille, au couple, aux relations avec les enfants.

Dans un premier temps, les résultats de cet exercice, que j'ai petit à petit transformé en véritable « expérience de démocratie », sont assez déprimants. La bonne volonté des participants n'est pas en cause. Il s'agit par exemple de personnes exerçant des fonctions de chef d'entreprise, de directeurs d'institutions et de fonctionnaires du ministère de la Justice, de magistrats en exercice, de cadres et d'employés travaillant dans le secteur bancaire, d'enseignants du secondaire et du supérieur, d'étudiants en communication et de plusieurs autres disciplines ainsi que de lycéens.

Ces personnes appartiennent bien sûr largement aux classes moyennes. La plupart d'entre elles étaient motivées, instruites et cultivées. La plupart maîtrisent bien la langue (surtout à l'écrit, il est vrai). Elles se sont prêtées au jeu de bonne grâce. Dans le cadre d'une

1 J'anime ces stages régulièrement, depuis de nombreuses années, dans différentes institutions, à l'université mais surtout en dehors de l'université, dans le public comme dans le privé.

formation, cela a considérablement élevé leur intérêt pour la matière. Pourtant, certaines performances n'étaient guère au rendez-vous. L'exercice a été un formidable révélateur des difficultés qu'il pouvait y avoir à prendre sa place dans un débat organisé selon les règles et les normes de la démocratie. Il y a pire : de nombreux participants ont admis que c'était la première fois qu'ils étaient amenés à prendre la parole dans un tel cadre...

## *Un débat expérimental*

De quoi s'agit-il concrètement ? Quelle est donc cette expérience qui permettrait de « tester » les compétences démocratiques et qui rend si pessimiste sur la réalité des pratiques concrètes de la démocratie ? Il a suffi d'aller chercher dans le fonds de la culture classique. L'exercice est inspiré de la vieille *disputatio* rhétorique, qui a été pendant si longtemps la base de l'enseignement dans ce domaine, en même temps qu'une pratique sociale très répandue pour aider à la formation des opinions.

Il est encore aujourd'hui à la base des affrontements oratoires qui opposent des équipes de débatteurs dans les grandes universités anglo-saxonnes et c'est d'ailleurs là que je l'ai retrouvé [2]. Ce débat expérimental reproduit les conditions d'une assemblée qui délibère pour savoir quelle opinion elle adoptera, dans un contexte de stricte égalité de chacun de ses membres dans la distribution de la parole. Ce que chacun va dire compte et va modifier, *de façon mesurable*, les opinions des autres.

Ce débat argumenté de nature expérimentale est inspiré par l'éthique radicalement démocratique de la rhétorique ancienne (avant qu'elle ne se transforme en rhétorique « restreinte », purement littéraire, et à l'époque où elle était encore la technique essentielle de la démocratie). Ses règles ont comme objectif de garantir une stricte égalité des temps de parole et de tout faire pour que la parole de chacun ait le même poids, au départ, que celle des autres.

---

2 Je voudrais ici témoigner toute ma reconnaissance à ma collègue Barbara Thériault, professeur à l'université de Montréal, qui m'a introduit dans sa « société de parlotte » et m'a fait connaître, dans la pratique, les règles de ces joutes oratoires que je ne connaissais qu'en théorie.

Pour le dire autrement, ces règles visent à *neutraliser tout effet hiérarchique et tout rapport de pouvoir qui pourraient parasiter le débat*, et donc à instaurer une *symétrie* fondamentale entre les prises de parole. D'ailleurs les seules — et rares — personnes qui n'ont pas véritablement apprécié d'y participer, et ne sont pas revenues quand le cadre était volontaire, sont celles qui ne souhaitaient pas mettre en jeu leur autorité et se retrouver *à chances égales*, et sans autre support que leur parole, avec ceux sur qui elle s'exerçait.

### *Le déroulement concret de l'expérience*

Pour en comprendre le fonctionnement, le mieux ici est de décrire la façon dont se déroule une séance. Le groupe des participants est constitué, dans l'idéal, d'une douzaine de personnes, qui se réunissent sans public, dans une salle tranquille où les tables sont disposées en carré, avec un animateur. Celui-ci propose au groupe une liste de thèmes de débat, en général choisis parmi les grands sujets de société. Le choix est également fait en fonction du caractère relativement tranché des opinions « pour » et « contre » que chacun d'entre eux autorise. Il n'y a pas de discussion sur les thèmes et chacun des membres du groupe est appelé à émettre un vote, à bulletin secret, dans lequel il indique celui qu'il préférerait voir traiter. Le thème qui a obtenu la majorité est donc proposé au débat[3].

L'animateur demande alors, immédiatement, toujours par un vote à bulletin secret, à chacun de dire, en quelque sorte « spontanément », s'il est plutôt « pour » ou plutôt « contre » l'énoncé proposé, ou bien s'il vote blanc parce qu'il est trop indécis. Il en va de même s'il s'agit de deux opinions alternatives (comme dans le thème « *Il faut augmenter plutôt : les crédits de l'Armée/les crédits de l'Éducation* »). Il s'agit donc d'un vote d'opinion. Le résultat du vote n'est pas rendu public et est gardé sous le coude par l'animateur. Celui-ci donne ensuite au groupe une dizaine de minutes pour réfléchir aux arguments qui pourraient être donnés à l'appui de chacune des deux

3 La dernière série de thèmes débattus a par exemple été : « *Il faut totalement légaliser/libéraliser la prostitution* », « *Il (ne) faut (pas) donner aux mendiants* », « *Il faut augmenter plutôt : les crédits de l'Armée/les crédits de l'Éducation* », « *On (ne) doit (pas) pouvoir tout dire dans l'espace public* ».

opinions qui composent le thème. À la fin de cette période, l'animateur sépare le groupe en deux équipes par tirage au sort.

Toujours par tirage au sort, il attribue chacune des deux opinions à une équipe donnée. Les groupes se forment puis se réunissent chacun dans un coin de la salle (ou dans une autre salle quand cela est possible). Ils sont chargés, pendant une vingtaine de minutes, de mettre en commun leurs arguments en faveur de l'opinion qu'ils vont devoir défendre, puis d'élaborer une stratégie argumentative. Avant la fin du temps de préparation, l'animateur passe dans chaque équipe et, toujours par tirage au sort, désigne trois porte-parole pour chacune. Les vingt minutes écoulées, on accorde au groupe une pause.

Commence ensuite le débat proprement dit. Tout le monde se retrouve dans la salle. Chaque équipe est disposée face à l'autre. Un espace vide les sépare. Tout le monde est assis. L'animateur se tient sur le troisième côté du carré. Tour à tour, chacun des six porte-parole (trois par équipe) défend, avec des arguments appropriés, l'opinion qui a été attribuée à son groupe.

Les règles de distribution de la parole sont très strictes et l'animateur y veille soigneusement. Il a tous les pouvoirs sur la forme du débat et sur le respect des règles de son déroulement temporel, dont il est le garant. Il n'intervient jamais sur le contenu, sauf dans le cas où il aurait affaire à des débordements verbaux, à une poussée de violence ou encore à l'usage de procédés manipulateurs (recours à la séduction ou interventions intempestives visant à déstabiliser l'orateur par exemple).

Il dispose d'un chronomètre qui va lui permettre de faire respecter les temps de parole impartis et de petites affiches pour informer les participants du franchissement des étapes temporelles. Les porte-parole disposent d'un temps soigneusement calibré de quatre minutes pour chacun.

Un porte-parole parle d'abord une minute, pendant laquelle il ne peut pas être interrompu. L'animateur lui signifie que la minute est écoulée. Il continue à parler pendant les deux minutes suivantes, mais des membres de l'équipe adverse peuvent alors demander, toujours par l'intermédiaire de l'animateur, à lui poser une question (ce procédé évite que s'instaure un dialogue interactif et que l'on se coupe la parole). S'il accepte (il peut très bien refuser), la question lui est posée et il y répond. Une fois ces deux minutes écoulées, il dispose encore d'une minute pendant laquelle il ne peut pas être interrompu et doit donc conclure son propos. On alterne les porte-parole de chaque équipe. Le tout dure donc vingt-quatre minutes.

Pour finir, l'animateur propose de voter une seconde fois, toujours à bulletin secret, pour que chaque participant puisse indiquer l'opinion qui a maintenant sa faveur (il peut en effet avoir changé de choix par rapport au premier vote). Il peut aussi voter blanc. On lui demande, s'il a changé d'opinion, de rajouter sur le bulletin une petite croix (afin de pouvoir comptabiliser les changements d'opinion). L'animateur lit alors les résultats du premier vote, puis ceux du second vote. On examine la différence et on commente ensemble les résultats. L'ensemble de l'expérience a duré un peu plus d'une heure.

## *Les vertus démocratiques du débat argumenté*

En quoi s'agit-il d'une « expérience de démocratie » ? Ces règles de distribution de la parole n'ont pas qu'un aspect formel. Elles permettent l'activation concrète d'une valeur, qui est au moins autant l'égalité que la symétrie, comme *lieu* démocratique. L'égalité des temps de parole, que l'animateur fait respecter très strictement, place chaque orateur dans une situation de parfaite symétrie avec les autres. Le temps qu'il a à sa disposition pour convaincre les autres est donc le même pour tous et chaque « camp » a le même temps.

Cette symétrie temporelle peut paraître formelle. Elle ne va d'ailleurs pas du tout de soi pour les participants, qui en découvrent les contraintes et les vertus comme quelque chose d'inédit pour eux. Elle n'en joue pas moins un rôle essentiel. Nous verrons un peu plus loin que cette règle, pourtant intuitivement évidente, est rarement respectée, par exemple dans les débats médiatiques, régis soit par le rapport de force, soit par les exigences de la mise en scène. Ce n'est pas sans conséquence sur la capacité à convaincre.

Ce rééquilibrage formel, qui constitue, encore une fois, une surprise pour les participants, donne à la parole de chacun un statut, non pas d'équivalence, mais de valeur égale à celle des autres. On constate d'ailleurs, dans le déroulement de l'expérience, à quel point cette « nouveauté » peut gêner certains participants, soit qu'ils aient l'habitude d'« occuper » verbalement le terrain (ils en sont alors empêchés), soit qu'ils aient l'habitude de le céder aux autres.

Très curieusement, cette simple règle de stricte égalité du temps de parole a la vertu de limiter considérablement les rapports de force dans l'échange. Dans un certain sens, elle objective et pacifie le débat, ce qui était l'une des principales motivations des pratiques démocratiques originelles, qu'avait d'ailleurs institutionnalisée la *disputatio* rhétorique, à partir de la Renaissance notamment [4].

L'instauration d'un temps de parole fixe oblige chacun à synthétiser son propos. Là aussi, la contrainte temporelle a des vertus qui rejaillissent, dans l'idéal, sur le contenu, mais qui appellent une compétence oratoire spécifique. La disposition même des lieux place chacun des porte-parole dans la posture d'avoir à s'adresser aux autres. Il s'agit d'une autre grande nouveauté pour beaucoup de participants qui, s'ils sont souvent habitués à parler *en* public, ne sont pas forcément habitués à parler *au* public. L'objectif clairement affiché de la prise de parole étant ici de convaincre les autres, il faut bien s'adresser à eux, et non à un public abstrait (qui est celui de l'écrit) ou lointain. Cela requiert, là encore, une véritable compétence démocratique, celle d'engager un véritable débat.

Le fait que l'expérience instaure des séquences de parole « protégées », durant lesquelles on ne peut pas être interrompu, est aussi une surprise, souvent difficile à accepter pour les participants, dont certains attendent, en vain, le secours d'être coupé par les autres. Tout aussi difficile est la période des questions, qui sont un véritable test de la capacité de l'orateur à répondre à brûle-pourpoint (métaphore d'ailleurs particulièrement adaptée). C'est sa compétence argumentative qui est mobilisée, publiquement ; c'est souvent là que se jouent les choses et non dans les arguments préparés à l'avance et déroulés dans les minutes « protégées ».

De telles règles du jeu concentrent l'attention sur les compétences à argumenter et à convaincre. Elles obligent à élaguer du discours toute dimension esthétique ou séductrice. Au sens strict, le roi est nu et chaque parole vaut, au départ, la parole des autres. Dans l'idéal, car

4 Voir à ce sujet l'article d'Olivier Christin qui analyse les règles du jeu des *disputatio* religieuses des XVI^e^ et XVII^e^ siècles : « De la disputation à la querelle savante », *in Dispositifs de parole, L'Inactuel*, n° 5, Circé, Belval, oct. 2000.

là aussi les participants éprouvent une très grande difficulté au cours de cet exercice, ce ne sont plus les personnes qui sont importantes, mais ce qu'elles disent. L'attention est focalisée sur la parole tenue plus que sur ceux qui la tiennent. Ce déplacement essentiel est lui aussi au cœur de l'acte démocratique, qui dépersonnalise la décision pour instaurer une responsabilité collective de l'assemblée.

Enfin, le vote secret apparaît comme l'un des éléments essentiels du dispositif de parole. D'abord, il permet une évaluation de la performance des porte-parole. Les participants découvrent à cette occasion, et pour certains avec effroi, que la parole peut avoir un effet, qu'elle peut être une action, au sens que lui donnait Hannah Arendt. Un argument peut ainsi emporter la conviction de l'assemblée et changer une majorité en faveur d'une opinion. On n'est plus dans la parole pour parler, dans le bavardage ou le rapport de force, mais dans un registre performatif de la parole. De nombreux participants découvrent à cette occasion la capacité de la parole à influencer les autres si caractéristique de l'acte démocratique. Ce pouvoir opère en toute liberté, puisque le vote est secret. Comme le déroulement en amont du débat a permis de limiter les effets de violence et d'influence, notamment grâce au tirage au sort, et qu'en plus le vote est secret, celui-ci se déroule, en principe, le plus possible en conscience.

La participation à un tel débat expérimental est censée mobiliser les compétences qui sont précisément au cœur de l'idéal démocratique et qui toutes sont une déclinaison de la symétrie. C'est là que le bât blesse et que de nombreux participants, empêchés en quelque sorte de mobiliser d'autres compétences que celles-là, se trouvent devant une vraie série de difficultés.

### *Trois compétences absentes*

Loin d'être considéré comme un « jeu », ou même comme un exercice pédagogique imposé, ce débat argumenté est vécu par les participants sur le mode d'une véritable *expérience existentielle*. Selon leurs propres témoignages, celle-ci les met à l'épreuve, va les chercher souvent au fond de leur être, parfois même les bouleverse. Elle met en action des zones particulières du cerveau et de la conscience, peu activées jusque-là, mais aussi des émotions spéciales.

Elle met à jour aussi, en négatif, des compétences ressenties le plus souvent comme insuffisamment développées, voire quasiment absentes. Elle ouvre une interrogation personnelle assez profonde sur le rapport que chacun entretient avec sa parole. Ce que chacun dit devant les autres *compte* et peu d'artifices sont possibles parce que, précisément, les règles de distribution de la parole instaurent une symétrie fondamentale entre les participants.

J'ai noté systématiquement, tout au long de ces années, les réactions des participants. Le lendemain de chacune de ces expériences, j'ai longuement repris avec eux, au cours de séances d'évaluation, l'analyse de ce qui s'était déroulé la veille. J'ai publié à plusieurs reprises une description de cette expérience [5]. Dans un cas, où j'ai réalisé cette expérimentation avec une classe de seconde, à la demande de l'Inspection générale des Lettres, un long document d'analyse a été rédigé, en collaboration étroite avec le professeur qui m'avait accueilli dans sa classe [6].

Je suis parvenu à la conclusion que les participants éprouvent, lorsqu'ils participent à une telle expérience, de nombreuses difficultés que j'ai regroupées ici en trois familles. Elles peuvent toutes être interprétées comme autant de difficultés du point de vue des pratiques et des compétences démocratiques :

— la peur de prendre la parole devant un public,

— un déficit chronique dans la capacité à formuler des arguments et en particulier à défendre une opinion qui n'est pas la sienne,

— et enfin, *last but not least*, un rapport archaïque à la parole, qui substitue la violence, la manipulation ou encore la recherche du consensus à la capacité d'argumenter et de débattre de façon pacifique.

Je voudrais à nouveau préciser que parler ici d'incompétence et étendre cette appréciation au comportement des quelques centaines de personnes qui ont participé à cette « expérience de démocratie » ne préjuge en rien de leurs qualités humaines [7]. Si elles ont aussi

---

5 Notamment dans « Présentation et analyse d'un cadre expérimental d'apprentissage des compétences démocratiques », *Cahiers pédagogiques, La démocratie à l'école*, n° 433, mai 2005, p. 28-29.

6 Madame Brigitte Joerg, professeur agrégée de Lettres classiques, à qui plusieurs des idées de cette analyse sont redevables. Je tiens à remercier également monsieur Jean Jordy, inspecteur général de l'Éducation nationale, qui a soutenu cette initiative.

7 Je voudrais profiter de l'occasion pour remercier chacun d'y avoir participé, même si pour beaucoup cela se passait dans le cadre d'une formation. Car je sais que tous ont senti à quel point tous

massivement éprouvé des difficultés au moment où on leur demandait de pratiquer un exercice de démocratie pure, c'est qu'elles ont eu, j'en suis persuadé, le comportement que n'importe lequel ou laquelle d'entre nous aurait dans cette situation.

Les participants sont donc représentatifs d'un trouble général dans le rapport à la parole démocratique, que ce livre a précisément pour objet de mettre en évidence comme un phénomène de société, et non comme le problème individuel de chacun de ses membres.

## *Une terreur moderne : devoir prendre la parole*

L'exercice de la démocratie suppose en principe une compétence essentielle, celle qui consiste à prendre la parole devant les autres, c'est-à-dire en public. Elle implique l'activation concrète de la norme de symétrie dans la parole. Il y a bien sûr, dans cette situation, des personnes plus à l'aise et d'autres plus timides. Mais il n'est pas interdit de penser que, quelle que soit la composante personnelle qui entre en jeu, savoir prendre la parole est un aspect essentiel de la participation aux débats et aux décisions publics et même, dans une certaine mesure, privés.

Poser la question de la démocratie en termes de pratique effective ne la réduit pas à la seule pratique électorale ou aux sondages d'opinion. Dans les deux cas, la personne n'intervient dans le débat qu'en cochant des cases, en faisant des choix qui sont préétablis. Il est vrai que l'on peut passer toute une vie de citoyen à voter et à se taire, à ne jamais prendre la parole, mais ce n'est là, bien sûr, qu'une « demi-vie » démocratique. Prendre la parole suppose des cadres où l'on puisse le faire. Mais, d'une part, ces cadres existent et sont souvent sous-investis (le cadre associatif, par exemple), d'autre part, rien n'empêche d'en créer d'autres. En fait, le problème réside le plus souvent bien plus en amont.

Les sociétés démocratiques sont le cœur d'un paradoxe assez époustouflant si l'on veut bien y regarder de près : la parole y est théoriquement au centre, mais dans la pratique peu de gens *osent*

---

cela allait beaucoup plus loin et que, grâce à eux, on pourrait peut-être faire avancer un peu les connaissances sur cette question essentielle.

véritablement la prendre. Selon Christophe André et Patrick Légeron, psychiatres à l'hôpital Sainte-Anne à Paris et auteurs d'un livre étonnant sur le sujet, « *de nombreux travaux scientifiques confirment que la crainte de parler face à un groupe est l'une des peurs les plus répandues dans n'importe quelle population d'adultes "normaux"* [8] ». Les chiffres que donnent les deux auteurs à ce sujet sont stupéfiants par leur ampleur. Selon eux, « *la plupart des recherches épidémiologiques évaluent à 55 % de la population environ la proportion des personnes ayant peur de prendre la parole devant un public, même restreint.* [...] *Près d'une personne sur trois est* [...] *obligée de renoncer à s'exprimer devant un groupe* [9] ». Comment peut-on parler de démocratie dans une telle situation, catastrophique à bien des égards ?

L'expérience des débats argumentés à laquelle je me suis livré confirme largement ces données cliniques et statistiques. Il est fréquent que, dans un groupe de douze personnes, une ou deux (soit de 10 % à 20 %) refusent de prendre la parole devant les autres, même dans un cadre « protégé ». Certaines ne le feront pas du tout et préféreront s'auto-exclure.

Cette situation est particulièrement pénible dans le cadre d'un apprentissage, car la personne prend alors le risque d'une évaluation négative, voire d'une réprimande, de la part de son employeur. Il est arrivé, dans des stages de formation à l'argumentation, que des personnes me disent : « *Je n'avais pas imaginé que dans un tel stage je serais amené à prendre moi-même la parole* » et expriment ainsi leur blocage et une curieuse représentation de l'argumentation. Certains ne se résoudront péniblement à prendre la parole qu'en lisant un texte écrit, en lieu et place de l'intervention qui leur est demandée dans une telle expérience et qui, si elle peut s'appuyer sur quelques notes, doit évidemment garder un caractère essentiellement « oral ».

---

8 Christophe ANDRÉ et Patrick LÉGERON, *La Peur des autres. Trac, timidité et phobie sociale*, Odile Jacob, Paris, 2000, p. 24.

9 *Ibid.*, p. 108.

*Un véritable blocage*

Bref, la prise de parole est l'objet d'un véritable blocage, étonnant pour des publics, comme ceux auxquels j'ai affaire, qui occupent souvent des postes à responsabilité. Tout se passe comme s'ils avaient, dans leur cadre professionnel, réussi à éviter, à peu près systématiquement, de prendre la parole en public. Leur compétence dans ce domaine est celle de l'évitement.

J'ai même rencontré, dans des formations de niveau bac + 5, pourtant en sciences de la communication, où l'on est censé savoir communiquer, des étudiants qui n'avaient *jamais* pris la parole devant quiconque. En fait, le problème est général et, si l'on en croit les témoignages « cliniques » recueillis par les deux psychiatres cités plus haut, il concerne de très nombreuses personnes.

Empruntons-leur simplement ces trois cas. Les propos qu'ils reproduisent sont similaires à ceux que j'ai maintes fois entendus.

D'abord, celui de cette femme qui évoque sa participation à des réunions de parents d'élèves et qui déclare : « *Le scénario est toujours le même depuis des années. Je suis calme et à l'aise car je connais de toute façon la majorité des parents et des professeurs. Mais à chaque fois que j'ai quelque chose à dire, les ennuis commencent. Au moment où je m'apprête à signaler que je veux prendre la parole, ou même simplement que je me représente que je vais le faire, ce trac monte en moi d'un seul coup. Et il me fait perdre 80 % de mes moyens. Alors le plus souvent je renonce parce que, tout de même, je ne suis pas masochiste : je préfère dire les choses plus tard, en aparté et tant pis si les trois quarts de mes questions sont ensuite reprises et posées par les autres. J'ai fini par me taire* [10]. »

Ensuite, celui de Sophie qui raconte une séance lors d'un séminaire de formation professionnelle : « *Au moment de passer à mon tour sur l'estrade et de parler dans le micro, j'ai complètement perdu les pédales, je me suis effondrée, incapable de dire un mot, sidérée. Je ne comprenais plus rien à ce qui se passait, j'ai été totalement incapable de réagir, d'agir de façon raisonnée. D'ailleurs, je ne me souviens plus clairement de ce qui s'est passé, sinon que les gens ont été très gentils et compréhensifs avec moi* [11]. »

---

10 *Ibid.*
11 *Ibid.*, p. 52.

Ou enfin celui d'une mère de famille de quarante-deux ans : « *Mes enfants commencent à être grands, j'ai davantage de temps pour m'occuper de moi. Je voudrais faire du théâtre, de la politique... Mais je crois que je n'y arriverai pas toute seule : depuis toujours, je suis incapable de parler à un groupe. À l'école, j'ai été paralysée lorsque je suis passée au tableau, aucun professeur n'a pu m'y faire prononcer un mot ; j'ai échoué dans mes études car mes examens ont été des catastrophes. Même bourrée de tranquillisants, je ne pouvais articuler le moindre mot. J'ai toujours été passionnée de politique, mais aux réunions parmi les militants je n'ai jamais osé prendre la parole. Quand on me sollicitait c'était pitoyable : je bredouillais quelques phrases embrouillées d'une voix blanche. Il me tardait d'en finir, de me rasseoir, ensuite je n'osais plus regarder les gens en face de peur de lire de la pitié dans leurs yeux*[12]. »

### *Un désir empêché*

Ces trois témoignages, tout à fait conformes aux multiples observations que j'ai faites au cours de mes stages de formation ou de mes « expériences de démocratie », sont évidemment intéressants. Ils montrent qu'il ne s'agit pas de personnes repliées sur elles-mêmes, mais qui ont au contraire un véritable désir de participation à des activités professionnelles, publiques ou militantes.

Par quoi en sont-elles empêchées ? Il n'est pas question ici de nier la dimension psychologique, tout en ne sachant d'ailleurs pas où la placer dans une chaîne de causalité. Au-delà, on ne peut pas s'empêcher de voir dans la difficulté qu'expriment ces personnes, effectivement en souffrance, les effets à la fois d'une impréparation et d'un manque de compétence à prendre la parole, réel ou supposé d'ailleurs.

Cette hypothèse est renforcée par ceux qui ont récolté et analysé ces témoignages, pour qui ce phénomène relève d'une « *anxiété sociale* [qui] *est par essence une anxiété d'évaluation*[13] ». Celle-ci étant ici à double sens : évaluation par les autres et par soi-même. Or, qu'évalue-t-on ? Une performance bien sûr, qui est la mise en œuvre d'un jeu de

12 *Ibid.*, p. 20 et p. 23.
13 *Ibid.*, p. 168.

compétences sociales, perçues comme absentes. Il n'est pas étonnant que cela soit fortement ressenti aussi sur le plan psychologique.

Ce blocage a d'ailleurs son négatif : à l'opposé de ceux qui sont peu à l'aise pour parler en public, il y a ceux qui sont *trop* à l'aise. Au moment de mener une expérience de débat argumenté avec un public de jeunes gens et de jeunes filles de niveau universitaire, on m'avait prévenu que le groupe comptait une jeune fille particulièrement timide, « *dont je ne tirerais rien* », et un jeune homme particulièrement gouailleur, qui avait pour certains une fonction de « leader » et qui « *s'imposerait* ». Je dois dire que cela s'est plus mal passé pour ce dernier, car son verbe haut, son aisance oratoire dissimulaient une pratique de domination parfaitement inadaptée au jeu symétrique dans lequel l'expérience l'embarquait.

Lorsque les chefs et les « leaders » doivent parler pour argumenter, et non pour assener, et que leurs paroles sont évaluées à bulletin secret, les masques tombent... Quant à la jeune fille timide du groupe, cela s'est à la fois bien et mal passé pour elle, car sa prise de parole, au regard de son point de départ (elle n'avait probablement jamais eu l'occasion de parler en public de la sorte), a été assez honorable, mais elle n'a jamais cru, ni accepté le fait, qu'elle ne s'était pas trop mal débrouillée. À ses yeux, sa prestation avait été un échec complet, qui confortait sa crainte initiale et justifiait qu'elle se taise en public. Il faut dire qu'il avait fallu déployer des trésors de compréhension et de soutien pour qu'elle accepte de prendre la parole au moins une fois.

Il ne s'agit donc pas de se focaliser sur la timidité. C'est après tout une qualité personnelle qui n'a rien à voir avec l'intensité de la participation sociale. La question est plutôt que chacun ait le minimum de compétences requises pour prendre sa place dans le jeu démocratique, qu'il s'agisse d'une réunion de parents d'élèves ou d'une assemblée politique. C'est dans ce cadre que nous rencontrons la peur de prendre la parole comme phénomène de masse. Et cette peur est, dans un certain nombre de cas, de la terreur.

Les études cliniques comme les observations que j'ai pu faire montrent que l'on a tendance, dans des situations de prise de parole en public, à voir les visages qui composent l'auditoire, pourtant souvent neutres, comme hostiles, méfiants, réticents. On peut de ce point de vue tout à fait généraliser ce que disent Christophe André et Patrick Légeron sur la peur qui conduit « *à rester dans le rang : combien d'élèves participant peu à l'oral se cantonnent pour le restant de leurs jours dans le rôle de spectateurs passifs des événements auxquels ils seront confrontés*[14] ». « *La citoyenneté,* comme le dit le sociologue américain Robert Putnam, *n'est pas un sport de spectateurs*[15]. » Pourtant, nombre de citoyens restent dans les gradins et ne participent jamais au match.

## *Comment fait-on pour défendre des opinions ?*

La deuxième compétence dont l'expérience des débats argumentés montre la cruelle absence, est la capacité à défendre des opinions de façon argumentée. Les conditions dans lesquelles se déroule l'expérience de démocratie font que souvent, du fait du tirage au sort, les participants sont conduits à défendre des opinions qu'ils ne partagent pas *a priori*. Dans ce dernier cas, qui pose le plus problème, c'est la question de l'empathie cognitive qui est posée. Défendre une opinion à laquelle on ne croit pas implique en effet un décentrage, une « sortie de soi ». Il faut se demander ce que l'autre pense, quels sont les arguments qu'il a à l'appui de sa thèse.

Le déficit dans la capacité d'argumenter apparaît immédiatement, dès l'observation de la phase pendant laquelle les participants mettent au point, individuellement et collectivement, les paroles qui leur serviront à défendre l'opinion qu'ils doivent défendre. Car ces derniers comprennent vite qu'il ne va pas s'agir de « parler pour parler », que l'on n'est pas dans un exercice thérapeutique visant à permettre à chacun de « s'exprimer », ou dans un apprentissage théâtralisé visant à améliorer la « présentation de soi ». Il s'agit de développer une compétence particulière qui consiste à tenir une parole qui va influencer l'auditoire et qui va en tout cas lui proposer de bonnes raisons d'adopter l'opinion proposée. On attend donc de cette parole tenue une certaine « efficacité démocratique », mesurable puisque les votes permettent justement de rendre visibles les changements d'opinion dans l'auditoire.

On assiste donc à la mise en place de différentes stratégies pour contourner la compétence centrale requise, celle d'argumenter.

14 *Ibid.*, p. 30.

15 Robert PUTNAM, entretien *in Sciences humaines*, n° 33 (hors série), 2001, p. 63.

Quelques participants répètent sous différentes formes l'opinion qu'ils sont chargés de défendre. La croyance est ici que la répétition de l'opinion tient lieu d'argumentation et permet de déployer une « force de persuasion » qui tient en fait de la violence verbale pure et simple.

D'autres recourent immodérément à des figures de style littéraires et tentent de construire un discours séduisant dans sa forme, qui, hélas, dans le contexte, s'avère peu convaincant.

La plupart utilisent des arguments qui les convainquent eux-mêmes mais n'ont qu'une faible portée pour les autres. Ainsi, lorsqu'on observe sur une longue durée la façon dont des groupes différents construisent une argumentation sur un même thème, on voit fréquemment revenir les mêmes arguments, qui sont en fait de véritables « lieux communs argumentatifs ».

La stratégie la plus étonnante est celle que j'ai baptisée « stratégie du lampadaire ». Elle consiste non pas à défendre l'opinion qui a été attribuée, mais une autre, que l'on pense savoir beaucoup mieux défendre (cette appellation fait référence à la plaisanterie fameuse où quelqu'un rencontre son ami cherchant sous un lampadaire les clefs qu'il a perdues ; ne les trouvant pas, il lui demande s'il les a bien perdues là, et se voit répondre « Non, mais là au moins je vois clair ! »).

### *Comment puis-je défendre une opinion qui n'est pas mienne ?*

Ce qui paraît le plus étrange et, pour tout dire, impossible à réaliser pour la plupart des participants à cette expérience de démocratie est d'être conduits à *défendre une opinion qui n'est pas la leur*. Interrogés grâce à un petit sondage par écrit, anonyme, au début de l'expérience, sur la question « *Comment s'y prend-on d'après vous pour convaincre ?* », beaucoup de personnes en profitent pour glisser latéralement que « *pour convaincre son interlocuteur, on doit initialement être convaincu soi-même du sujet que l'on va traiter* », ou qu'il faut « *convaincre à partir de ce que l'on croit* », ou encore « *être convaincu soi-même de ce que l'on veut défendre* ».

D'une certaine façon, ceux qui s'expriment ainsi ont raison, mais, en même temps, une compétence démocratique essentielle n'est-elle pas précisément la capacité à rendre discutable, sous la forme d'opinions débattues, ce qui était auparavant de l'ordre de la « vérité révélée » ou de l'ordre du fait du Prince, indiscutable par nature ?

En démocratie, l'opinion doit pouvoir circuler librement entre les individus, ce qui implique donc que l'on puisse examiner l'opinion d'autrui, même celle avec laquelle on est en désaccord, et en apprécier les arguments, voire la défendre. En démocratie, de nombreuses situations et même des spécialisations professionnelles impliquent que l'on défende une opinion qui n'est pas la sienne, ou, *a minima*, qu'on examine les raisons pour lesquelles d'autres pensent différemment. C'est au fond la condition *sine qua non* de la possibilité de changer soi-même d'opinion.

L'expérience des débats argumentés montre que l'exercice d'une telle compétence se heurte à un obstacle majeur. En effet, comme je l'ai dit plus haut, le déroulement de la séance implique que l'on tire au sort l'opinion que chaque équipe, et donc chaque porte-parole de cette équipe, devra défendre. Une personne donnée peut donc, d'une part, ne pas avoir choisi le thème traité — la majorité en ayant choisi un autre — et, d'autre part, à l'intérieur de ce thème, se retrouver porte-parole d'une opinion qui n'est pas la sienne. Si le thème est par exemple « l'euthanasie », les deux opinions qui vont s'affronter sont dans ce cas : « il faut légaliser l'euthanasie » et « il faut maintenir en vie à tout prix les personnes malades ». Le porte-parole peut aussi n'avoir aucune opinion sur le sujet.

De très nombreux participants témoignent d'un immense trouble, doublé d'une grande difficulté pratique, à trouver des arguments en faveur d'une opinion qu'ils ne partagent pas, d'une part, à tenter d'en convaincre les autres, d'autre part. Les réactions sont diverses et toujours malaisées.

Il y a d'abord l'objection « éthique » : il serait « immoral » d'avoir à faire cela, quelque chose de l'ordre de l'honneur serait en jeu, on se sentirait « souillé » de devoir le faire, on ne peut défendre que ce à quoi l'on croit, car c'est la vérité. Il y a ensuite l'objection technique : il sera impossible d'arriver à imaginer des arguments en faveur d'une idée à laquelle on ne croit pas ; on ne trouve de bons arguments qu'au service de ses convictions.

Ces deux objections se traduisent par une dégradation importante des performances potentielles, notamment un certain malaise subjectif lorsque, finalement, on prend la parole pour défendre une opinion contraire à ce que l'on croit, et, surtout, un cruel manque d'inspiration dans la construction d'une argumentation. On voit même, dans certains débats, des personnes se mettre à défendre *leur* opinion, alors qu'ils sont porte-parole d'une autre, parfois sans s'en rendre compte.

Les autres participants ne manquent jamais, eux, de rappeler à l'ordre celui qui va ainsi à contresens. Ne croyons surtout pas que cette difficulté, qui se traduit par une vraie incompétence, aurait comme corollaire une plus grande facilité à défendre l'opinion qui est la sienne. Ce n'est pas le cas, et on verra pourquoi.

Pourtant, dans la présentation des règles du jeu et des finalités de l'expérience, ce point avait été pris en compte.

On avait rappelé qu'il ne s'agissait que d'un « jeu », d'une « expérience », d'un exercice, et qu'il était bien clair que chacun des participants serait confronté à ce problème. On avait fait appel à un « second degré » et à la complicité amicale de chacun.

On rappelle aussi que de nombreux métiers ont pour objet la défense d'opinions qui ne sont pas forcément partagées par ceux qui construisent les argumentaires, comme les avocats ou les publicitaires. Cette dernière idée n'est d'ailleurs pas forcément d'un grand secours car à cette occasion on peut mesurer le peu de considération dont bénéficient ces professions (jusqu'à ce qu'on ait besoin d'un bon avocat), qui recouvre souvent une incompréhension de la nature de leur travail.

On rappelle aussi que la meilleure définition que l'on ait donnée de l'argumentation est probablement celle d'Aristote, qui disait qu'argumenter c'est « *trouver ce qu'un cas donné a de convaincant* ». On propose donc, à ceux qui sont les plus réticents, de réfléchir à ce qu'une opinion donnée, qu'on y adhère ou pas, peut avoir pour sa défense.

On leur propose une attitude en quelque sorte neutre face à l'opinion, mais active vis-à-vis de son argumentation. *In fine*, on leur propose l'honnête stratégie oratoire qui consiste à avouer d'emblée à l'auditoire que « ce n'est pas forcément l'opinion que l'on aurait défendue », mais que plusieurs arguments peuvent malgré tout être mis à son crédit.

On insiste enfin sur la notion d'empathie cognitive, en soulignant l'importance qu'il y a à pouvoir comprendre les fondements de points de vue différents et à s'ouvrir à autrui.

### *Une grande souffrance*

Dans un certain nombre de cas, rien n'y fait. Les participants résistent, et quand malgré tout ils jouent le jeu, ils ne le font qu'au prix d'une grande souffrance personnelle, doublée de la honte supplémentaire de ne pas arriver à convaincre (car évidemment leur parole a peu de portée dans cette situation). L'enjeu, pourtant, est immense. La question, en effet, est de se rendre compte non seulement que d'autres peuvent avoir un point de vue, une opinion différents, mais qu'ils peuvent aussi avoir de bonnes raisons de les partager. Cette démarche implique de sortir l'opinion de la gangue de « vérité » dans laquelle on l'enferme. Car, pour beaucoup, si l'on ne trouve pas d'argument en faveur de l'opinion contraire, c'est qu'il n'y en a pas, puisqu'ils détiennent la vérité et que les autres se trompent.

Dès lors, on comprend mieux pourquoi tant de discussions, de débats se raidissent et deviennent même parfois violents, pourquoi il n'y a la plupart du temps que peu d'écoute de ce que dit l'autre. Nous sommes là en présence d'une sorte de mécanisme mental bloquant toute possibilité d'empathie cognitive qui conduirait ne serait-ce qu'à examiner les arguments de l'opinion qui n'est pas la sienne. Et, comme on ne les voit pas, ils n'existent pas. On n'est pas toujours sûr de détenir la vérité, mais il paraît évident que l'autre, lui, se trompe.

Certains éprouvent même une curieuse sensation qui devrait nous intéresser ici, dans l'inventaire que nous faisons des obstacles au minimum de compétences qu'exige une pratique démocratique de la parole : la peur. Beaucoup de participants évoquent en effet la crainte d'être conduits, à force de chercher des arguments en faveur de l'opinion adverse, à adopter celle-ci. On ne veut pas s'ouvrir à l'autre et aux bonnes raisons qu'il a de croire ce qu'il croit, car cette ouverture serait synonyme de *perte*. Mieux vaut moins mais le garder. En somme, plus on est incertain de ce que l'on pense, plus il faut s'y accrocher dogmatiquement et ne pas aller voir ailleurs.

Il ne s'agit pourtant que d'une expérience, un exercice d'une heure, sous la conduite d'un animateur, où tout le monde est logé à la même enseigne. De plus, l'une des consignes est qu'on ne demande à personne sa véritable opinion sur les thèmes qui sont le support du débat. Mais cela révèle des rigidités étonnantes. Que dire alors de ce qui peut bien se passer dans la vie « réelle » ?

# 8

## *Une représentation archaïque de la parole*

Nous avons mis en évidence, grâce à une première analyse des résultats obtenus dans notre « expérience », deux incompétences concrètes majeures : d'une part, la difficulté à parler en public, à prendre la parole, notamment pour convaincre et partager du sens, et, d'autre part, la difficulté à argumenter, et surtout à ce que cette argumentation soit efficace. Dans un cas, c'est la question de la capacité à être l'acteur d'un échange symétrique qui est posée, dans l'autre, celle de déployer l'empathie cognitive nécessaire.

Nous avons vu à quel point ces deux incompétences provoquent des souffrances personnelles, sur un plan psychologique, et constituent un obstacle au déploiement d'une parole démocratique, sur un plan social. Il nous reste à examiner un troisième niveau d'incompétence, qui se situe sur un autre plan. Il renvoie à l'obstacle constitué par une représentation archaïque de la parole et plus particulièrement de l'« opinion », matière première du jeu démocratique.

## La question de l'opinion

Le statut de l'opinion dans une société démocratique est une question essentielle. Sans opinion, sans possibilité de se former une opinion, de la discuter intérieurement, d'en débattre publiquement et de tenter d'en convaincre les autres, pas de véritable démocratie. Or, la construction et la valorisation de l'opinion impliquent une véritable rupture.

Les débuts de la démocratie grecque sont d'ailleurs marqués par cette souffrance d'une société tout entière à se détacher du mythe, qui fige dans le statut de certitude la plupart de nos jugements sur le monde. La démocratie marque la fin des certitudes. Elle est un arrachement. Prudents, sans doute soucieux d'aménager les transitions et fiers aussi de leur passé, les Athéniens sépareront les genres. À l'Acropole, le domaine des dieux et des paroles indiscutables, à l'agora, le domaine des opinions, toujours en débat.

Qu'est-ce qu'une opinion ? C'est ce qui est toujours discutable, ce que l'on peut toujours remettre sur le tapis du débat : quand commence la vie, quand elle se termine. De l'avortement à l'euthanasie, même ce qui touche de près à notre vie et à notre mort est l'objet de discussions, de débats, de lois, toujours amendables ou remplaçables par d'autres. L'opinion, c'est la découverte de notre possible maîtrise sur le monde et sur nous-mêmes. Grâce à elle, nous pouvons prendre en charge notre destin.

Le champ des vérités religieuses ou métaphysiques est vaste ; celui des opinions ne l'est pas moins, car il envahit tous les interstices de notre vie quotidienne, de la vie en société. On ne discute pas de ce qui est évident, disait Aristote. Mais de tout le reste, oui. Le principe de *laïcité* trace une ligne de partage entre le discutable du quotidien, du politique au sens le plus large que l'on peut donner à ce terme, et l'évidence, qu'elle soit religieuse ou scientifique d'ailleurs. Dans ces deux cas, les critères de « discutabilité » sont radicalement différents car ils s'appuient sur le caractère incontestable, soit de l'expérimentation, soit du texte sacré.

L'espace démocratique nous convie à discuter, non pas de tout (ceux qui ont affirmé que « tout est politique » ont rapidement viré au dogmatisme le plus étroit), mais de tout ce qui concerne notre vie en société, de tout ce sur quoi nous pouvons espérer avoir une quelconque prise. Le reste est affaire de « croyance » et le terme, ici, n'est pas péjoratif.

Ce que le régime de la parole inauguré par le monde athénien ouvre comme possibilité nouvelle, c'est la démocratie intérieure, c'est-à-dire le fait que dans son for intérieur, pour soi seul, on puisse délibérer, peser et soupeser des arguments, que l'on puisse hésiter entre des opinions et procéder en quelque sorte à un « vote interne ». Cela veut dire que j'ai le droit de ne pas être à 100 % d'accord avec l'opinion que je défends, que j'ai en réserve quelques arguments qui vont à son encontre. La certitude à 100 % en matière d'opinion intérieure est l'équivalent de ces votes à 100 % qui sont la marque des dictatures.

L'incompétence démocratique centrale est bien celle qui consiste à ne pas trouver discutable ce qui l'est pourtant, à croire que c'est l'ordre de la vérité et de l'évidence qui s'applique là où il n'y a qu'opinions qui s'affrontent pacifiquement par le biais d'arguments, et qui se tranchent par des choix et des votes dont le résultat est toujours provisoire. Cette incompétence porte l'habit du dogmatisme, de la rigidité mentale, de la fermeture à l'autre.

Comment fait-on, dans le débat, pour convaincre l'auditoire ? Un premier problème surgit lorsque l'on pose cette question. L'idée même de convaincre suscite quelques résistances. Pourquoi faudrait-il convaincre ? Chacun n'a-t-il pas le droit de penser comme il veut ? Se placer en posture de convaincre l'autre, n'est-ce pas déjà vouloir s'immiscer dans l'espace privé de l'autre, vouloir l'influencer indûment ?

Le réflexe individualiste vient ici au secours d'une difficulté technique que l'on anticipe. Certains rêvent peut-être d'une société où les seuls échanges seraient d'ordre affectif ou purement informatif et où l'individu serait un petit roi dans son château, protégé et insensible à l'influence des autres. La valeur qui sert d'appui à cette résistance est la *défection*, non pas prise ici au sens très français de fuite lâche, mais plutôt dans un sens plus neutre, celui que le politologue américain Hirschman [1] lui donne et qui en fait, précisément, une alternative à la prise de parole pour manifester un désaccord, par exemple.

---

1 Albert O. HIRSCHMAN, *Défection et prise de parole* (trad. de l'anglais [États-Unis] par Claude Besseyrias), Fayard, Paris, 1995.

## *Une difficulté systématique*

Un sondage systématique auprès des participants au dispositif expérimental de débat permet de dégager les différentes représentations qu'ils se forment de cet acte de parole. La difficulté est que la plupart d'entre elles s'éloignent lourdement du modèle démocratique et témoignent de la prégnance de modèles plus archaïques ou, du moins, pertinents dans d'autres contextes. Tentons d'en faire un rapide inventaire.

Outre l'argumentation, qui est, comme nous venons de le voir, le siège d'une difficulté majeure, on regroupera toutes ces représentations dans plusieurs familles, qui impliquent tour à tour la force et la séduction, la démonstration, le consensus ou la « magie de la méthode ». Les personnes sondées ici, qui affichent pourtant volontiers, dans un souci éthique, l'importance du « respect de l'autre » et de l'argumentation, mettent en avant le constat que le recours à la force ou bien à la magie du consensus correspond davantage à la réalité de ce qu'elles vivent quotidiennement.

### *Convaincre en force*

La première famille de représentations relève de l'emploi de la force, soit assumé idéologiquement, soit défendu cyniquement, soit amené par l'intermédiaire de la ruse, soit encore légitimé comme une « riposte ». Pour convaincre, disent les participants dans le même sondage où ils sont sollicités anonymement par écrit, *« il faut être ferme »*, *« avoir une gestuelle volontaire »*, *« être pragmatique, volontaire et sûr de soi »*.

Dans tous les cas, pour convaincre, j'affirme. Et l'on voit des gens, tout à fait sympathiques par ailleurs, assener leurs opinions avec autorité, ou, pire, tenter de terroriser ceux qui écoutent, dans l'espoir que la force de l'orateur emportera la conviction de l'auditoire. On soulignera dans cette perspective l'importance du « non-verbal », de la gestuelle et, si l'on veut faire plus savant, de l'*ethos* de celui qui parle.

On ne doute pas ici que le procédé puisse fonctionner, même si l'on peut s'interroger sur la solidité de l'opinion ainsi obtenue en retour (problème quand même essentiel). On ne doute pas non plus que ce soit la force qui règle une bonne partie des rapports humains, même si elle prend la parole comme support. On ne prétend pas non plus, et ceci explique cela, que la démocratie soit un genre dominant, y compris dans les pays ou les institutions qui s'en réclament.

On remarquera cependant que lorsque les règles du débat, comme c'est le cas dans le dispositif que j'évoque ici, excluent en principe le rapport de force comme moyen d'argumentation et surtout protègent les auditoires de ce type d'influence, ce procédé est bien moins efficace. Pourtant, ceux qui l'emploient ne s'en rendent pas toujours compte.

Il faut rappeler ici les vertus démocratiques des tirages au sort et des votes à bulletin secret. Les tirages au sort des porte-parole évitent par exemple que les plus forts s'imposent comme « leaders naturels ». Les votes à bulletin secret permettent un quant-à-soi fondamental, une délibération intérieure qui permet de distinguer la démocratie des sociétés où l'on doit acclamer publiquement, le plus vite possible après qu'il a parlé, l'orateur dominant, sous peine de se faire remarquer, voire de se faire exclure. Ces deux techniques étaient au cœur du principe démocratique grec. Les magistrats de la cité (à l'exception des chefs militaires) ont par exemple longtemps été tirés au sort parmi une liste de volontaires.

Une variante de la force est la manipulation, où l'orateur avance masqué, utilisant la ruse pour cacher la violence qu'il emploie. Lorsque l'on sonde les représentations que beaucoup de gens se font de ce qu'est « convaincre », ils répondent « manipuler », soit pour le désapprouver, soit pour rester, selon eux, dans le coup. Dans tous les cas, ils ne voient pas qu'il y a peut-être une alternative, celle d'un débat où chacun est laissé libre mais où chacun fait l'effort de proposer à l'autre de bonnes raisons d'adopter une opinion nouvelle pour lui.

Les familles de procédés visant à convaincre sans argumenter et en restreignant le plus possible la liberté de l'auditoire sont légion. J'en ai fait par ailleurs le catalogue[2], et il est inutile d'y revenir ici, sauf pour évoquer spécifiquement la séduction, qui constitue en quelque sorte la ruse des ruses, tant elle dissimule bien la réalité du rapport de force qu'elle instaure en fait. Le recours à la séduction est l'outil essentiel

2 Dans *La Parole manipulée*, *op. cit.*

dans les assemblées qui se prétendent démocratiques mais qui, hypocritement, utilisent en fait les ressources violentes du langage.

### *Séduire l'auditoire*

Convaincre par la séduction est un procédé qui semble d'emploi plus fréquent chez les jeunes, mais c'est peut-être que ces derniers l'expriment avec moins de retenue. Pour beaucoup d'entre eux, interrogés sur ce point, il s'agit là d'une manière tout à fait légitime de convaincre. C'est aussi qu'ils constatent autour d'eux, notamment dans l'environnement publicitaire qui leur est spécialement destiné, que ce procédé est largement majoritaire. Pourquoi donc n'y verraient-ils pas un exemple à suivre, puisqu'il est socialement valorisé ? On y associe fréquemment, sans autre forme de procès, un produit donné à un spectacle aguichant, simplement pour les convaincre de l'acheter. Le verbe se confond avec la vraie parole, l'esthétique avec l'opinion, le décolleté avec l'argument.

La question, on le voit bien, n'est pas la légitimité de la séduction, qui a — est-ce nécessaire de le rappeler ? — toute sa pertinence dans le domaine amoureux ou affectif, mais son détournement lorsqu'elle est utilisée comme procédé pour convaincre. La séduction est évidemment légitime quand, dans le cas des relations affectives par exemple, il s'agit de montrer que l'on aime (encore faut-il dans ce contexte qu'elle relève d'une intention authentique). Mais, quand elle est utilisée pour convaincre, la séduction ne relève pas d'une volonté de séduire, dans ce sens-là, mais bien plutôt d'une instrumentalisation des affects.

Il ne s'agit plus de plaire pour plaire, mais de plaire pour vendre, pour emporter les suffrages de l'électeur, pour commander. La séduction, qui vise ici à convaincre, vient en lieu et place d'autre chose. Le séducteur fait l'économie de l'argument et se dispense d'avoir à décliner ses idées sous la forme d'un raisonnement, c'est-à-dire d'énoncer les « bonnes raisons » que l'auditoire pourrait avoir d'adhérer lui aussi à cette opinion.

Elle implique un certain mimétisme. Lionel Bellanger insiste sur le fait que le séducteur s'adapte aux circonstances, c'est-à-dire à l'auditoire : « *Le séducteur est celui qui fait ou dit au moment voulu ce qu'il faut :*

*il fait preuve d'une totale obéissance à l'occasion... Le séducteur ressemble à tout ce qu'il approche*[3]. » L'emploi de la séduction dans le champ de la publicité, qui fait de moins en moins appel à la rhétorique et à l'argumentation au profit de l'esthétique de choc, est massif et bien connu.

L'opinion ainsi acquise par l'auditoire ne pourra être que répétée, sous la forme de slogans. L'auditoire convaincu car séduit ne peut guère à son tour que séduire lui aussi s'il veut prolonger la chaîne de la conviction, car il serait bien en peine de reproduire un quelconque argument. La séduction fonctionne ainsi sur le principe de la contamination virale. C'est pourquoi elle devient une incompétence quand elle est utilisée dans un contexte qui se prétend démocratique.

Qu'il s'agisse du recours à la force brute, celle de la hiérarchie de fait, à la violence du langage, aux procédés manipulateurs ou à l'hypocrite séduction, qui est une violence cachée, nous avons finalement affaire à un registre très archaïque de la parole et de l'action, dont la règle principale semble être : « Si je suis le plus fort, alors ce que je dis doit te convaincre. »

### *Chercher le consensus*

La seconde famille de représentations, qui n'est pas moins archaïque que la première, est plus difficile à cerner que le simple recours à la force, car elle dissout, à la limite, l'idée même de convaincre. Il s'agit, plutôt que de confronter des différences, de chercher une pensée commune, un consensus, ou encore une démonstration qui s'imposera à tous, grâce à un procédé en quelque sorte magique. Il s'agit de faire communauté en sacrifiant éventuellement les opinions pour les dissoudre dans un ensemble apparemment rationnel. Les compétences requises n'ont plus grand-chose à voir avec l'argumentation ; elles relèvent davantage d'une sorte de « palabre consensuelle ».

On rencontre fréquemment, dès qu'il s'agit de définir le convaincre, le « consensus » comme moyen d'action. Il s'agit moins de tout faire pour que l'auditoire adopte l'opinion qu'on lui propose que de provoquer, par petits glissements successifs, un rapprochement des

3 Lionel Bellenger, *La Persuasion*, « Que sais-je ? », PUF, Paris, 1985, p. 79 et p. 80.

opinions vers une tierce position commune, que l'on espérera, bien entendu, la plus proche de la sienne. Le consensus lève apparemment l'objection individualiste du « chacun a bien le droit de penser ce qu'il veut », puisque l'on propose un compromis, une moyenne, qui sauve l'honneur de chacun tout en permettant l'action collective.

J'ai observé que cette pratique était très fréquente dans le débat expérimental, surtout lorsque l'on avait affaire à un public de cadres. Celui-ci est en effet rompu aux techniques de communication qui visent à éviter les conflits et à créer, souvent artificiellement, des « communautés » d'intérêts dans l'institution à laquelle ils appartiennent.

Cela conduit à un déroulement caricatural des débats, puisque, chargé de défendre une opinion clairement identifiée et dont chacun dans le groupe s'attend à ce qu'il la défende, le porte-parole qui joue la carte du consensus va progressivement défendre une autre opinion, qu'il identifie comme plus proche de l'opinion contraire. Cette tentative de rapprochement a quelque chose de pathétique, car elle vide petit à petit de sa substance l'acte argumentatif lui-même. Là où l'on s'attend à une franche et pacifique conflictualité, on assiste à un mouvement de reptation mutuel vers un point moyen.

On considère habituellement que, dans le consensus, tout le monde gagne. En réalité, tout le monde y perd puisque, au bout du compte, aucune opinion ne se trouve en position d'être adoptée. Le consensus est un évitement systématique des procédures démocratiques puisqu'on y préfère l'absence de vote (ou le vote à l'unanimité) au vote majoritaire, qui permet l'expression de toutes les opinions. De plus, le débat y prend une forme particulièrement peu tonique.

L'un des thèmes du débat traité de façon expérimentale reprend le vieux dilemme qui a servi à des générations d'étudiants dans les anciennes écoles de rhétorique : un groupe défend l'idée selon laquelle il faut augmenter les crédits de l'Éducation, l'autre qu'il faut plutôt augmenter les crédits de l'Armée.

La tentation du consensus est grande ici pour les participants, surtout ceux qui doivent défendre une opinion qui, apparemment, n'est pas la leur. La recherche du consensus, outre qu'elle ne fait pas partie des règles du jeu, qui veulent que chaque groupe défende l'opinion qui lui a été attribuée, montre ici clairement ses limites. Ceux qui y cèdent perdent toute efficacité dans leur propos face à ceux qui continuent à défendre clairement, avec des arguments, leur point de vue. Et, en admettant que chacun joue le jeu du consensus — et ainsi transgresse les règles du débat —, on en imaginerait aisément le résultat dans la vie réelle : le consensus consisterait à donner un peu de l'augmentation du budget à chacun, c'est-à-dire à éparpiller de façon inefficace les investissements. Tout le monde sera content mais la décision sera mauvaise. Voilà au fond ce qui définit bien le consensus.

Même le débat judiciaire, pourtant contradictoire dans son essence, n'est pas totalement protégé de ce goût du consensus. Il n'y a pas pire décision que celle du juge qui, par exemple en l'absence de preuves réelles, condamnera à une petite peine. Concédant ainsi à la fois à l'accusation et à la défense, il est sûr de se tromper dans tous les cas (si l'accusé est coupable, la peine est injuste ; s'il ne l'est pas, la peine n'est pas méritée).

### *Démontrer ce que l'on dit*

Une variante moderne du consensus est la représentation de l'acte de convaincre comme relevant d'une *démonstration*, logique de préférence. Le même sondage anonyme auprès des participants est très net sur ce point : « *Convaincre, c'est démontrer* » ; « *Il faut donner un fait, une idée, une preuve intangible* » ; « *Il faut avancer lentement, avec des idées logiques, quelque chose de cartésien* », « *Pour convaincre, il faut connaître parfaitement le sujet que l'on défend* ».

Ces affirmations reviennent fréquemment, notamment dans des publics éduqués, et encore plus chez les enseignants. C'est évidemment une extension du « vous avez tort, puisque j'ai raison ». L'affrontement des opinions se transforme en recherche de l'opinion la plus proche de la « vérité », autour de laquelle est obligée de se former une communauté. Cette conception est évidemment antagoniste avec l'une des idées à la base de la démocratie qui consiste à soutenir que, dans l'espace public, les opinions n'ont rien à voir ni avec la vérité, ni avec la fausseté. Il n'est ni vrai ni faux, par exemple, qu'il faille autoriser l'avortement à douze ou à quatorze semaines, ou même l'interdire. Une opinion est un jugement sans référent possible — contrairement au fait ou à l'information, qui sont vrais ou pas par rapport à leur référent.

Vouloir appliquer les règles de la démonstration à des territoires qui n'en relèvent pas conduit d'ailleurs en général, pour ceux qui le tentent dans un débat argumenté, à aligner des propos et des affirmations dogmatiques. Tout en prétendant se fonder sur des faits, ils ne s'appuient en général sur rien d'autre que leur propre énonciation. Sous des dehors rationnels, nous sommes là en plein archaïsme, car on recherche un « effet de communauté », même si c'est une communauté de savoirs. Que celle-ci fonctionne dans le cas de la science et de la production des connaissances est une chose, qu'on cherche à la transposer dans l'espace public en est une autre. La science peut éclairer les débats publics, jamais les trancher.

On peut par exemple savoir, avec une précision toute scientifique formée au sein de la communauté des savants, que la probabilité d'explosion d'une centrale nucléaire est de tant de pour cent. Mais c'est aux citoyens de décider, selon d'autres critères propres à l'opinion, si l'on doit la construire ou pas, si le confort de l'électricité vaut le danger pour la sécurité publique, etc. Sur ces questions, il ne peut y avoir ni consensus, ni démonstration, mais un choix de société, toujours révisable et discutable.

Le modèle de l'information qui contiendrait, en quelque sorte par magie, la décision à prendre, qui dès lors s'imposerait à tous, est très répandu. Pour la plupart des participants aux débats expérimentaux que j'ai organisés, il s'agit d'une représentation dominante. Pour eux, convaincre consiste à trouver la bonne information, qui terrassera l'auditoire. Ce modèle est largement encouragé par le monde médiatique, qui voit ainsi, dans la matière première qu'il transforme, l'information, le métal dont serait forgée la démocratie.

Ce repli sur la démarche informative ruine à la base le processus démocratique lui-même, puisqu'il nie un lien social basé sur l'échange d'arguments. Pourquoi convaincre quand la décision que l'on a à prendre repose sur des informations plus que sur des arguments ? Il suffit donc de donner à l'autre des informations pour qu'« objectivement » il puisse se former un jugement. Le citoyen sera alors entièrement défini comme un « sujet informé », notamment grâce à la vulgarisation, aux médias et à l'éducation.

Qui pourrait nier l'intérêt et l'importance de l'information ? Mais qui penserait que l'information est suffisante pour délibérer ne verrait que la moitié du problème et se priverait de la source essentielle qui nourrit l'opinion, l'argument, c'est-à-dire une manière orientée et engagée de voir les choses là où tout jugement objectif est précisément impossible. Il suffit pour s'en convaincre de chercher le rôle que joue l'information dans le choix de légaliser l'avortement ou dans celui, encore plus précis, de décider par exemple que la vie humaine commence, pour un fœtus, à douze semaines. L'information seule, ici, ne nous est pas d'un bien grand secours, même si elle constitue, évidemment, une base nécessaire. Encore faut-il appuyer ses choix sur des positions et des engagements.

### *La quête de la « recette » magique*

Une ultime variante de la représentation de ce qu'il faut faire pour convaincre les autres, est la recherche de *la* méthode, du procédé, du « truc » simple, rapide et efficace qui permettra d'obtenir à coup sûr, comme par magie, l'assentiment de l'autre. « Apprendre à convaincre en trois leçons », voilà l'espoir secret de beaucoup de ceux qui se frottent à cette question. Certains sont même persuadés — je l'ai entendu — que de tels procédés existent, qu'ils sont cachés et monopolisés par quelques élites, précisément au pouvoir parce qu'elles les connaissent et les utilisent. Il y aurait une sorte de franc-maçonnerie du convaincre : « Eux ont les mots qu'il faut. » Les ressorts de cette croyance sont anciens, très archaïques, et participent d'un certain rapport à l'usage magique des mots.

Tous les enseignants et les formateurs pour adultes, notamment dans le domaine de la communication, des relations humaines, du management, connaissent ce phénomène : les stagiaires sont venus pour avoir des « recettes ». Ils se représentent le savoir — notamment ceux qui ont été exclus tôt du système scolaire — comme un ensemble d'outils pratiques et de méthodes *ad hoc* qui permettent de purger de leur complexité les situations sociales. Je suis moi-même régulièrement confronté à cette demande, par exemple au moment où se fait l'évaluation, avec les participants, du débat expérimental auquel ils ont activement participé. Constatant les échecs et les frustrations, et s'interrogeant sur leur cause, certains d'entre eux n'hésitent pas à demander des « déroulés types », des « corrigés ».

Derrière cette demande, en partie légitime, se cache malgré tout le désir d'arguments types adaptés mécaniquement à toutes les situations de débat et permettant d'« emporter le morceau » à tous les coups, en somme de faire l'équivalent magique d'une démonstration logique. On voudrait des savoir-faire plutôt que de véritables compétences.

Le phénomène est ancien car, si l'on en croit ce que nous dit Aristote à ce sujet, son désir d'écrire sa *Rhétorique* est venu de l'incompétence de ceux qu'il appelle les « *technologues* », qui enseignaient jusque-là l'art de convaincre grâce à des procédés mécaniques (ou en recourant à la passion et à l'émotion). Les anciens manuels de rhétorique étaient des catalogues de recettes et de formules à appliquer en toutes circonstances. Aristote, et c'est là son grand apport, entend montrer que convaincre, quand on a le souci à la fois de l'efficacité technique et de l'éthique, passe par un raisonnement argumentatif spécifique.

Dans tous les cas, qu'il s'agisse de rechercher le consensus, de s'appuyer sur un savoir ou une information « évidente » ou sur ces recettes, on voit bien que l'on a affaire à un registre archaïque, qui s'appuie sur la représentation d'une communauté unie, partageant le même point de vue obtenu grâce à des procédés langagiers d'ordre magique.

Tout ce avec quoi, précisément, la démocratie voulait initialement rompre, et qui se trouve encore largement au cœur de nos représentations de ce que doivent être une délibération et un débat démocratiques.

## *L'argumentation comme manque*

Le fait que la force et le consensus soient mis en avant comme les procédés les plus habituels pour convaincre, à défaut d'être les plus légitimes, n'empêche pas, curieusement, que les participants mettent également en avant l'argumentation proprement dite comme technique du débat : « *Convaincre c'est argumenter* » ; « *Convaincre, c'est trouver les bons arguments* ». Ce qui est remarquable ici, c'est que la plupart des participants aux débats expérimentaux savent et voient bien que c'est du côté de l'argumentation que se situe la légitimité. Et s'ils avancent le plus souvent les deux ordres de représentations qui viennent d'être évoqués, c'est qu'ils les conçoivent comme des pratiques *par défaut*, faute peut-être de mieux connaître ce qui est attendu d'eux.

En somme, on sait qu'il faudrait argumenter mais on ne sait pas bien comment il faut s'y prendre. Le débat expérimental tel qu'il est conçu ici a la particularité, je l'ai déjà dit, d'empêcher autant que faire se peut le recours à la force, à la ruse ou au consensus. *Et cette règle du jeu est très bien comprise.* Cet empêchement ouvre un espace nouveau et désigne en creux les incompétences dans le domaine de l'argumentation, et ce d'autant plus qu'à part la défection, c'est la seule voie qui reste.

Car les compétences à user de la force, de la ruse ou des techniques du consensus, si elles sont employées dans le cadre de l'exercice proposé, deviennent des savoirs contre-productifs, inopérants, bref se transforment en incompétences. Elles sont, dans cette assemblée, des incompétences démocratiques.

L'expérience du débat argumenté, qui vient d'être décrite et en partie analysée, ne met pas seulement en évidence des compétences absentes, en rapport avec le principe d'égalité et de symétrie, mais aussi la diversité des pratiques de la parole. En quoi consiste cette expérience ? On s'en souvient, elle consiste à réunir un groupe et à lui proposer de suivre certaines règles qui organisent la distribution de la parole, règles dont on postule qu'elles correspondent à des normes de débat démocratique.

Dans la réalité, la plupart de participants sont amenés à transgresser ces règles, soit qu'ils ne savent pas quelles compétences mettre en œuvre pour les observer, soit qu'ils veulent affirmer la légitimité d'autres règles. Ils mettent donc en œuvre des compétences réelles, mais qui s'écartent des normes et des valeurs démocratiques. L'exercice du pouvoir ou le recours à la violence hiérarchique relèvent en effet de compétences spécifiques. Je suis frappé de voir à quel point ce constat, que font rapidement de nombreux participants, est à l'origine d'importantes frustrations. Il ne s'agit pas seulement de se dire que l'on n'est pas très bon dès qu'il s'agit de convaincre, mais que l'on ne sait pas mettre en œuvre concrètement des valeurs auxquelles on est pourtant solidement attaché. Le dissensus intérieur est alors très fort. Tout se passe comme si le comportement langagier s'appuyait sur d'autres valeurs, plus archaïques, et en tout cas différentes, voire antagonistes, avec celles que l'on partage.

*Le poids de la hiérarchie*

Dans le cadre d'un débat organisé dans une université, la tentative de mélanger des personnes de niveaux hiérarchiques différents a montré les limites du genre. Il s'agissait de faire participer à égalité de rang des étudiants (en master et doctorat) et des enseignants-chercheurs d'un même département universitaire. On a pu observer, de la part de ces derniers, deux réactions complémentaires : d'une part, la défection — après avoir participé au moins une fois, nombre d'entre eux ne sont pas revenus — et, d'autre part, chez ceux qui restaient, une contestation, sous des formes finalement assez violentes et peu élégantes, des normes qui garantissaient pourtant l'égalité dans le débat.

Le fonctionnement même du débat fait que les arguments sollicités à l'appui des opinions mises en scène ne pouvaient guère emprunter leur force au corpus de savoir académique dont les enseignants étaient porteurs. Ils se retrouvaient donc dans une situation d'égalité en contradiction avec leur autorité habituelle. Le fait qu'il s'agisse non d'une expérimentation mais d'un « jeu » proposé dans le cadre d'une activité « extra-universitaire » n'a pas suffi à neutraliser cette contradiction et à empêcher l'irruption dans le dispositif de compétences bien maîtrisées dans l'art de recourir à la violence du pouvoir. Et ce avec d'autant plus d'effet que, pour ne pas avoir l'air d'exercer un pouvoir comme enseignants, les personnes concernées ont eu recours à des détours comme le harcèlement ou la provocation verbale dans le but de déstabiliser l'auditoire.

On remarquera à cette occasion que la même expérience faite dans une université canadienne ne donne pas les mêmes résultats et que le principe hiérarchique, quoi qu'on en dise, reste très fort dans les universités françaises alors qu'il est atténué dans les universités anglo-saxonnes, où le principe de la défection semble en revanche plus répandu.

Dans le cas des lycéens français avec qui j'ai fait cette expérience, ceux-ci n'hésitent pas non plus à contester les règles proposées et à en proposer d'autres. Ils insisteront quant à eux sur la nécessité de pratiques de la parole plus « interactives », l'interactivité étant à leurs yeux une valeur positive.

Les adultes sont plus réticents à exprimer leur opposition mais certains le disent nettement : ces règles du jeu symétriques, égalitaires, leur paraissent « formidables » mais totalement utopiques, car le monde dans lequel ils vivent, disent-ils, est bien plus dur, le respect de l'autre n'y a que peu de place, et il faut bien survivre... Et ça, ils savent à peu près le faire.

Ils ont bien sûr raison, et l'un des buts de l'expérience est précisément de mettre en scène le décalage, la *dissonance,* entre le monde des valeurs démocratiques et la réalité des pratiques sociales, qu'elles soient publiques, professionnelles ou privées. Il y a bien sûr *aussi,* dans tous ces domaines, des pratiques de parole démocratiques. La question est de savoir pourquoi elles ne sont pas plus répandues.

### *À la recherche des causes*

Comment expliquer ce déficit ? Tout ce qui vient d'être dit permet de mieux comprendre l'importance des compétences de la parole dans la mise en œuvre de la démocratie. Leur déficit est cruel et il fragilise la base même de la démocratie. La dissonance entre les valeurs et les pratiques se nourrit donc d'une difficulté concrète.

Il est temps maintenant de s'interroger sinon sur les causes du moins sur les phénomènes qui sont étroitement associés, dans un rapport de causalité réciproque, à ce malaise que nous venons de décrire longuement. Quels sont donc les obstacles majeurs au déploiement de la parole démocratique ?

La direction à suivre dans la recherche est clairement indiquée par le diagnostic que je viens de faire. Nous avons en effet dégagé trois déficits de compétence : dans la capacité à rompre avec d'autres usages de la parole, dans la capacité à argumenter et à convaincre, et enfin dans l'ordre de la prise de parole elle-même.

La première direction indiquée nous renvoie à la nécessité d'une approche anthropologique. Puisqu'il s'agit de faire rupture, ou de mettre de côté des usages de la parole inappropriés en démocratie, avec quoi fait-on rupture ? N'y a-t-il pas persistance sociale d'un rapport archaïque à la parole, qui empêche par exemple le déploiement de l'opinion comme ressource centrale de la démocratie ?

Les deux autres directions, qui concernent des compétences très concrètes (prendre la parole et argumenter), nous amènent directement à interroger la capacité des institutions d'éducation, comme de celles qui produisent le savoir, à former réellement à la parole démocratique. On n'évitera pas, dans le chapitre suivant, de suivre cette piste et de se demander si l'héritage des Lumières et l'apologie de la Raison, notamment en France et dans les pays latins, ne sont pas en partie antagonistes avec les nécessités de la démocratie.

Enfin, on s'interrogera sur le rôle de l'*intériorité* dans le déploiement de ces compétences. À partir d'une hypothèse nouvelle, celle qui pose l'intériorité comme matrice de la démocratie, on posera une question radicale : le recul — et la dévalorisation — de l'intériorité, recul dont il faudra établir la cartographie, n'est-il pas le phénomène le plus étroitement associé au déficit drastique des compétences dans ce domaine ?

# 9

## *La Raison contre la démocratie ?*

Qu'en est-il des institutions — l'école, les médias, les nouvelles technologies de communication, la culture même (littérature, musique) — qui étaient censées (qui le sont encore) être des éléments moteurs du processus égalitaire, sinon son renfort essentiel ?

Chacune d'entre elles diffuse ardemment le message démocratique. Mais le problème des pratiques y reste souvent entier. Dans ce sens, elles sont le vecteur d'une dissonance démocratique qu'elles contribuent inlassablement à reproduire. On pourra trouver le diagnostic sévère, notamment concernant l'école, mais celle-ci, aujourd'hui arc-boutée sur la transmission des savoirs, semble hésiter quant à sa mission de formation pratique à la citoyenneté.

Ces institutions qui accompagnent la démocratie aujourd'hui, et prétendent en être les meilleurs voire les seuls soutiens, sont pour la plupart issues du mouvement des Lumières. Faut-il remettre en question cet héritage ? Celui-ci est-il trahi, comme le soutient Jean-Claude Guillebaud [1] ? C'est en tout cas dans cette direction-là qu'il faut

1 Jean-Claude GUILLEBAUD, *La Trahison des Lumières. Enquête sur le désarroi contemporain*, Seuil, Paris, 1995.

maintenant enquêter, car l'école, les médias, la culture, la communication puisent leur action et leur légitimité à ce fonds commun.

Ce mouvement est pourtant porteur des valeurs de la démocratie. Il est le rempart principal contre ce qu'Arno Mayer a appelé la « *persistance de l'Ancien Régime* », qui accable l'Occident au moins jusqu'à la Première Guerre mondiale. Qu'y a-t-il donc dans cet héritage qui produit de la dissonance et peine à appliquer concrètement ce qu'il promeut théoriquement ? En quoi produit-il des modèles oratoires en partie antagonistes avec le déploiement d'une parole démocratique ? Le XVIIIe siècle voit naître l'idée que la *Raison*, sous toutes ses formes, est une contribution essentielle au processus démocratique et que l'émancipation de l'*Individu* en est une des formes concrètes. Développez le savoir, les communications, la culture, et la démocratie suivra : voilà en gros la croyance que les Lumières ont développée, s'en remettant en quelque sorte au non-politique pour faire du politique.

Ce point de vue déterministe aura la vie dure. Il est encore aujourd'hui le lieu commun à travers lequel on pense le rôle social des médias ou encore celui des nouvelles technologies. Davantage d'école, de médias, d'Internet, et vous aurez davantage de démocratie, car ces institutions l'engendrent naturellement. Comme le disait avec naïveté l'un des principaux thuriféraires d'Internet, un pays dont 25 % de la population est connectée à Internet est protégé contre la dictature... La défense des médias, l'action déterminée en faveur des nouvelles technologies de la communication, et, au-delà, le soutien à l'école comme outil de transmission des savoirs, et, encore au-delà, la défense des « droits de l'homme » et de l'individu comme finalité ultime, tiennent lieu de militance démocratique.

Et si tout cela était une impasse ? Et si tout cela avait nourri, paradoxalement, l'incompétence à pratiquer la démocratie ? L'école, le savoir, les médias et la culture ne seraient-ils pas devenus, non pas le principal soutien qu'ils auraient dû être, mais un des obstacles au déploiement de la démocratie, un aliment essentiel de cette dissonance qui la ruine ? Si cette hypothèse, terrible en soi, avait quelque consistance, elle nous obligerait à un renversement de perspective complet sur ce qui menace la démocratie aujourd'hui et qui ne se situerait pas dans ses confins, comme l'extrême droite par exemple, dont on ne sous-estimera évidemment pas le caractère toujours menaçant, mais dans son cœur même, dans ce qui était censé l'engendrer et la fortifier.

Que ces institutions soient porteuses des grandes valeurs de la démocratie, cela ne fait aucun doute, mais, comme nous l'avons vu aux chapitres précédents, le problème n'est pas là. L'interrogation porte plutôt sur le fait de savoir si elles sont en elles-mêmes le siège de pratiques et d'apprentissages démocratiques, si elles concourent à augmenter, concrètement, les compétences démocratiques, si elles contribuent à générer des cadres symétriques. À l'aune de cette évaluation, le bilan risque d'être bien mitigé et le contraste entre l'affirmation des valeurs et la relative faiblesse de leur application finalement assez dévastateur. Plusieurs modèles oratoires issus des Lumières vont être étudiés dans ce chapitre. Trois d'entre eux méritent l'attention compte tenu, comme nous l'avons vu au chapitre précédent, de l'importance qu'ils ont prise aujourd'hui : le modèle de la démonstration rationnelle, le modèle oratoire qui s'appuie sur la séduction et toutes les techniques d'instrumentalisation des émotions, et enfin le modèle oratoire « interactif », que les médias et les nouvelles technologies contribuent largement à diffuser.

La question n'est évidemment pas ici de faire un réquisitoire contre la culture, l'école ou les médias, mais plutôt de mieux comprendre comment ces institutions de la démocratie peuvent dévier de leur route et proposer des modes de distribution de la parole qui s'éloignent des pratiques démocratiques.

Pour faire ce bilan, je voudrais, dans un premier temps, revenir sur une question dont l'intérêt n'est pas seulement historique. Une relation antagoniste ne s'est-elle pas nouée entre les pratiques démocratiques et l'esprit des Lumières au moment même où, paradoxalement, elles contribuaient à faire tomber le régime absolutiste ? C'est au fond la question de l'héritage des Lumières qui est posée, comme l'avait bien vu Jean-Claude Guillebaud, et la terrible question de savoir si une partie de cet héritage n'a pas, paradoxalement, cassé l'élan démocratique des sociétés occidentales en produisant une dissonance majeure.

## *Le projet d'émancipation des Lumières est-il démocratique ?*

Qu'entend-on par « Lumières » ? Il faut peut-être se garder de croire que ce terme désigne un paradigme intellectuel unifié, au-delà des lieux communs habituels que sont le combat en faveur de la Raison, la dénonciation de l'intolérance, la mise en place d'une idéologie du Progrès, tous thèmes qui n'ont plus guère d'opposants aujourd'hui.

Comme l'écrit Jean Goulemot : « *On peut douter que les Philosophes* [du XVIIIe siècle] *se soient pensés comme formant un groupe socialement et idéologiquement homogène, dont les Lumières auraient précisément constitué le ciment*[2]. » Les conflits d'idées sont très nombreux entre les grands noms de l'époque, Voltaire, Diderot, Montesquieu, Rousseau, pour ne citer qu'eux, notamment sur la question de l'existence de Dieu et la part de la transcendance dans les actions humaines.

Selon l'historien des idées Jonathan Israël, professeur à Princeton, qui évoque, lui, une véritable « *guerre civile* » au sein de ce mouvement, il faut distinguer entre les tenants des « *Lumières radicales* » et ceux des « *Lumières modérées* »[3]. Ceux-ci se seraient livrés, dans toute l'Europe, à une « guerre » sans merci, à partir de positions relativement irréductibles. Pour les premiers (par exemple, Diderot), tout, absolument tout, doit se réorganiser autour de la seule Raison, conçue comme essentiellement scientifique, alors que pour les seconds (Voltaire ou Montesquieu) des compromis sont nécessaires, notamment sur la question religieuse.

La réinterprétation postérieure, notamment à partir du milieu du XIXe siècle, de l'héritage des Lumières va conduire à une survalorisation à la fois de la Raison, en l'opposant à toute autre catégorie de la pensée, et de l'Individu, dont Kant soutient que seules les Lumières, conçues comme apprentissage à se servir de « *son propre entendement* », permettront de le sortir de sa « *minorité* »[4]. C'est donc d'une certaine façon la version radicale qui finit par l'emporter, au point

2 Jean Goulemot, « Philosophie des Lumières », *Encyclopædia Universalis*, Universalis, Paris, 2004.

3 « Une guerre civile dans le mouvement des Lumières », entretien avec l'historien des idées Jonathan Israël, *Politis*, 8 déc. 2005.

4 Emmanuel Kant, « Qu'est-ce que les Lumières ? », Königsberg, 30 sept. 1784. Texte disponible sur de nombreux sites (par exemple sur www.cvm.qc.ca/encephi/contenu/textes/kantlumieres.htm).

qu'aujourd'hui l'héritage des Lumières est souvent représenté comme uniquement athée et rationaliste.

De ce fait, on a depuis identifié, voire amalgamé, le programme de la démocratie, qui se déploie d'abord en Europe, cahin-caha, tout au long du XIXe et du XXe siècle, à celui de l'émancipation d'un « individu raisonnant par lui-même », plus qu'au modèle du citoyen prenant sa part aux affaires publiques. L'espace public naissant est ainsi moins conçu comme un lieu de formation par le débat des opinions, comme sources de la décision, qu'un lieu de réception de l'expertise de la raison scientifique, considérée comme apte à juger de tout. Il y a eu sur ce point convergence entre les pensées libérale et socialiste, y compris marxiste.

On a mélangé démocratie et émancipation

### *L'ambivalence du projet émancipateur*

Il faut bien sûr replacer cette critique du projet d'émancipation des Lumières dans le contexte plus général d'une tension entre le mouvement démocratique et progressiste et les très nombreux et très puissants partisans du maintien ou de la restauration de l'Ancien Régime. Le principe égalitaire a en effet le plus grand mal à s'affirmer face aux tenants, très actifs, du darwinisme social et de la pensée de Nietzsche, pour qui la morale et la doctrine de l'égalité sont « *le plus toxique de tous les poisons* ». Les valeurs démocratiques sont encore loin d'être adoptées par les élites dirigeantes, y compris libérales, comme le montre bien Arno Mayer, qui soutient, force arguments à l'appui, qu'« *entre 1890 et 1914 les thèses darwiniennes et nietzschéennes imprégnèrent les hautes sphères des régimes politiques et de la société* [5] » et contaminèrent tous les milieux.

Qu'il y ait d'un côté un projet émancipateur et de l'autre un plaidoyer pour une société hiérarchisée débarrassée de l'aspiration égalitaire ne fait aucun doute. Mais ce cadre général ne doit pas nous dispenser de la question de savoir s'il y a une parfaite coïncidence entre les grandes valeurs de ce « projet émancipateur » et les pratiques démocratiques qu'il est supposé engendrer. Toute tentation élitiste, par exemple, est-elle absente des Lumières ?

---

5 Arno Mayer, *La Persistance de l'Ancien Régime, op. cit.*, p. 281.

Le projet d'émancipation tel que Kant l'évoque s'appuie bien sur l'idéal de « penser par soi-même », mais le philosophe ne voit ce projet se réaliser que pour quelques-uns, et certainement pas pour la « masse ». Cette opposition entre quelques individus, capables de raison, et cette masse qu'est le peuple, soumis aux préjugés, montre bien que projet démocratique et idéal d'émancipation ne sont pas en parfaite adéquation. Kant lui-même l'écrit : « *Aussi un public ne peut-il parvenir que lentement aux lumières. Une révolution peut bien entraîner une chute du despotisme personnel et de l'oppression intéressée ou ambitieuse (cupide et autoritaire) mais jamais une vraie réforme de la méthode de penser ; tout au contraire, de nouveaux préjugés surgiront qui serviront, aussi bien que les anciens, de lisière à la grande masse privée de pensée*[6]. »

L'affirmation de l'idéal de la Raison, appuyé notamment sur la science, ne sert-elle pas de support à la reconstitution, sur d'autres bases, de dispositifs de parole hiérarchisés ? Celui qui sait remplace désormais, en haut de la pyramide, le roi ou le prince. L'élite culturelle ou scientifique, seule porteuse de la Raison, a elle aussi ses prêtres et ses seigneurs.

Il faut effectivement attendre le milieu du XIXe siècle et l'essor timide des mouvements libéraux et socialistes pour que le projet d'émancipation soit conçu comme concernant une large part de la population, dans une perspective étroitement associée aux valeurs démocratiques proprement dites. L'élitisme du savoir pourra être tempéré par le principe de l'école pour tous et de l'instruction obligatoire. Mais le savoir serait-il partagé par tous, qu'il se distribuerait malgré tout dans une hiérarchie où les uns savent rationnellement et où les autres n'ont qu'à croire sur parole grâce à la traduction populaire de la science qu'opère la vulgarisation scientifique.

La croyance se répand que l'école, si elle est conçue comme le lieu de la reproduction du savoir et de la Raison, constituera la base de la formation citoyenne. Pour devenir citoyen, il suffit d'accéder au savoir. La jeunesse est ainsi dispensée d'apprendre à se former des opinions et à les argumenter. Car le savoir ne se discute pas, il se démontre, par le calcul ou par l'expérience. L'idée d'une « science du politique » ou de la politique comme science est directement issue de cette tentation de rationaliser le débat politique. Appuyé sur les

6 Emmanuel KANT, « Qu'est-ce que les Lumières ? », art. cit.

nouvelles technologies, le projet d'un gouvernement rationnel des hommes, issu directement des Lumières, ne porte-t-il pas lui aussi les germes d'un recul majeur des pratiques démocratiques du débat argumenté ?

Le mot d'ordre de l'émancipation, qui prend dès lors un virage qui l'éloigne de ses bases démocratiques, est : « Cessons de débattre, calculons. » Les Lumières, de ce point de vue, étaient déjà tout entières comprises dans cette machine de guerre contre la rhétorique et le débat argumenté qu'avait construite Descartes. Ce dernier ne craignait pas d'affirmer que « *ce que l'on discute est forcément faux* », proposition qui est évidemment un missile intellectuel contre la rhétorique classique et le statut de rationalité de l'opinion démocratique. La portée profondément antidémocratique d'une telle proposition, placée en tête du *Discours de la méthode*, n'aurait pourtant dû échapper à personne.

### *Une dissonance structurelle*

Les Lumières vont rencontrer une autre difficulté dans leur promotion de l'idéal démocratique, liée à l'opposition des Lumières radicales à l'Église et au sentiment religieux en général. Or, on peut se demander si l'Église n'était pas, en partie d'ailleurs contre ses propres intérêts, le vecteur concret d'une démocratie en actes et non simplement en valeurs. Cette observation, assez paradoxale, mérite quelques explications.

On le sait, les Lumières, notamment pour les « *Aufklärer* » les plus radicaux, se sont construites intellectuellement dans le rejet non seulement de l'Église en tant qu'institution, dont les intérêts étaient effectivement étroitement liés à ceux de l'Ancien Régime, mais de l'ensemble complexe et hétérogène du système de valeurs et de pratiques qu'elle incarnait. C'est tout le patrimoine chrétien qui est ainsi voué aux gémonies.

Le monde chrétien, souvent contre son gré, du moins pour ses élites dominantes, était pourtant porteur de valeurs qu'on pourrait qualifier, comme nous l'avons vu dans les premiers chapitres de ce livre, de « prédémocratiques ». Dans son dialogue avec le cardinal Ratzinger, Habermas l'admet : « *L'histoire de la théologie chrétienne au*

*Moyen Âge, en particulier la scolastique espagnole tardive, entre certes naturellement dans la généalogie des droits de l'homme*[7]. » Il ne s'agit pas de soutenir ici que l'Église catholique ou même les institutions protestantes étaient porteuses d'un projet politique démocratique — proposition assez absurde en soi — mais bien que la notion d'égalité par exemple, déjà présente dans le christianisme primitif, chez Paul notamment ou bien sûr chez saint Augustin, a évidemment pu jouer un certain rôle, comme l'a aussi montré l'anthropologue Louis Dumont, dans la genèse de l'individu démocratique moderne.

Cet aspect des choses trouve un débouché essentiel dans les pratiques démocratiques ou même prédémocratiques dont le patrimoine chrétien était porteur, *via* l'enseignement de la rhétorique, comme formation pratique à la parole argumentative, donc aux pratiques démocratiques de la parole.

## *Les jésuites et la rhétorique*

Les pères jésuites, au cœur d'une institution pourtant très hiérarchisée, confrontés à la nécessité du débat contradictoire du fait des avancées de la Réforme, ont fait de la rhétorique la base de tout enseignement à partir de 1549. Comme les disciples d'Ignace de Loyola ont la main sur tout le système d'enseignement pendant les deux siècles qui suivent, on imagine sans peine les conséquences de ce choix.

Celui-ci est en partie déterminé par le fait que la poussée protestante avait transformé chaque chrétien en juge potentiel d'une *opinion* religieuse. On aurait tort, de ce point de vue, de trop fixer le regard sur les conflits et les guerres de religion, qui sont l'arbre qui cache la forêt d'une intense activité pédagogique et propagandiste. Le but est de *convaincre* en vue de convertir. Il n'est d'ailleurs pas rare à cette époque qu'un chrétien se convertisse tour à tour, plusieurs fois, au catholicisme puis au protestantisme. Le mot « propagande » est inventé à cette occasion, pour désigner la congrégation créée en 1622 par le pape Grégoire XIII, *De propaganda fide*, afin de lutter contre la Réforme. La nécessité affichée d'une « propagation » de la doctrine catholique montre bien à quel point le débat se situa autant sur le plan

7 Jürgen Habermas, « Pluralisme et morale », art. cit., p. 8.

d'une technique de diffusion sociale d'un ensemble de valeurs que sur celui de la foi comme modalité individuelle d'un rapport à Dieu.

Les jésuites sont, du côté catholique, le fer de lance de cette intense activité argumentative. Ils jouèrent un grand rôle dans la diffusion de la rhétorique comme modèle pédagogique général. À partir du XVIe siècle, de nombreux collèges, dont le programme était à base d'humanités et de rhétorique latine, s'ouvriront en Europe (les premiers à Liège, Strasbourg et Nîmes).

La pratique du débat, de la *disputatio* et de l'échange symétrique des arguments, auxquels s'exerceront toutes les générations d'étudiants qui fréquentent ces établissements pendant deux siècles, jouera, de façon autonome, un rôle dissolvant de toute hiérarchie, et formera les prolégomènes indispensables à l'acceptation de l'idée démocratique moderne. Il y a là un paradoxe inouï : l'un des ordres les plus hiérarchisés de l'Église — dirigé par un « général » — a porté en son sein l'apprentissage de pratiques dont les effets concrets sont largement contradictoires avec les objectifs globaux de l'institution (mais pas, il est vrai, avec quelques-unes de ses valeurs fondatrices, comme le principe d'égalité). *Le paradoxe est ici que l'on forme des élites à des pratiques de la parole égalitaire.*

La reprise à leur compte de cette méthodologie de la parole n'a été possible que parce que la Renaissance avait dégagé des ruines de l'ancien monde grec et romain ce véritable trésor démocratique que constituaient les techniques de la rhétorique. Celle-ci, d'« art de convaincre » qu'elle était à l'époque d'Aristote, s'était dégradée en art littéraire de « bien parler » sous l'Empire romain. Elle a disparu comme pratique démocratique tout au long du Moyen Âge. Jusqu'au XIIIe siècle, le Moyen Âge avait réduit la rhétorique, au sein du *trivium*, essentiellement à un art épistolaire, ce qu'elle tendra à redevenir d'ailleurs au XIXe et au XXe siècle, sous la poussée, précisément, du rationalisme des Lumières.

L'oubli, pendant toute cette période, de l'ouvrage-phare qu'a été la *Rhétorique* d'Aristote, mère, si l'on peut dire, de tous les manuels, sonne comme un symbole de cette absence. Ce texte a physiquement disparu pendant longtemps et a été redécouvert en Occident, *via* sa version arabe (texte d'al-Farabi), en 1256 dans une traduction d'Hermann l'Allemand. Plusieurs humanistes de la Renaissance ont bien vu à quel point ce texte avait un rapport étroit et décisif avec l'organisation politique des sociétés. Evencio Beltran nous rappelle « *que la grande ambition de la rhétorique d'Aristote était de conférer à cette discipline un statut scientifique de façon à réglementer l'usage de la parole en public*[8] ».

Les humanistes de la Renaissance les plus proches d'Aristote s'étaient inscrits dans cette perspective en soutenant, comme Jean de Jandun, que la rhétorique entretenait les liens les plus étroits avec la politique, car elle était porteuse de l'ambition d'une rectitude politique du discours, dans le contexte d'un débat le plus égalitaire possible.

### *L'époque des grandes « disputatio »*

Le choix des jésuites d'importer la rhétorique comme méthode de formation au débat dans un contexte politique pourtant marqué par l'Ancien Régime, où l'affirmation du principe d'égalité devant la parole n'est évidemment pas le souci dominant, répond aussi à d'autres préoccupations. En cette période charnière pour la chrétienté, la théologie est le siège de débats et de controverses sur des questions concernant aussi bien le Salut que les conséquences publiques de certains choix théologiques. De ce fait, la pratique de l'ancienne *disputatio,* réplique pédagogique en miniature des vastes débats sur le forum ou sur l'agora, retrouve une nouvelle vigueur.

La controverse de Valladolid en sera l'une des illustrations les plus spectaculaires. Juristes et théologiens, notamment Las Casas et Sepulveda, s'y affrontèrent, sur une question essentielle, au cours d'une *disputatio* rhétorique organisée par Charles Quint qui dura presque un an, d'août 1550 à mai 1551. La question était de savoir si les Indiens de l'Amérique récemment découverte étaient des sauvages, non humains, ou des êtres humains. Dans le premier cas, on pouvait les traiter comme des bêtes de somme ou les tuer sans commettre de crime ; dans l'autre, ils étaient susceptibles d'être convertis, donc de devenir de bons chrétiens.

8 Evencio BELTRAN, « Les questions sur la rhétorique de Jean de Jandun » *in* Gilbert DAHAN et Irène ROSIER-CATACH (sous la dir. de), *La Rhétorique d'Aristote. Traditions et commentaires de l'Antiquité au XVII^e siècle*, Vrin, Paris, 1998, p. 162.

Les débats contradictoires seront également au cœur des modes de gouvernance inaugurés par plusieurs villes et communes, notamment au nord de l'Italie, en référence à l'idéal « républicain » (romain bien entendu).

## *L'impossible statut de l'opinion*

La redécouverte de la rhétorique ancienne va également de pair avec la reconnaissance progressive de la notion d'« opinion », qui voit son statut épistémologique et pratique prendre de plus en plus d'importance. Sur ce point aussi l'héritage d'Aristote est essentiel. Car la pratique de la démocratie dépend de l'existence de cette nouvelle catégorie de la connaissance.

En démocratie, on débat, non de tout, mais de ce qui relève de la politique, du judiciaire et de l'épidictique (le débat de société et les valeurs). Les connaissances dans ce domaine doivent donc relever d'une rationalité spécifique. Le philosophe grec écrit dans une société qui expérimente les normes et les pratiques de la démocratie. Il est le premier à systématiser une classification du savoir. Il y distingue radicalement la science à caractère démonstratif (l'analytique), le raisonnement à partir de prémisses probables (la dialectique et la rhétorique) et enfin la production de la fiction (la poétique).

Cet effort de systématisation rompt définitivement avec la pensée mythique, qui globalise en un seul et même ensemble de croyances le savoir des sociétés anciennes. Il n'y a plus un savoir, régi par les mêmes règles de production et d'usage (à l'intérieur d'une société donnée), mais différents savoirs, qui relèvent chacun d'une heuristique particulière et qui découpent ainsi le réel en zones épistémologiques distinctes. Mesure-t-on assez les effets de cette diffraction originelle et ses conséquences sur la pensée jusqu'à aujourd'hui ? En tout cas, les termes du débat sont là, posés dès le IVe siècle avant J.-C.

Les fondements de cette diffraction qui va inaugurer trois types de connaissances bien distinctes sont, en plus de correspondre à la nouvelle organisation démocratique de la société, comme le rappelle Evencio Beltran, une réflexion typiquement grecque sur l'être : « *Aristote, on le sait,* nous dit Beltran, *part du principe que la question du* logos *doit se régler à partir de l'être. Dire ce qui est en toute nécessité appartient à l'analytique, qui est la science du raisonnement démonstratif fondé sur des prémisses certaines. Dire ce qui est mais qui aurait pu être autre, relève des topiques : c'est-à-dire d'une part de la dialectique qui est l'art de l'argumentation à partir de prémisses probables, admises par la plupart des gens ; et d'autre part de la rhétorique, qui est l'art de l'argumentation persuasive. Enfin la poétique — la fiction — se charge de dire ce qui n'est pas, mais qui aurait pu être malgré tout*[9]. »

Mais les conséquences vont bien au-delà d'une simple réflexion spéculative sur l'être. Cette diffraction dans l'ordre de la connaissance va ouvrir un triple espace :

— celui de la pensée scientifique, avec ces deux outils essentiels pour la production des connaissances scientifiques que sont le raisonnement déductif et le raisonnement inductif ;

— celui de la pensée politique (le domaine des connaissances vraisemblables, doté d'outils spécifiques : l'enthymème, qui est un syllogisme portant sur des prémisses probables, et l'exemple) ;

— celui de la création poétique, au sens large que lui donnent les Grecs et où la métaphore occupe une position centrale.

Grâce à Aristote, le jeu intellectuel sur l'opinion, inauguré par les sophistes, devient un véritable raisonnement qui appelle méthode et rigueur. La rupture est essentielle : elle donne à l'opinion un statut de connaissance rationnelle, ainsi disjointe du ressenti et de l'émotion. Comme il le dit lui-même à propos du raisonnement rhétorique, « *la suspicion, la pitié, la colère et autres passions de l'âme ne portent pas sur la cause*[10] » et n'en relèvent donc pas.

Mais l'affaire n'est pas si simple, car, sous l'influence dans un premier temps des philosophes du courant platonicien (avec lequel Aristote avait fait rupture, choisissant, comme il le dit lui-même dans l'*Éthique à Nicomaque*, « *la vérité à l'amitié*[11] »), de nombreux auteurs tenteront d'infléchir la symétrie aristotélicienne entre ces trois ordres du savoir, en minorant systématiquement le statut de la rhétorique,

9 *Ibid.*, p. 159.

10 Aristote, *Rhétorique*, Livre I 1354 a (texte établi et traduit par Médéric Dufour), Les Belles Lettres, Paris, 1967, Livre I, et, pour le commentaire sur les enjeux actuels de cette question, Philippe Breton, « Le "plaider en dehors de la cause" d'Aristote : un critère technique pour séparer argumentation et manipulation ? », *in* Simone Bonnafous, Pierre Chiron, Dominique Ducard et Carlos Levy (sous la dir. de), *Argumentation et discours politique. Antiquité grecque et latine, Révolution française, monde contemporain*, Presses universitaires de Rennes, Rennes, 2003.

11 Aristote, *Éthique à Nicomaque* (trad. du grec par Jules Tricot), Vrin, Paris, 1997.

donc de l'opinion. Or, l'exercice concret de la démocratie n'est possible que dans une société qui accorde à l'opinion un statut de connaissance, doté d'une certaine rationalité.

C'est précisément là le siège de la difficulté que l'on retrouve au cœur de la problématique des Lumières, et de son interprétation la plus radicale.

D'une part, comme le remarque le philosophe Michel Meyer, le « *crédit moral de la rhétorique étant intimement lié, notamment aux yeux des philosophes et des idéologues de la Révolution française, à celui de l'Ancien Régime*[12] », l'enseignement de la rhétorique, du fait de l'hostilité au milieu qui en était porteur, sera systématiquement dévalorisé.

Mais, d'autre part, les Lumières vont privilégier une apologie de la Raison, d'une Raison instrumentale et totalisante, sous la forme des sciences exactes et naturelles, qui va conduire à dévaloriser le statut de l'opinion, dans le droit fil, d'ailleurs, de la tradition platonicienne puis cartésienne. L'affirmation scientiste selon laquelle la démarche scientifique est la plus appropriée pour penser les affaires publiques et ordonner la politique s'oppose évidemment à toute reconnaissance d'un statut *rationnel* pour l'opinion, sur les bases qu'avait jetées Aristote. Le point ultime de cette entreprise sera, au sein du courant socialiste, la tentation marxiste de découvrir les « lois de l'histoire » et d'ériger la science en régulatrice des grandes mutations sociales.

### *Théories égalitaires, pratiques élitistes*

Les Lumières font donc partir la démocratie d'un mauvais pied, avec, à l'étage le plus élevé, l'affirmation de l'égalité, de la fraternité, de l'émancipation, mais, à l'étage pratique, le dogme finalement élitiste d'une science dont les procédés, y compris de discussion, n'ont que peu à voir avec ces formidables valeurs.

Un autre élément va accroître cette dissonance. Après le rejet de la rhétorique comme méthode du débat, la dévalorisation de l'opinion, les militants des Lumières hésiteront à placer l'égalité politique au cœur des pratiques. Le mouvement de contestation de la monarchie absolue, de l'arbitraire du pouvoir et d'une conception pyramidale de

12 Michel Meyer, *Histoire de la rhétorique*, *op. cit.*, p. 200.

la société accouche en effet en France d'un État républicain centralisé et volontiers dictatorial (en tout cas peu protégé de la dictature napoléonienne par exemple).

« *Alors qu'avant 89*, nous dit Yves Bénot dans un article particulièrement éclairant sur ce sujet, *l'avant-garde intellectuelle s'inspirait avec curiosité et passion de la recherche de sociétés différentes érigées en modèles ou sources de réflexion, la Révolution triomphante se proclame la "grande Nation" et propose au monde entier son propre modèle* [13]. »

D'autres options étaient en effet possibles. Si l'on en croit Yves Bénot, ceux qui préparaient les conditions concrètes des grands soulèvements démocratiques du XVIII^e^ siècle exploraient aussi d'autres pistes. La découverte de territoires nouveaux, notamment en Amérique, avait mis l'Occident au contact d'autres manières de s'assembler, de prendre des décisions et de gouverner, d'autres rapports à la propriété et à la religion. Une lignée de penseurs qui va de Lahontan à Babeuf en passant par Morelly et Dom Deschamps voit, dans ces « sauvages », « *des semblables avec un stade de développement différent, mais qui sont susceptibles de nous aider à concevoir une société autrement et mieux construite que n'est présentement la nôtre* [14] ». Leurs modes de vie constituent une négation concrète des sociétés européennes inégalitaires et surtout un démenti flagrant, par ceux-là mêmes qui sont supposés être encore plus près de la Nature, du fait que l'inégalité soit une « loi de la nature ».

Les colons canadiens français du XVIII^e^ siècle, qui n'hésitent pas à se métisser massivement avec les Amérindiens, témoignent, selon Denys Delâge, sociologue à l'université Laval, d'un « *étonnement mâtiné d'estime et d'admiration* » devant leur « *société égalitaire, la manière très libre d'éduquer les enfants, sans corrections physiques* [...] *de même que le respect des conventions et de la prise de parole de chacun dans les conseils, et l'attention avec laquelle on écoute chacun débattre* » [15]. Un auteur comme Nicolas Gueudeville (1652-1721), traducteur d'Érasme, s'inspirant peut-être de la structure des « nations » indiennes ou de la

13 Yves BÉNOT, « Les Sauvages d'Amérique du Nord : modèle ou épouvantail ? », *in* Guido ABBATISTA et Rolando MINUTI (sous la dir. de), *Le Problème de l'« altérité » dans la culture européenne aux XVIII^e^ et XIX^e^ siècles. Anthropologie, politique et religion*, actes du colloque international de Trieste des 23, 24 et 25 sept. 2004, Bibliopolis, Naples, 2005.

14 *Ibid.*, p. 6.

15 « Des influences refoulées », entrevue avec Denys DELÂGE, *Relations*, n° 698, Montréal, janv.-févr. 2005, p. 12.

confédération des Iroquois, imagine, selon Bénot, « *le bonheur commun sous la forme d'une fédération de communes, ce qui sera en effet l'idéal politique de la Commune de 1871* [16] ».

Les auteurs des Lumières, comme Diderot, transformeront en mythe, au nom de la croyance dans la Raison et le Progrès, ces récits de sociétés indiennes égalitaires, qui ont par ailleurs, péché ultime, fait disparaître « le tien et le mien », c'est-à-dire la propriété privée.

Il est vrai qu'avec certains récits de voyageurs nous ne sommes pas loin du « bon sauvage » de Rousseau. Il n'en reste pas moins que certaines sociétés indiennes ont des règles de gouvernance qui présentent des traits fortement « prédémocratiques ». Cela n'a bien sûr rien à voir avec leur « proximité » par rapport à la nature ou l'origine, car d'autres sociétés indiennes restent guidées par un principe totalisant, un mythe primitif. D'autres, enfin, ont un comportement prédateur et pillard qui en font, comme le rappelle l'anthropologue Lawrence Keeley [17], de véritables cultures-voyous.

Cette rencontre avec d'autres modes de gouvernance, qui aurait pu vivifier une pensée démocratique renaissante au XVIII^e siècle, n'a pourtant pas eu véritablement d'effet. Les conceptions ethnocentristes et racistes qui s'imposeront, en rapport avec les nécessités de la conquête coloniale, achèveront de couper le lien entre l'idéal d'émancipation, d'égalité et de liberté, et des régimes politiques toujours hiérarchisés et inégalitaires dans la pratique.

### *Les deux fronts de la lutte démocratique*

Dès l'impulsion des Lumières, et sous le double effet de la Révolution française et de la révolution américaine, la démocratie va progresser sur le plan politique. Au XIX^e et au XX^e siècle, l'avancée de l'idéal démocratique a lieu sur deux fronts.

Le premier est externe, puisque les partisans de la démocratie doivent combattre sans relâche les tenants de l'Ancien Régime, dont l'influence va croissant jusqu'à la Première Guerre mondiale. Arno

16 Yves Bénot, « Les Sauvages d'Amérique du Nord », art. cit., p. 10.
17 Lawrence Keeley, *Les Guerres préhistoriques* (trad. de l'anglais [États-Unis] par Jocelyne de Pass et Jérôme Bodin), Éditions du Rocher, Monaco, 2002.

Mayer évoque à ce sujet le « *torrent d'irrationalisme pessimiste qui, en s'élargissant, menaçait de balayer les conquêtes fragiles des Lumières au* XIXe *siècle.* [Les préceptes darwiniens et nietzschéens] *sapaient la tolérance des couches supérieures à l'égard de la raison, du progrès et de la démocratie*[18] ». Dans ce sens, la liberté de parole et la liberté de la presse, l'influence croissante des médias, la généralisation de l'instruction publique, l'innovation scientifique et la mise en place des grands réseaux de distribution d'énergie, de transport et de communication ont constitué un rempart contre le retour de l'archaïsme et de la « réaction » antidémocratique. Chacun des progrès dans ces domaines doit être salué comme un progrès de la démocratie.

Il faut cependant être plus attentif au fait que, dans cette lutte acharnée entre les courants démocrate et réactionnaire, le premier ait vu son attractivité largement élaguée par la difficulté qu'il éprouve sur son second front, le front interne. L'affirmation des valeurs d'égalité et de liberté n'est pas suffisante en soi. La dissonance entre les valeurs et les pratiques diminue considérablement leur attractivité.

La première révolution qui met en péril l'ordre établi au XXe siècle est la révolution d'Octobre en Russie. Le cadre politique dans lequel elle se déploie est fixé par Lénine, notamment dans son ouvrage *L'État et la Révolution*, qui n'est pas précisément un manuel de vertus démocratiques. La forme ultime prise par la dissonance démocratique est l'affirmation que, pour parvenir concrètement à la liberté et à l'égalité, il faut en passer, selon Lénine, par une avant-garde dotée d'une discipline de fer analogue à celle qui règne dans l'armée. Constituée en parti unique celle-ci doit contrôler tous les rouages de l'État pour instaurer la *dictature* du prolétariat !

Toutes les contorsions idéologiques qui suivront pour la justifier ne changeront rien à cette contradiction fondamentale. Ce qui n'était peut-être qu'une stratégie circonstancielle dans la Russie de 1917 est devenu la substance d'un régime devenu pire que ce qu'il dénonçait, jusqu'à ce quasi-retour à cette « dictature orientale » qu'a été le stalinisme.

La dissonance démocratique ne va pas prendre partout cette forme exacerbée, puisque de nombreux régimes politiques occidentaux obéiront, après 1914, aux canons des démocraties parlementaires grâce à

---

18 Arno Mayer, *La Persistance de l'Ancien Régime*, *op. cit.*, p. 281.

l'extension presque universelle du corps électoral. Une fois repoussées les tentatives de restauration, les grandes puissances européennes vont se doter progressivement d'institutions démocratiques au plan politique. Il faudra attendre le milieu du XX^e^ siècle pour que le principe démocratique s'impose « définitivement » en Europe et en Amérique. Il a fallu pour cela mettre fin à la terrible expérience de retour à l'archaïsme hiérarchique qu'a représenté le nazisme, cette « *contemporanéité du non-contemporain* », pour reprendre l'expression d'Arno Mayer [19]. Le suffrage dit « universel » s'impose partout (en France, il faut quand même attendre 1945 pour que le droit de vote soit accordé aux femmes). Seuls les non-nationaux résidant dans les différents pays n'ont pas le droit de vote. Partout, le processus de la décision politique s'est démocratisé, sous le régime de la démocratie représentative. La poussée de la démocratisation atteint aussi l'espace privé, comme en témoigne l'obtention de droits accrus pour les femmes et dans certains cas pour les enfants. La famille cesse d'être juridiquement patriarcale.

Mais la démocratie ne s'est pas pour autant généralisée dans la pratique. Au-delà de quelques isolats (de taille certes, pour ce qui concerne les assemblées politiques) qui ne sont guère reliés entre eux, l'espace public voit se développer des modalités de débat et des pratiques oratoires étranges et, au bout du compte, peu démocratiques.

### *L'émergence de nouveaux modèles oratoires*

Cette description du basculement qui s'opère au XVIII^e^ siècle, bien que trop rapide, met en évidence la façon dont s'est construit le déficit pratique de compétences démocratiques, et donc la dissonance qui affecte ce régime. L'expérience de parole que j'ai décrite dans ce livre mettait en évidence, outre la capacité d'objectivation, trois ordres de compétence : l'empathie cognitive, la formation de l'opinion et la capacité à prendre la parole dans un cadre égalitaire.

L'idéal d'évidence rationnelle coupe à la racine ce que l'on pourrait appeler la « culture de l'opinion ». Le maintien du caractère très

---

19 Arno MAYER, *La « Solution finale » dans l'histoire* (trad. de l'anglais par Jeannie Carlier et Marie-Gabrielle Carlier), La Découverte, Paris, 1990 (nouv. éd., 2002).

hiérarchisé de la société française et des sociétés occidentales en général, même si le monde anglo-saxon présente de ce point de vue d'importantes nuances, prédispose peu à des innovations dans le domaine de la prise de parole égalitaire. La rhétorique disparaît des programmes d'enseignement à la Révolution française. Avec elle, c'est tout le corpus d'enseignement technique de la parole pour convaincre qui sombre. Ce sont surtout de nouveaux « modèles oratoires » qui émergent. Comment débat-on, dans ces nouveaux espaces publics qui s'ouvrent partout en Europe ? Comment parle-t-on aux autres, dans une société où l'idéal du sujet individuel émancipé devient la référence ? Quelles sont les nouvelles normes de la parole et du discours ?

Il ne s'agit pas ici de soutenir qu'il aurait suffi de s'en tenir à la tradition classique. Celle-ci se serait révélée bien insuffisante. Après tout, la présence de la rhétorique ou la référence au principe d'égalité fondamentale entre les hommes au cœur du monde chrétien généraient elles aussi une dissonance forte. Celle-ci était bien connue au sein de l'Église catholique. Cet univers très hiérarchisé et proche des élites civiles se débattait constamment avec les revendications internes de groupes qui prônaient l'application concrète des principes d'égalité et de pauvreté dont parlait l'Évangile avec beaucoup de conviction.

Par contre, les compétences qui s'étaient malgré tout formées au sein de cet univers contradictoire auraient pu constituer un solide appui pour que se développe la parole si nécessaire aux fondements mêmes de l'institution démocratique. C'est ce virage qui a été manqué. Les Lumières ont, on l'a vu, leur part de responsabilité dans cet échec.

La réalisation du projet d'émancipation des philosophes et des révolutionnaires du XVIIIe siècle a été portée par trois institutions-phares : l'école, chargée de transmettre des savoirs, la technoscience, qui va produire des réseaux organisateurs du lien social, les médias, qui vont rapidement monopoliser et définir les règles d'organisation du débat social dans l'espace public. Dans toutes ces directions, les choses iront de mal en pis, et chacune de ces institutions va se transformer, jusqu'à la période actuelle, en machine à produire de la dissonance. La distribution de la parole, dans l'espace public comme dans l'espace privé, va donc être organisée à la fois en rupture avec les modèles hiérarchiques traditionnels (qui ne manqueront pas de faire retour ici et là) mais aussi avec le modèle oratoire rhétorique, pourtant issu de la tradition grecque.

Les trois chapitres qui suivent sont consacrés à l'examen des trois grands modèles de débats et de normes oratoires qui vont se mettre en place progressivement à partir du XVIIIe siècle. Ils s'articulent tous sur les nouvelles normes issues des Lumières. On peut identifier ces normes pratiques, dans le champ de la parole, comme la *séduction*, l'*évidence* et l'*interactivité*. La séduction et l'évidence vont fonctionner dans un premier temps comme une « fausse alternative ». Pour convaincre, pour débattre, nous aurions deux choix légitimes : séduire ou démontrer. C'est sur cette dualité que l'on construira le modèle des « deux cultures », littéraire et scientifique. Et qu'on oubliera au passage la rationalité de l'opinion. Le déploiement de chacune de ces normes renforce donc l'incompétence démocratique.

# 10

## *La violence de la parole séductrice*

De très nombreux dispositifs de parole aujourd'hui, loin de s'organiser autour du principe de symétrie, valorisent le recours à la séduction. Pour convaincre l'autre, se faire apprécier de lui, obtenir un comportement, un acte d'achat ou l'adhésion à une opinion, on utilise de plus en plus la séduction. Beaucoup de jeunes, notamment tous ceux qui ont été formés au commerce, à la communication, au marketing, ne voient même plus aujourd'hui en quoi cette séduction ne serait pas légitime comme procédé. Celui-ci tend donc à se répandre et occupe de plus en plus le champ du politique.

### *L'instrumentalisation de la séduction*

Je voudrais illustrer ce propos ici, entre tous les autres exemples possibles, par les normes oratoires préconisées par les théories et pratiques de la PNL (programmation neurolinguistique), qui constitue le noyau de nombreuses formations en entreprise. Ceux qui les mettent en œuvre annoncent explicitement que le contenu du message n'a pas d'importance, mais que c'est la « façon de le présenter » qui le fera pénétrer dans l'esprit de l'interlocuteur.

Comme le dit la formatrice américaine en PNL Génie Laborde : « *Après avoir observé et écouté ceux qui possèdent apparemment un talent naturel pour communiquer efficacement, les experts sont arrivés à la conclusion que leur force ne vient pas de ce qu'ils disent mais de la façon dont ils le disent*[1]. » À partir de là, la technique de base proposée consiste à construire un « rapport » avec l'auditoire qui va « vous aider à obtenir ce que vous voulez ».

Pour apprendre à établir un tel rapport, les tenants de la PNL enseignent un « *processus remarquablement efficace* [...], *la synchronisation*[2] ». Il s'agit tout simplement de transformer son propre comportement et de le calquer (*mirroring*) sur celui que l'on veut convaincre. On préconise ainsi d'accorder sa respiration avec celle de l'autre, puis de reprendre son ton, son rythme de voix, ses gestes, puis, à un niveau supérieur de communication, son vocabulaire et ses concepts.

Il s'agit clairement ici d'instrumentaliser la séduction, de l'utiliser comme procédé pour convaincre et prendre une place dominante dans le débat. La synchronisation est en effet une pratique courante, souvent inconsciente et naturelle dans le domaine des relations affectives, lorsque deux personnes se « séduisent » mutuellement. Mais nous sommes là dans la symétrie qu'induit le sentiment. Or, comme nous allons le voir, la séduction hors propos instaure de la dissymétrie dans la relation et implique le recours à une violence cachée. Génie Laborde apporte une précision importante dans l'emploi de ces procédés : « *Aucune des techniques enseignées ici pour développer le contact ne devrait jamais être remarquée* » par l'autre personne.

Il ne s'agit pas d'un phénomène nouveau : les Lumières, de ce point de vue aussi, ont fait rupture avec l'ancienne tradition rhétorique qui condamnait fermement le recours à la parole séductrice. La manipulation était en effet bien connue du monde grec, qui tentait de s'en protéger avec la dernière des énergies. La démocratie, en libérant la parole et en la plaçant au centre de la vie publique, se trouve

1 Génie Laborde, *Influencer avec intégrité. La programmation neurolinguistique dans l'entreprise*, Inter-Éditions, Paris, 1987, p. 15 et p. 16.

2 *Ibid.*, p. 41.

immédiatement confrontée à la question des normes de la parole dans l'espace public et donc à celle de savoir si tous les artifices sont légitimes dans ce domaine. L'ostracisme a permis pendant quelques années, aux débuts de la période démocratique grecque, d'écarter de la place publique ceux qui acquéraient trop d'influence sur le peuple, les démagogues.

Plus tard, si l'on en croit Aristote, une nouvelle norme tend à s'imposer dans plusieurs cités grecques, celle qui consiste à refuser que les orateurs plaident « en dehors de la cause ». Cette règle, simple en théorie, permet d'écarter la séduction en tant que procédé qui se détourne de l'énoncé argumentatif. Elle a pour origine, toujours selon Aristote, les trop nombreuses tentatives de séduire le juge, les jurys, l'assemblée, en lieu et place d'un discours argumentatif. La fréquence du recours à la séduction en politique et la tolérance dont elle est l'objet seraient-elles de bons indicateurs de l'état de santé d'une démocratie ?

Ayant mis la parole au centre des espaces de débat conçus, selon la formule d'Arendt, comme lieu d'apparition de l'homme, à lui-même et aux autres, les premières sociétés démocratiques voient immédiatement surgir un détournement de la parole argumentée au profit de la parole séductrice et démagogique. Ceci s'explique assez facilement. La démocratie restant malgré tout, hier comme aujourd'hui, une pilule assez difficile à avaler pour ceux qui ont une vision plus hiérarchisée et plus inégalitaire de la société, celle-ci sera contestée de deux façons. De l'extérieur par les partisans de la monarchie ou de l'oligarchie, et de l'intérieur par ceux qui veulent détourner le principe du débat et y injecter des techniques de violence et de domination. Dans les deux cas, c'est bien la rhétorique, en temps qu'elle fixe des normes de débat — et pas simplement des techniques —, qui est la cible de toutes les attaques. « *La critique de la rhétorique,* nous dit la spécialiste française de l'Antiquité Françoise Desbordes, *est ainsi, souvent explicitement et dès la première grande offensive, le* Gorgias *de Platon, une critique de la démocratie qui l'a rendue possible et qu'elle contribue à maintenir* » ; et elle ajoute que « *ce n'est pas tout à fait un hasard si l'éphémère tyrannie des Trente, à Athènes en 404, avait interdit l'enseignement de l'art du discours* » [3].

---

3 Françoise DESBORDES, *La Rhétorique antique. L'art de persuader,* Hachette supérieur, Paris, 1996, p. 20.

Démagogie : attitude par laquelle on cherche la faveur de qq ou qqchose

*Le modèle oratoire manipulateur*

L'usage de la séduction en politique semble attesté dès les débuts de la démocratie. En politique, le prototype du séducteur est le démagogue, personnage déjà bien connu des Grecs anciens. Euripide décrit ainsi « *celui qui est capable de s'adapter aux circonstances les plus déconcertantes, de prendre autant de visages qu'il y a de catégories sociales et d'espèces humaines dans la cité, d'inventer les mille tours qui rendront son action efficace dans les circonstances les plus variées* [4] ».

Le démagogue est celui qui veut convaincre qu'il est le bon candidat ou le bon titulaire du poste auquel il postule. Pour cela, il va faire croire à l'auditoire, par différentes stratégies, qu'il pense comme lui. Mieux : s'adressant à plusieurs auditoires particuliers, il va faire croire à chacun d'eux qu'il pense comme lui. L'un des passages les plus cyniques du manuel de campagne électorale rédigé par Quintus Cicéron (le frère du fameux Cicéron) souligne la nécessité de développer « *le sens de la flatterie, vice ignoble en toute autre circonstance, mais qui, dans une campagne, devient qualité indispensable* [...] *obligatoire pour un candidat dont le front, le visage et les discours doivent changer et s'adapter, selon ses idées et ses sentiments, à l'interlocuteur du moment* [5] ».

Il est vrai que l'existence même de la rhétorique met en évidence le fait que la parole se dispose toujours selon des normes. Derrière la critique, récurrente, de l'artificialité de la rhétorique se profile l'idée profondément réactionnaire selon laquelle l'exercice idéal de la parole serait celui qui est le plus proche du « naturel ». Ce dernier est évidemment celui de la violence hiérarchique. Le mouvement romantique, au XIXe siècle, contribuera à sa manière à la tentative de liquidation de l'héritage rhétorique en développant une culture de l'émotion, de l'effusion, de la sincérité, de la nature et de l'expression de soi, qui s'oppose à l'« artifice du discours ».

Mais ces critiques du nouveau modèle oratoire qui met en scène les vertus de la parole argumentée symétrique restent trop attachées à l'archaïsme de tous les Anciens Régimes pour avoir un véritable succès comme telles. Aussi le goût pour un ordre hiérarchique, soumis à la

---

4 Cité dans Lionel Bellenger, *La Persuasion*, *op. cit.*, p. 51.

5 Quintus Cicéron, *Petit Manuel de campagne électorale* (trad. du latin par Jean-Yves Boriaud), Arléa, Paris, 1996.

formidable pression des nouvelles valeurs démocratiques, va-t-il emprunter une ruse pour continuer à s'exprimer. Le XIXe et surtout le XXe siècle vont être à la fois le moment d'une acceptation formelle des règles du débat démocratique et celui de leur détournement par les élites, notamment politiques. On assiste dès lors à la mise en place de normes d'hypocrisie dans la pratique du discours.

Le respect en façade de la pacification du langage, l'apparence de courtoisie dans les échanges, les assemblées où l'on peut en théorie prendre la parole tour à tour cachent mal, derrière cette vitrine démocratique, la réalité de propos manipulateurs, de procédés rhétoriques inacceptables et de véritables campagnes de propagande et de désinformation. La loyauté de l'orateur est la vertu la plus affichée et la pratique la plus dévoyée. L'hypocrisie est ainsi l'un des cœurs de la dissonance démocratique. Elle est d'autant plus nécessaire que les valeurs démocratiques communément acceptées aujourd'hui condamnent la violence, notamment dans le champ du discours politique. La question est donc de savoir comment être violent, comment *imposer son point de vue* à ceux que l'on considère comme mineurs ou inférieurs, sans que cela soit visible et en respectant la façade de l'égalité.

La résolution de cette équation un peu particulière tient en un mot : la *séduction*. Celle-ci est au cœur du modèle oratoire manipulateur. Pourquoi la séduction, la manipulation de la parole, la propagande sont-elles nécessaires ? Ces procédés permettent de contourner l'interdit de la violence qui, depuis le tribunal d'Athéna et la conversion des Érinyes, déesses de la vengeance, en Euménides, fonde la démocratie.

Pourquoi y a-t-on recours ?

Une première réponse s'impose immédiatement. Si l'on veut être violent, pour le plaisir de l'être, sans avoir l'air de l'être, la séduction est une bonne alternative.

Une deuxième réponse tient au fait que si l'on veut faire passer une idée, ou susciter un comportement que la personne n'aurait pas eu ou qu'elle n'aurait pas adopté de son propre chef, alors la propagande est la bonne technique.

La troisième réponse est que si l'on veut convaincre une majorité de l'opinion d'un pays de renoncer aux valeurs de la démocratie, pour revenir à une société organisée selon des principes hiérarchiques inégalitaires, la propagande est pratiquement l'unique recours.

Malgré son caractère de violence hypocrite et le fait qu'elle est en contradiction avec les valeurs démocratiques, la séduction est devenue, en politique comme ailleurs, une pratique acceptable voire valorisée. La personne séduite est pourtant violentée dans cette dimension existentielle et essentielle qu'est sa « liberté de choix », c'est-à-dire la possibilité de se tenir dans un rapport d'égalité avec celui qui tente de la convaincre de son point de vue. De plus, son emploi ruine la légitimité du recours aux compétences démocratiques. L'un des champs d'application privilégiés de la séduction est le domaine politique. Au fur et à mesure que la violence se retirait des débats politiques, à partir du XIX^e siècle et surtout dans les années 1950, la séduction a rempli l'espace laissé vacant. Mais la séduction n'est rien d'autre qu'une violence cachée.

## La séduction en politique

L'élection de la séduction comme valeur n'est-elle pas une conséquence des Lumières ? La séduction va devenir, à partir du XVIII^e siècle, une valeur centrale organisant la distribution de la parole, là où, dans le monde grec, elle n'avait pas sa place.

Elle se décline depuis sous de nombreuses formes, qui conviennent finalement à beaucoup. Séduction romantique des nostalgiques de l'Ancien Régime, séduction hédoniste de l'individualisme contemporain, séduction esthétique des tenants du beau langage et de la rhétorique « restreinte », séduction de la forme pour les penseurs postmodernes, séduction du discours politique démagogique, séduction du message publicitaire, séduction de l'audimat. La liste est longue des applications de cette instrumentalisation du principe de plaisir, des usages multiformes de ce sucre de la pensée qui rend mentalement obèse.

Il me semble que la séduction occupe une place centrale dans cette forme de retour de la violence hypocrite qui caractérise de nombreux dispositifs de parole. Elle constitue par exemple, c'est connu, le ressort technique essentiel de la propagande. Jamais la propagande n'aurait connu les développements que l'on sait si la séduction ne s'était pas imposée comme valeur depuis les Lumières. Il y aurait beaucoup à dire de ce point de vue sur le fait que le recours pratique et la valorisation de la séduction à partir des Lumières forment une formidable machine de guerre contre la notion d'amour que le monde chrétien avait portée. Le texte symptomatique de Laclos, *Les Liaisons dangereuses*, inaugure ainsi une politisation de l'érotisme, qui conduira à une érotisation de la politique.

On voit donc, sur ce point précis, qu'en opposant à l'amour chrétien la séduction comme nouvelle valeur organisant la parole aussi bien publique que privée, les Lumières sont à l'origine d'une double difficulté sur le plan démocratique. D'une part, elles contribuent à liquider un sentiment qui était porteur de l'idée d'égalité, comme nous l'avons vu précédemment. D'autre part, elles mettent en scène une valeur qui est le vecteur d'un retour de la violence dans le débat.

### *Un procédé détestable*

Malgré son apparence de naturel, qui en ferait un modèle oratoire « authentique » et « humain », la séduction en politique est un procédé. Ce statut permet de qualifier la séduction comme une manœuvre, un détour, ce qui suppose une norme dont précisément le procédé est un écart. Celui-ci n'est pas spécifique au monde de la politique puisqu'on le retrouve aussi bien dans la publicité que dans tous les champs où l'argumentation opère, y compris dans le domaine des relations interpersonnelles. Il ne s'agit pas d'une nouveauté, puisqu'il apparaît avec la démocratie elle-même.

Toute mise en œuvre d'une argumentation relève, d'une certaine façon, d'un artifice. Le propre de la rhétorique, depuis l'Antiquité [6], est de nous proposer des techniques permettant de mettre en forme une opinion en vue de convaincre un auditoire. Cette dimension artificielle, qui a toujours posé des problèmes, a alimenté le procès de la rhétorique.

Pourtant, derrière l'apparence péjorative, dans ce contexte, du terme « artificiel », il faut plutôt voir la dimension de l'art, cet « art de convaincre » qu'a développé Aristote. Ce qui distingue l'art rhétorique du procédé est le partage par l'auditoire des techniques mises en œuvre, là où le procédé se caractérise par son invisibilité, en général

---

6 Voir, par exemple, Philippe BRETON et Gilles GAUTHIER, *Histoire des théories de l'argumentation*, *op. cit.*

volontairement aménagée, pour ceux à qui il s'adresse et qui en sont donc en quelque sorte les victimes.

La séduction n'est pas un procédé lorsque, dans le cas des relations affectives par exemple, il s'agit de séduire. Encore faut-il dans ce contexte qu'elle relève d'une intention authentique. La séduction en politique ne relève pas d'une volonté de séduire, mais plutôt d'une instrumentalisation de la situation ainsi créée pour obtenir et convaincre d'autre chose. C'est dans ce sens qu'il s'agit d'un procédé. Ce n'est plus plaire pour plaire, c'est plaire pour vendre, plaire pour emporter les suffrages de l'électeur, plaire pour commander. Il s'agit bien d'une stratégie de détour.

La séduction, qui vise ici à convaincre, vient en lieu et place d'autre chose. Le séducteur fait l'économie de l'argument, dans un débat qui fait l'économie du principe d'égalité. Attacher la séduction à son opinion dans le but de convaincre son auditoire dispense l'orateur de décliner son opinion sous la forme d'un raisonnement, c'est-à-dire d'énoncer les « bonnes raisons » que l'auditoire pourrait avoir d'y adhérer lui aussi. En ce sens aussi, la séduction est bien un détour. Elle prive l'auditoire de la relation normale qu'il est en droit d'attendre de la part de l'homme politique.

Il y a également, dans l'idée de procédé, celle d'une procédure que l'on applique sans en connaître les fondements. L'opinion ainsi acquise par l'auditoire ne pourra être que répétée et non argumentée. L'auditoire convaincu parce que séduit ne peut guère que séduire à son tour s'il veut prolonger la chaîne de la conviction. Aucune bonne raison n'est à sa disposition s'il veut être l'auteur de l'opinion qu'il a faite sienne. La séduction implique un mimétisme. Lionel Bellenger, spécialiste en communication, insiste sur le fait que le séducteur s'adapte aux circonstances, c'est-à-dire à l'auditoire : « *Le séducteur est celui qui fait ou dit au moment voulu ce qu'il faut : il fait preuve d'une totale obéissance à l'occasion... Le séducteur ressemble à tout ce qu'il approche*[7]. »

J'ai décrit, dans un ouvrage récent, la séduction comme un procédé de manipulation[8]. Cela implique un écart par rapport à l'argumentation proprement dite. L'acte d'argumentation se définit ainsi par un critère technique — il s'agit de la mise en œuvre d'un raisonnement —

7 Lionel BELLENGER, *La Persuasion*, *op. cit.*, p. 79 et p. 80.
8 Philippe BRETON, *La Parole manipulée*, *op. cit.*

et par un critère éthique — l'art doit être partagé et laisser l'auditoire libre de sa réception. La séduction comme procédé ne répond à aucun de ces deux critères.

*La séduction n'est pas l'apanage du politique*

La séduction comme procédé est hélas courante dans tous les secteurs de l'espace public. Son recours dans le champ de la publicité est massif et bien connu. C'est d'ailleurs l'un des principaux reproches que l'on fait à la publicité, de n'être que très rarement informative et argumentative pour se replier presque entièrement dans le domaine de la communication expressive.

De nombreux messages publicitaires sont structurés de la même façon : l'énoncé de l'opinion (en l'occurrence le produit) est appuyé uniquement par une association avec un autre message, sans rapport avec le précédent (il s'agit donc techniquement d'un amalgame), mais dont l'objet est d'attirer et de capturer l'attention du public. Tout se passe comme si l'argumentation était réduite à l'exorde, cette première partie du discours rhétorique qui vise précisément à capter la bienveillance de l'auditoire. Pour ce faire, ces messages, en quelque sorte d'accompagnement, jouent à plein sur les mécanismes de la séduction. Le standard en la matière est le stimulus érotique ou, plus « *soft* », l'image agréable qui attirera le regard. Le procédé est bien connu et il est inutile d'insister sur le sujet. On en sous-estime en général les effets. La séduction a ceci d'étrange qu'elle semble se justifier elle-même comme procédé. Aussi ne se trouve-t-il plus grand monde pour critiquer cet aspect de la publicité, qui lui est essentiel aujourd'hui.

Le débat de société n'est pas exempt non plus du recours à la séduction comme procédé. On serait toutefois tenté de croire que ce recours est moindre. On attend en effet davantage des débatteurs dans ce domaine qu'ils posent des arguments. Les débats de société (par exemple sur la peine de mort, la légalisation des drogues, l'euthanasie) s'apparentent plus à des débats d'idées où la mise en scène des orateurs est secondaire. Ce n'est pas le cas en politique, ni même en publicité, où le « produit » cherche le plébiscite du public.

Le séducteur n'est pas un déducteur. Il n'affirme pas son point de vue propre, il se coule dans le point de vue d'autrui. Comme le dit joliment Bellenger : « *Séduire c'est mourir comme réalité et se produire comme leurre*[9]. » Jean Baudrillard, philosophe et sociologue, a insisté avec raison sur l'importance de la métamorphose dans l'acte de séduction. L'exercice démagogique implique une incroyable souplesse et, très souvent, passe par la construction d'un vocabulaire politique suffisamment ambigu pour que les mêmes mots puissent se métamorphoser, en fonction de l'attente de chacun des auditoires qui les reçoivent. Ainsi, le fameux « *Français, je vous ai compris* », prononcé en 1958 par le général de Gaulle devant la foule à Alger, signifiait bien plusieurs choses radicalement différentes pour les publics auxquels il s'adressait. Cette formule restera l'archétype de la séduction démagogique.

La séduction tient sa force de la facilité qu'elle propose. « Restez donc comme vous êtes, dit le séducteur, c'est moi qui suis comme vous. » Le séducteur politique plaît parce qu'il joue sur un réflexe conservateur, une envie de ne pas changer, tout en ayant l'apparent bénéfice de la nouveauté.

### *La séduction par le style*

Une forme elle aussi très ancienne de séduction en vue de persuader autrui est l'usage du style en lieu et place de l'argument. Un orateur qui parle bien a tendance à être plus convaincant, indépendamment des arguments qu'il utilise. Dans un livre souvent cruel sur les mœurs des Français, deux journalistes québécois remarquent, au chapitre sur « l'art de l'éloquence », que pour les Français « *le but n'est pas tant de convaincre que d'exposer ses arguments avec brio*[10] ». La manipulation commence quand son « bien parlé » se substitue à l'argument lui-même, dont il cesse d'être un accompagnement pour devenir l'élément central de la situation.

Le style relève de goûts changeants suivant les milieux sociaux et les périodes historiques. Depuis les années 1980 à peu près, un nouveau style de référence s'est imposé, qui fonctionne comme potentialité forte

---

9 Lionel BELLENGER, *La Persuasion*, *op. cit.*, p. 79.

10 Jean-Benoît NADEAU et Julie BARLOW, *Pas si fous ces Français !* (trad. de l'anglais [Canada] par Valérie Morlot), Seuil, Paris, 2005, p. 70.

de manipulation du discours. Porté par les médias de masse, il tend aujourd'hui à s'universaliser. Il privilégie la clarté comme norme oratoire. Désormais, il faut « être clair », produire un discours « transparent », en chasser les « obscurités ».

Or, un discours qui convainc par sa clarté est un discours qui n'a pas convaincu par autre chose, c'est-à-dire les arguments qu'il pourrait proposer. La clarté séduit. Elle donne l'illusion, justement, de s'être adaptée au public, qui n'a pas d'effort à faire pour accepter ce qu'on lui propose. La clarté du style n'est pas dans ce cas une pédagogie, mais bien une démagogie du discours. Là aussi, la manipulation commence quand la clarté n'est plus un simple accompagnement de l'argumentation mais qu'elle s'y substitue. La clarté va souvent de pair avec la brièveté, promue depuis peu au rang de style convaincant. Tacite avait noté que, sous l'Empire, tous les discours devenaient plus courts, là où, sous la République, orateurs et publics prenaient le temps de l'exposé et de la réflexion [11].

En contrepoint, le directeur des relations publiques du Parti républicain déclara en 1956, période où la politique américaine a été prise en main par les nouveaux spécialistes de la persuasion clandestine, que « *l'ère des longs discours politiques était dépassée et que le Parti républicain adopterait des causeries rapides de cinq minutes* [12] ». Le format court et clair, par son aspect séduisant, est devenu aujourd'hui un standard pour tout message qui se veut persuasif.

## *L'acceptation de la séduction*

Pourquoi la séduction couramment mise en œuvre par les hommes politiques est-elle à la fois jugée illégitime par beaucoup et largement tolérée par les mêmes ? De nombreux facteurs concourent sans doute à produire ce paradoxe, la décrédibilisation du politique y participant sans doute largement. Il faut y ajouter la méconnaissance du fonctionnement de l'argumentation et des compétences qu'elle nécessite, conséquence de la disparition de la rhétorique des programmes d'enseignement.

---

11 TACITE, *Dialogue des orateurs*, *op. cit.*, p. 68 par exemple.

12 Vance PACKARD, *La Persuasion clandestine* (trad. de l'anglais [États-Unis] par Hélène Claireau), Calmann-Lévy, Paris, 1984 (nouv. éd.), p. 179.

Il y a aussi le refus libéral, assez largement répandu, d'exiger que certaines normes du débat soient respectées. De ce point de vue, nous avons probablement régressé par rapport à la période antique, du moins celle où « plaider en dehors de la cause » était considéré comme inacceptable par de nombreux publics. Le déficit technique n'a pas meilleur allié dans ce domaine que le déficit éthique.

Il existe paradoxalement une limite naturelle aux stratégies de séduction déployées par les hommes politiques. Celle-ci a été mise en scène avec beaucoup d'humour par Woody Allen dans un article commentant la campagne électorale pour l'élection présidentielle de l'an 2000 aux États-Unis [13]. Le réalisateur américain note que l'empressement des candidats à se rapprocher de toutes les composantes du peuple et à faire croire à chacun qu'il pense comme lui s'arrête net après l'élection. L'élu, désormais inaccessible et entouré de ses nombreux gardes du corps, ne se souvient plus guère de ceux avec qui il a trinqué. L'ouvrier qui avait partagé une part de pizza avec un candidat familier à l'écoute de ses problèmes se voit désormais repoussé sans ménagement par l'escorte armée du président.

La littérature sur la séduction amoureuse nous avait pourtant donné la clé : une fois conquise grâce à tous les procédés possibles, la proie tant désirée se mue en un être inintéressant, que l'on n'a plus envie de regarder. La grande différence entre l'intérêt que portent les régimes totalitaires aux individus qu'ils veulent soumettre et l'attrait exercé sur les citoyens, en démocratie, par les séducteurs démagogues est que ces derniers, au fond, n'en ont rien à faire de nous. La différence est de taille, elle n'est pas forcément plus rassurante.

---

13 « L'Amérique » (supplément), *Le Monde*, 20 oct. 2000.

# 11

## *L'école forme-t-elle des citoyens ?*

« *C'est à l'idée d'évidence, comme caractérisant la raison, qu'il faut s'attaquer si l'on veut faire une place à une théorie de l'argumentation qui admette l'usage de la raison pour diriger notre action et pour influer celle des autres*[1]. » C'est en ces termes que le juriste et philosophe belge Chaïm Perelman décrit les prolégomènes nécessaires à un retour de l'argumentation et la construction d'une « nouvelle rhétorique ». L'opposition entre le monde de l'évidence et celui de l'opinion a également été mise en avant par Roland Barthes. C'est bien à l'évidence scientifique et logique que ces auteurs font ici référence, à l'idéal d'une Raison impériale et instrumentale qui a en partie ruiné, au XVIIIe siècle, le statut épistémologique de l'*opinion*, matière première de la machine démocratique.

Pourtant, le projet initial d'Aristote, qui a nourri l'essentiel de la tradition rhétorique mais aussi de ce que l'on pourrait appeler l'« épistémologie de la démocratie », était bien de construire une rationalité propre à l'opinion. Cette opposition entre raison et opinion tient davantage aux circonstances politiques dans lesquelles les Lumières se

1 Chaïm Perelman et Lucie Olbrechts-Tyteca, *Traité de l'argumentation*, *op. cit.*, p. 4.

déploient (hostilité à l'Ancien Régime et anticléricalisme) qu'à un véritable antagonisme épistémologique.

L'école a été le lieu privilégié de l'affrontement entre deux conceptions, l'une appuyant la raison sur l'idée d'évidence scientifique, l'autre tentant de promouvoir la raison argumentative. Raison démonstrative *versus* raison argumentative : voilà les termes d'une opposition qui parcourt les conceptions éducatives depuis le XVIIIe siècle, au grand bénéfice, il faut bien le dire, de la première.

L'école est-elle censée former des citoyens, des sujets politiques, capables de prendre leur part dans le grand jeu démocratique ? Ou conçoit-elle sa mission plutôt en termes d'émancipation du sujet individuel, dans une perspective qui ferait de l'individualisme la dynamique essentielle de la démocratie ? Dans les deux cas, la question est bien de savoir comment l'école peut contribuer à l'émancipation de l'individu et à sa formation citoyenne. Pour les uns, c'est l'accession au savoir qui formera des démocrates, tandis que, pour les autres, c'est plutôt une pratique du débat et l'apprentissage d'une rationalité liée à la socialité.

## *L'école produirait-elle des handicapés de la parole ?*

Dans le cas de la France, les deux siècles qui s'écoulent après la Révolution sont marqués par la mise à l'écart de l'enseignement de la rhétorique. Après la Révolution française comme un peu plus d'un siècle plus tard, en 1902, cet enseignement est tout simplement rayé des programmes. Et lorsqu'il fait un retour, c'est plutôt sous la forme d'une « rhétorique restreinte », réduite aux figures de style et à la performance oratoire. Ce n'est que dans le cadre des « écoles libres », nous dit Antoine Compagnon, que « *la rhétorique poursuivra une belle carrière* [2] ».

La rhétorique élargie, dont le noyau est bien le raisonnement argumentatif, n'a en fait que très peu de place dans l'enseignement, quelles que soient les périodes considérées. C'est pourtant cette rhétorique-là qui était la base de l'enseignement de la démocratie. Voilà donc l'école

---

2 Antoine COMPAGNON, *La Troisième République des Lettres. De Flaubert à Proust*, Seuil, Paris, 1983, p. 42.

purgée de sa fonction d'apprentissage du débat et de formation des opinions. L'opinion n'y a plus aucun statut épistémologique reconnu. Kant avait sonné la charge en avouant que « *la lecture des meilleurs discours d'un orateur… est un art fourbe* » et que la rhétorique « *ne mérite aucun respect* » [3].

À partir de là s'ouvre la tradition des « deux cultures » que C. P. Snow, physicien et romancier anglais, a bien mise en évidence dans les années 1960 [4] : d'un côté la littéraire, de l'autre la scientifique. Cette fausse alternative perdure jusqu'à aujourd'hui comme système de représentation du savoir. Prise entre le feu de ces deux cultures, la rhétorique et l'opinion avec elle n'ont évidemment aucun statut. La connaissance sera réduite à la science et le reste abandonné à la « littérature », à condition que celle-ci renonce au statut de domaine producteur de connaissance. La réforme des programmes d'enseignement en France au début du XXe siècle consacrera cette réduction des territoires de la connaissance, puisque la rhétorique disparaît, remplacée par l'apprentissage des Lettres (essentiellement l'histoire de la littérature) et des sciences exactes et naturelles.

Le dispositif pédagogique est réduit à la portion la plus congrue. Le modèle de transmission et d'acquisition du savoir est calqué sur le vieux modèle pyramidal : en haut, sur l'estrade, celui qui sait ; en bas, ceux qui écoutent. C'est le principe hiérarchique qui dispose chacun du haut en bas de la pyramide du savoir.

Marcel Gauchet, dans une réflexion sur l'évolution de l'école dans une société individualiste (une « *société des individus* »), remarque que celle-ci a connu deux périodes depuis la Révolution française. La première est marquée par « *la prépondérance de l'héritage holiste* » ; la seconde est caractérisée, depuis le début du XXe siècle, « *par un recentrage copernicien sur les appétences et les capacités, l'expression et l'épanouissement des sujets singuliers, jusqu'à l'oblitération de la dimension d'imposition sociale de l'éducation, voire, dans les versions paroxystiques de l'individualisme pédagogique, jusqu'à la négation de l'institution par ses propres agents au profit de la plénitude des droits de ses usagers* » [5].

---

3 Emmanuel KANT, *Critique de la faculté de juger*, § 53.

4 C. P. SNOW, *Les Deux Cultures*, Pauvert, Paris, 1964.

5 Marcel GAUCHET, *La Démocratie contre elle-même*, Gallimard, Paris, 2002, p. 116.

Dans un cas comme dans l'autre, pour des raisons différentes, la rhétorique n'a aucune place. Le sujet de la rhétorique n'est en effet ni un sujet « holiste » (c'est-à-dire soumis au collectif), ni un sujet individualiste. La démocratie, dont la rhétorique est le vecteur, ne renonce ni à l'individu, ni à la société. Elle les noue dans un lien social très original.

L'école moderne se trouve donc dans une situation paradoxale. Elle diffuse les valeurs de la démocratie mais le modèle dont elle fait concrètement la promotion est celui du savoir et des subordinations qu'il implique. Elle donne des leçons théoriques sur la citoyenneté, mais ne propose comme pratiques de la parole que celles qui se coulent dans le moule hiérarchique du savoir.

Comme tous ceux qui sont sensibles à la question de la parole, j'ai observé à de nombreuses reprises qu'un élève peut aujourd'hui, au collège, puis au lycée et même à l'université, faire avec succès une carrière entière d'apprenant sans jamais, ou presque, être amené à prendre réellement la parole. De très nombreux étudiants ne l'ont jamais fait et n'ont jamais eu l'expérience qui consiste à s'adresser aux autres dans un cadre pédagogiquement contrôlé. Leur capacité à se former des opinions, lorsqu'elle est développée, est rarement en lien avec les matières apprises à l'école.

Lors d'un débat argumenté organisé dans une classe de seconde, j'ai pu constater, et avec moi la collègue qui leur enseignait l'argumentation, que les méthodes qu'ils utilisaient pour prendre la parole et pour convaincre n'étaient que très peu inspirées par les connaissances qu'ils venaient pourtant d'acquérir en classe dans ce domaine.

### *La science suffit-elle à former des citoyens ?*

L'école apprend-elle aux élèves, d'une part, à débattre, à argumenter, à prendre collectivement des décisions, et, d'autre part, à se former eux-mêmes une opinion ? La réponse est hélas trop souvent négative. Ceux qui s'en sortent bien sont ceux qui ont appris tout cela ailleurs qu'à l'école et qui ont su résister aux tentatives de déconstruction que l'école manifeste parfois à l'égard de telles compétences.

Que la réponse soit négative pour ce qui concerne les compétences à débattre n'est pas étonnant, au regard de l'absence de pratiques dans ce domaine et de l'emprise des dispositifs de parole hiérarchisés qui caractérisent la diffusion du savoir. Il est logique de ne pas savoir quand on ne vous a pas appris. Il est en revanche remarquable que le mécanisme de formation des opinions ne fonctionne pas mieux. C'était pourtant la promesse kantienne, et, d'une façon générale, celle des Lumières. L'apprentissage d'un savoir articulé sur la Raison, parce qu'il s'opposait à l'« obscurantisme de la religion », devait dégager le terrain pour le progrès de l'esprit. L'émancipation de l'individu était au bout du chemin, pourvu que celui-ci ne soit plus encombré des tentations transcendantales. Ce programme-là a échoué.

On peut « bourrer le crâne » d'un élève pendant douze ou quinze ans d'affilée. Il aura peut-être des connaissances en géométrie ou en littérature, mais guère d'aptitude à la raison démocratique et surtout aucune formation aux compétences correspondantes. Il sera handicapé aussi bien dans sa capacité à prendre des décisions qu'à se former une opinion sur les sujets qui le concernent au quotidien. Son empathie cognitive risque de rester en friche.

Il serait temps de dire clairement que ni les sciences ni les Lettres ne suffisent à former des citoyens, même si la citoyenneté ne saurait se passer d'elles. Qu'on me comprenne bien sur ce point. Il ne s'agit pas d'opposer les matières, ou de défendre un quelconque pédagogisme. Le savoir scientifique (pris ici au sens large) est nécessaire et les dispositifs de production et de partage seront toujours hiérarchiques. Celui qui sait est supérieur, dans l'ordre du savoir, à celui qui ne sait pas. La question n'est pas là. On fait jouer à la science et à la Raison un rôle universel qu'elles ne peuvent pas tenir. Ne serait-ce que parce que leur pertinence tient au caractère toujours « local » et spécialisé, dans la géographie du savoir, des connaissances qu'elles proposent. Les dispositifs de production du savoir scientifique sont nécessaires mais rien ne justifie qu'ils occupent l'ensemble du terrain scolaire et universitaire, comme avant-poste de l'espace public.

Il est totalement aberrant que le succès dans les matières scientifiques soit devenu aujourd'hui un critère de sélection des jeunes et que les performances cognitives dans le domaine de la raison logique servent à déterminer le degré d'« intelligence » et le fameux « quotient intellectuel ».

Les grandes écoles qui forment les élites politiques aujourd'hui ont décalqué ce programme de sélection sur la base de la raison instrumentale. L'École nationale d'administration, par exemple, est réputée plus axée sur les méthodes que sur les contenus. L'idéal implicite y est bien celui de la raison instrumentale, transféré par défaut sur le champ de la méthodologie. Et le moins que l'on puisse dire est que les règles du débat argumenté n'y sont guère enseignées.

### *La réintroduction de l'argumentation dans les programmes*

On pourra trouver les propos qui précèdent injustes au regard des efforts faits par l'institution scolaire en France pour réintroduire une fois de plus des apprentissages de l'argumentation dans les programmes[6]. Tout effort dans ce domaine doit être salué. Mais on remarquera que cette réintroduction n'affecte en rien l'architecture actuelle des savoirs et des disciplines. Les programmes officiels mettent aujourd'hui un peu plus d'argumentation en Lettres, un peu plus dans les matières économiques et sociales, un peu plus en « EJCS » (Éducation juridique, civique et sociale, anciennement « Instruction civique »).

On voit même resurgir un exercice, le « débat argumenté », qui pour un peu rappellerait l'ancienne *disputatio* rhétorique. Mais ce n'est qu'une apparence. Le texte qui en fixe les règles mérite d'être analysé. Paru au *Journal officiel* du 22 août 2000, il porte sur les enseignements obligatoires en Éducation juridique, civique et sociale, en classe de première : « *L'ECJS doit satisfaire la demande exprimée par les lycéens lors de la consultation de 1998 sur les savoirs, de pouvoir s'exprimer et débattre à propos de questions de société. Le débat argumenté apparaît donc comme le support pédagogique naturel de ce projet* [... Il] *permet la mobilisation, et donc l'appropriation de connaissances à tirer de différents domaines disciplinaires : histoire, philosophie, littérature, biologie, géographie, sciences économiques et sociales, physique, éducation physique... notamment, mais non exclusivement. Il fait apparaître l'exigence et donc la pratique de l'argumentation. Non seulement il s'agit d'un exercice encore trop peu présent dans notre enseignement, mais au-delà de sa technique, il doit mettre en évidence toute la différence entre arguments et préjugés, le fondement rationnel des*

---

6 Et il ne faudrait pas passer sous silence les efforts faits par de très nombreux enseignants pour former, malgré tout, leurs élèves à la parole et à une conception pratique de la citoyenneté.

*arguments devant faire ressortir la fragilité des préjugés. Il doit donc reposer sur des fondements scientifiquement construits, et ne jamais être improvisé mais être soigneusement préparé... Le débat doit reposer sur le respect d'autrui et donc n'autoriser aucune forme de dictature intellectuelle ou de parti pris idéologique. Il est une occasion d'apprendre à écouter et discuter les arguments de l'autre et à le reconnaître dans son identité.* »

On ne peut évidemment que se réjouir, dans la perspective qui est la nôtre ici, de voir réhabiliter un apprentissage pratique du débat et de l'argumentation. D'autant que les enseignants ont une certaine latitude pour le mettre en œuvre. Mais on remarquera aussi que ce texte et les directions qu'il indique portent la trace précise de plusieurs contradictions majeures dont la genèse est directement issue des Lumières.

Le texte se positionne par rapport à une demande, issue de la vaste consultation engagée dans les milieux scolaires en 1998. Celle-ci faisait apparaître le désir de débats et, en creux, l'absence cruelle de ceux-ci, ce dont témoigne le passage qui souligne le caractère « *trop peu présent* » de l'exercice. Il y répond en termes de mobilisation des « *connaissances... de différents domaines disciplinaires* », dont il permet du coup l'« *appropriation* ». Il s'agit donc d'un renversement de perspective : l'exercice issu de ce désir de débat est recadré en exercice d'appropriation des connaissances.

L'argument y est conçu, et du même coup défini, en termes d'opposition au « préjugé ». On se croirait tout droit replongé dans le XVIIIe siècle et il ne manque que d'ajouter « religieux » à « préjugés » pour que l'implicite soit explicité. Pour éviter ce terrible danger, l'argument doit donc être « *scientifiquement construit* ». Pourtant, ces deux catégories, le préjugé (religieux ou irrationnel) et l'argument scientifique, n'appartiennent pas, dans la conception laïque de la démocratie, à l'espace public.

En revanche, l'idéologie, qui, elle, a toute sa place dans l'espace public, comme cadre cohérent de conceptions politiques et sociales, est soigneusement bannie de l'exercice. Au passage, elle est amalgamée avec la « *dictature intellectuelle* ». Il faudra expliquer clairement aux élèves comment une opinion que l'on défend dans un débat argumenté peut ne pas relever d'un « *parti pris* », fût-il à l'écart d'une idéologie. La démocratie ne serait-elle pas, précisément, le lieu de débats entre des partis pris ?

*Un débat vidé de sa substance*

Il ne s'agit donc pas d'argumenter mais de démontrer, de prouver rationnellement, c'est-à-dire scientifiquement. Le débat argumenté est, par conséquent, ici vidé de sa substance démocratique. Il est vrai que procéder autrement aurait obligé à conduire une réflexion en profondeur sur le statut épistémologique de l'opinion et de la connaissance, ce qui est impossible dans le cadre rigide des disciplines dûment estampillées qui composent le programme et dont le texte ici nous rappelle fort opportunément la liste.

La contradiction éclate au grand jour quand on demande aux élèves — mais la plupart du temps on s'en garde bien — d'analyser par exemple un débat politique à la télévision. Dans ce cas, les élèves doivent constater que ces débats n'ont rien de « *scientifiquement construits* ».

Deux cas de figure s'offrent alors à eux. Ils doivent bien constater soit qu'on peut débattre dans l'espace public sur la base d'une autre rationalité, et alors ce qu'on leur apprend dans les « *débats argumentés* » en classe est totalement abstrait et sans rapport avec la réalité sociale et politique, soit, s'ils intériorisent les normes de l'institution scolaire, que la politique est exclusivement une affaire de « *préjugés* ». Dans un cas, les élèves sont conduits à remettre en cause l'école, dans l'autre le monde politique. Il est à craindre qu'ils ne remettent en question les deux, nourrissant ainsi un climat de fronde contre ces deux supports de la démocratie. On comprend mieux la tentation de beaucoup de jeunes de se replier sur le monde de leurs propres modèles oratoires, notamment le modèle « interactif », dont il va être question dans le chapitre suivant.

## *Le mythe de l'expertise*

D'une façon plus générale, ce rapport au savoir que nourrit l'école, et qui est directement issu des Lumières, participe largement du mythe de l'expertise. Celui-ci n'est-il pas, si l'on veut bien y regarder de près, un mythe profondément antidémocratique ?

Ce mythe a pour cadre la question de savoir comment, dans une société moderne, on prend une décision. La dévalorisation de la rationalité de l'opinion au profit de la rationalité « à base scientifique » conduit à la tentation permanente d'appuyer les décisions dans le domaine politique et social sur des attendus extrapolitiques. Une majorité de l'opinion (55 % des personnes interrogées), comme nous l'avons vu au chapitre 1, était d'accord avec l'énoncé selon lequel « *il faudrait que ce soit les experts et non le gouvernement qui décident ce qui est meilleur pour le pays* ».

Il révèle une profonde croyance en la rationalité des experts, au point que ceux-ci pourraient se substituer aux élus. On voit bien sur ce point précis comment le dispositif de parole qui sert à produire le savoir, et qui est légitimement hiérarchisé, se substitue aux dispositifs de parole symétrique, qui fondent le principe d'égalité politique.

### *L'information change-t-elle le monde ?*

Nous sommes là au cœur d'une étrange croyance, à moins que ce ne soit un déterminisme naïf, qui identifie l'apprentissage du savoir rationnel, scientifique, à la formation du citoyen et à la pratique de la démocratie. Il suffirait donc d'être éduqué, ou même simplement informé, pour être, automatiquement, démocrate.

Que l'absence d'éducation ou d'information soit souvent synonyme — encore faudrait-il se garder d'une trop grande généralisation — de terreau antidémocratique, ne veut pas dire que l'éducation protège contre les tentations antidémocratiques. Les élites cultivées ont longtemps fourni les gros contingents des mouvements réactionnaires et, comme nous le rappelle George Steiner, la culture ne protège pas de la barbarie. Pourtant cette croyance est tenace. L'un de ses avatars domine le monde des médias. On y entend ainsi souvent que l'information « *change le monde* ». Le fait d'être mieux informé rendrait responsable et transformerait chacun en un citoyen averti et actif.

Remarquons que cette proposition suppose au préalable que l'information médiatique est construite sur une base rationnelle et quasi scientifique, ce qui n'est pas tout à fait établi. Non que l'objectivité soit impossible, mais parce que les conditions actuelles de production de l'information, notamment la privatisation généralisée des organes de presse, n'en font pas un critère prioritaire d'élaboration.

Rien n'est venu véritablement prouver à ce jour que l'information de l'opinion publique sur un événement jugé par exemple insupportable contribue à ce que cet événement change de nature. Nous savons tous trop bien quel sentiment d'impuissance chacun éprouve à contempler à la télévision les malheurs du monde, en sachant que notre regard ne change pas véritablement les choses. Il y a bien sûr des exceptions à cette loi, mais celles-ci sont plus rares qu'il y paraît et pas toujours convaincantes.

Ainsi les images du tsunami qui a ravagé, en décembre 2004, des régions côtières de l'Inde, de l'Indonésie et de la Thaïlande notamment, ont sans conteste contribué à la mobilisation des publics occidentaux. Mais l'action qui en a découlé, si elle a satisfait le sentiment de compassion éprouvé, a été prise dans l'épaisseur de la réalité culturelle de pays peu habitués à être les relais directs d'un tel élan.

On mesure au fond ici toute la différence entre une information et une opinion. La première satisfait une curiosité et provoque éventuellement une indignation, souvent passive. La seconde est un point de vue engagé sur le monde, qui appelle l'action, même si l'efficacité de celle-ci n'est pas toujours au rendez-vous. L'opinion, comme parole sur le monde, est, comme l'avait bien vu Hannah Arendt, l'action par excellence. L'information se vérifie, l'opinion s'argumente. L'information a un auditoire universel, tellement universel qu'il finit par n'être plus personne, là où l'opinion s'adresse toujours à quelqu'un, dans un dispositif de parole toujours personnalisé. L'information qui mobilise au point de provoquer une intervention sur la réalité même qu'elle décrit ne doit-elle pas cette qualité au fait qu'elle rencontre des opinions préalablement constituées ? En somme, c'est l'information traduite en argument qui a quelque chance d'être un facteur de changement, et non la Raison qu'elle charrierait et qui, par nature en quelque sorte, serait un agent de transformation.

# 12

## *L'interactivité contre l'intériorité démocratique*

Les chapitres précédents ont permis d'identifier plusieurs obstacles au déploiement des compétences démocratiques et au développement d'une parole citoyenne. La liste est longue. La fascination pour la force, la violence et la domination hiérarchique ou encore la ruse séductrice, le goût de la palabre et du consensus, l'attrait de la Raison et de l'évidence rationnelle opposent autant de résistances à cette nouveauté radicale que représente toujours la pratique de la symétrie démocratique.

Ces obstacles ont pour eux l'ancienneté, le poids du passé. Dans ce domaine, la lutte est acharnée. Il est en effet difficile de se défaire de compétences archaïques. Celles-ci voient pourtant leur légitimité contestée. La liberté, comme valeur démocratique essentielle, tend à ruiner le principe d'autorité dans son universalité. La permanence des conflits et des différences, dans une société de plus en plus complexe et différenciée, rend visiblement inefficace le recours systématique au consensus. La Raison fascine, mais chacun voit bien que ses territoires d'application sont beaucoup plus limités que ne le laissait espérer l'idéal scientiste.

Les pratiques démocratiques, qui devraient être stimulées par l'usure de leurs concurrentes, n'en continuent pas moins à stagner. Je voudrais faire l'hypothèse, dans ce chapitre, qu'elles ont été rattrapées et dans certains cas dépassées par de nouvelles pratiques oratoires. Celles-ci tirent leur succès de leur nouveauté, de leur association avec la modernité et même de ce que certains appellent la « postmodernité ». Elles se présentent comme la véritable alternative aux compétences archaïques. Elles n'en sont pas démocratiques pour autant. Elles constituent même, dans un certain sens, un ferment de dissolution de la démocratie, car elles tendent à s'opposer à la culture de l'intériorité.

Ces nouveaux modèles oratoires bénéficient d'un large succès auprès de la jeunesse comme du monde professionnel des médias et des nouvelles technologies. Ils s'organisent autour d'une notion clé : l'*interactivité*. Celle-ci est en train de devenir une nouvelle valeur, qui tend à prendre une place centrale dans notre société.

Le problème de l'interactivité est que cette valeur s'est construite en opposition, sinon comme une machine de guerre, à l'*intériorité*. Or, les pratiques et la culture associées à l'intériorité sont sans doute, de façon méconnue, une condition essentielle au déploiement des compétences démocratiques.

## *Un nouveau modèle de distribution de la parole*

L'interactivité se présente comme une nouvelle manière de concevoir la parole et son rôle. L'idée est que la parole circule mieux, plus vite et de façon plus conviviale si les normes oratoires qui en organisent la distribution incitent chacun, d'une part à parler librement, quand il veut, et d'autre part à choisir de préférence un propos en rapport, en réaction, avec ce qui vient d'être dit, afin de nouer le lien social le plus étroit possible.

Cela donne aux échanges une couleur particulière : chacun parle sans finalement écouter les autres, on se coupe la parole à qui mieux mieux, on s'emporte, on se provoque, on se répond.

Ces nouvelles compétences oratoires sont porteuses d'une promesse. L'échange sera plus « convivial », nous y prendrons « plus de plaisir », chacun pourra s'y « épanouir sans contrainte ». Le débat sera « plus vivant ». Il « redonnera du pouvoir », et, surtout, il respectera la « liberté de parole ».

*L'interactivité médiatique*

Bien que ces pratiques interactives de débat soient d'apparition récente, elles nous sont maintenant très familières. Beaucoup de débats à la télévision sont désormais construits sur ce modèle. Il suffit de regarder d'anciennes émissions de débat, remontant à quinze ou vingt ans, pour prendre la mesure du changement. Trois différences notables sautent aux yeux.

La première est la place et le rôle du silence. Avec le mode interactif, il n'y a plus de silence. Celui-ci a été gommé. Chacun peut et doit couper la parole de chacun. Tout le monde s'empresse de parler, les paroles se chevauchent, jusqu'au risque de l'inaudible. On éprouve une sensation de remplissage sonore et visuel. Dans les émissions les plus populaires, chacun s'habille de façon à saturer aussi l'espace visuel : coiffures spéciales, décolletés profonds, tenues intriguantes. Sans qu'elles constituent une référence, les anciennes émissions de débat se caractérisent plutôt par une alternance raisonnable de silences, qui permettent l'écoute, et de paroles, souvent prononcées avec un débit plus lent.

La deuxième différence tient au rôle de l'animateur, très présent dans les émissions actuelles. Comme les débatteurs, peu sûrs de pouvoir parler à leur aise, se disputent la parole et s'acharnent à la garder, il est le garant de l'ordre et se place donc volontiers sur le devant de la scène. De plus, il intervient souvent sur le contenu même du débat et se donne donc d'autant plus facilement la parole que c'est lui qui la distribue. Il n'hésite pas à contester la compétence de ceux qu'il a pourtant invités. La recherche de l'interactivité sert ici à provoquer une apparence de débat, ou, pour le dire autrement, un *spectacle de débat*.

La troisième différence est plus subtile. Elle tient à une caractéristique centrale de l'interactivité. Ce que l'on dit doit s'enchaîner à ce que les autres disent. Les propos doivent se répondre. La repartie est reine. On doit réagir à la réaction de l'autre. Cette exigence a une conséquence directe, qui n'est pas visible au premier abord, mais qui change tout. À force de se répondre continuellement, toute parole qui viendrait de l'intérieur se trouve disqualifiée. L'originalité et la singularité de la parole tenue se trouvent ainsi mises de côté.

Dans ce nouvel esprit, le lexique employé doit être standardisé et limité aux mots et aux notions connus. Le vocabulaire requis est celui du plus petit commun dénominateur. La différence est notable, là aussi, avec certaines émissions d'une période maintenant révolue. On y recherchait plus volontiers une parole à la fois originale et authentique. L'animateur s'effaçait pour laisser surgir cette parole et le respect du silence y jouait son rôle. Il ne s'agit pas, encore une fois, d'agiter une nostalgie peu à propos, mais de constater que d'autres modèles oratoires sont possibles et ont existé [1].

Toutes les émissions à la télévision ne correspondent pas à ce format, mais la tendance est là. Il faut être interactif. Les nombreuses chaînes de radio à destination de la jeunesse obéissent explicitement à ce nouvel impératif.

### *Les simulacres de débat vivant*

Ce modèle a même gagné ces lieux pourtant essentiels à la démocratie que sont les conférences publiques, où une parole vivante peut s'échanger. Là aussi, on a opposé le modèle interactif au modèle classique. Le conférencier qui prenait son temps, pour le meilleur comme pour le pire d'ailleurs, et apportait un contenu ensuite discuté par le public en un jeu de questions et de réponses, tend à être remplacé par un dispositif plus « convivial », le fameux « plateau » d'invités qui ont un nom dans l'univers médiatique. Au lieu d'être assis devant une table où il peut disposer ses notes, l'intervenant est assis sur un fauteuil bas, qui le contraint à une posture corporelle coupant le souffle. Le tout pour donner, sans doute, l'impression d'être dans un salon. La scène est violemment éclairée et le public est dans le noir, ce qui constitue pour tout orateur une gêne très forte, puisqu'il ne voit pas les réactions de son auditoire.

---

1 Il est néanmoins réel que la télévivion a connu un certain âge d'or à ses débuts, car elle était protégée de toute emprise commerciale et parce que son succès s'appuyait sur sa nouveauté et l'engouement qu'elle suscitait. Elle n'était toutefois pas protégée de l'influence politique, qui se traduisait par un certain contrôle étatique.

Il n'y a plus de conférence mais de courtes interventions en réponse aux questions de l'animateur (souvent un journaliste qui fait une « vacation »). On a donné comme consigne préalable aux orateurs de « ne rien préparer d'avance » (sans se rendre compte du caractère très étrange de cette injonction) car ils répondront « interactivement » aux questions qui leur seront posées.

Quel que soit le sujet traité, et sous réserve de la gravité éventuellement nécessaire, le tout doit être plaisant, voire ludique ; en tout cas, comme on dit dans certains milieux, « *pas chiant*[2] »...

### *La parole médiatisée par ordinateur*

L'interactivité se déploie également comme norme centrale dans la « communication médiatisée par ordinateur » (CMO). C'est même là qu'elle a pris naissance. On sait que de nouveaux supports de communication se sont développés dans le sillage de l'innovation technologique. Forums de discussion, chats, messageries instantanées[3], textos et bien sûr courriers électroniques permettent une communication quasi immédiate. On peut même, nous dit-on, « *parler avec des inconnus* ».

Les contraintes structurelles exercées par les médias sont ici très fortes. L'absence physique et sensorielle de l'autre est certes présentée comme un atout majeur permettant la communication. Il n'en reste pas moins que le canal de la communication est très étroit, très réducteur et rempli de chausse-trappes.

Corrélativement, l'interactivité y est à son sommet. On y est étroitement lié à ce que dit l'autre. Les messages sont des réponses à des réponses qui sont elles-mêmes des réponses. On s'y sent libre de tout dire, d'autant qu'on ne se sent de loin pas si engagé dans le dialogue

2 Je voudrais m'autoriser ici une anecdote personnelle. Invité un jour d'une grande émission littéraire à la télévision, maintenant disparue, en présence de deux animateurs très connus, l'un d'entre eux, qui tenait les rênes ce soir-là, s'approcha de moi, lors de l'inévitable séance de maquillage. Alors que nous n'avions pas encore été présentés, ce dernier me lança publiquement, à brûle-pourpoint, sur un ton enjoué et en guise de salutation, la surprenante apostrophe suivante : « *Pas chiant, hein, pas chiant.* » Les règles du jeu avaient le mérite d'être clairement posées. La question que l'on se pose en pareil cas est : « Pourquoi je reste ? »

3 Pour une revue des études consacrées à la messagerie instantanée, on pourra se reporter à l'article d'Anca Boboc, « Le point sur la messagerie instantanée », *in Réseaux*, n° 134, Paris, 2005.

que lorsque l'autre est là. On peut même éprouver le sentiment fallacieux de pouvoir retirer ce que l'on a dit, là où une réalité immuable des échanges humains est précisément le caractère forcément cumulatif de ce que l'on dit. Le courrier épistolaire « classique » tenait compte de cette contrainte, que la transmission quasi instantanée prétend aujourd'hui effacer.

### *Un modèle attractif pour les jeunes*

J'ai pu mesurer la forte attractivité de ce modèle oratoire lors de débats argumentés organisés avec des jeunes d'une classe de seconde. Ces derniers s'étaient prêtés très volontiers à l'« *expérience de parole* » qui leur était proposée. Ils ont accepté de jouer le jeu du débat argumenté (le même que celui décrit et analysé aux chapitres 7 et 8). Ils ont été associés à l'évaluation et leurs réactions ont été sincères et tout à fait intéressantes [4].

Les élèves ont ici, à l'évidence, une représentation de ce que c'est que convaincre, mais elle semble diffuse, comme si cette question ne se posait guère de façon prégnante dans leur environnement. On peut faire l'hypothèse que cette représentation réduit l'argumentation soit à la simple expression d'une opinion (un tel statut dispense d'avoir à formuler des arguments), soit à une sorte de parade de séduction.

La plupart d'entre eux ont critiqué le modèle et les règles oratoires qu'il leur avait été demandé de pratiquer. Cette opposition n'avait toutefois rien d'une contestation stérile. Plusieurs élèves ont ainsi exprimé clairement le souhait que le débat soit organisé dans un esprit qui laisse plus de place à la « *spontanéité* » et à la « *liberté* » de parole.

Il est clair qu'ils ont implicitement, du point de vue de la prise de parole, un *autre modèle oratoire de référence*, qu'ils opposent à celui que ma collègue et moi-même leur proposions. La résistance des élèves à ce dernier était manifeste dans les comportements suivants, dont il peut être intéressant de faire la liste, en la ponctuant des propos recueillis à cette occasion :

---

4 Philippe Breton et Brigitte Joerg, « Expérimentation du "débat argumenté" en classe de seconde. Présentation, analyse et premiers bilans », tiré à part, juin 2005.

— Opposition et tentative de détournement du protocole proposé et notamment du cadre temporel, jugé trop contraignant (« *Le débat est trop structuré, pas assez libre. On n'est pas assez libre* »).

— Interruption systématique de la parole de l'autre, dans un contexte normatif où cela n'est pas prévu, et affirmation lors des évaluations de la nécessité d'une telle pratique (« *J'avais tout le temps envie de répondre spontanément et de rétorquer* »).

— Tentative systématique d'enchaîner les prises de parole les unes aux autres (« *Plus d'improvisation serait plus intéressant. Il faudrait que le débat soit plus spontané* »).

— Peu de conscience ou même d'intérêt pour l'impact potentiel sur les autres de la parole tenue.

— Statut du discours non nécessairement destiné à être écouté et non porteur d'une différence individuelle (contrairement à l'apparence physique, aux choix vestimentaires notamment).

— Difficulté avec les temps de parole qui ne peuvent pas être interrompus et avec les silences que cette modalité engendre (« *Il y avait beaucoup de silence dans les prises de parole. Ça ne va pas, il faudrait que le temps de parole soit libre, quitte à ce qu'il y ait un temps de parole global à respecter pour l'équipe* »).

— Affirmation assez unanime de la nécessité d'organiser autrement le débat, sur un mode plus spontané et interactif, évitant à l'élève d'être seul avec sa parole dans un cadre temporel qui lui est réservé.

### *Un modèle alternatif*

On peut en conclure l'existence d'un système de normes distribuant la parole, c'est-à-dire d'un modèle oratoire, concurrent, sur un mode « interactif spontané ». Ce modèle présente plusieurs caractéristiques.

Il valorise l'expression de soi, l'affirmation de son opinion, et dispense de la construction d'une argumentation. Il s'appuie sur une prédominance de l'expressif (« *cette opinion est convaincante parce que je l'aime* »).

Il met en scène un lien social très fusionnel, où le contrat implicite est que le dialogue fonctionne sur la modalité de la double affirmation (chacun énonce en parallèle son point de vue). En somme, on s'entend sur le fait de ne pas avoir à s'écouter.

Il s'accompagne d'un goût pour les nouvelles technologies de communication à distance qui permettent de prendre la parole sans les contraintes de la communication directe. Le statut de la parole y est celui d'un outil d'expression sans que celle-ci soit porteuse d'une quelconque identité. Il est porteur d'un relativisme de la parole : « *toutes les paroles se valent* », bien distinct du : « *ma parole vaut la vôtre* » qui est le point de départ normatif d'une argumentation délibérative.

Il valorise le « plein communicationnel » au détriment d'une alternance de la parole et du silence. Il distribue la parole de façon très inégalitaire et en éloigne tous ceux qui ont des difficultés à s'exprimer. On constate une relative absence de conscience qu'un tel modèle oratoire peut être porteur de violence dans l'interaction et d'affaiblissement de la capacité argumentative des participants. Certains reconnaissent toutefois que dans un tel modèle oratoire ils ne prendraient que rarement ou pas du tout la parole et que celle-ci serait monopolisée par quelques-uns. La parole ne peut guère y être mise au service du délibératif.

### *Un modèle juvénile ?*

On peut s'interroger sur ce modèle oratoire interactif défendu avec tant d'acharnement et de conscience d'une certaine légitimité par ces jeunes gens et ces jeunes filles. Est-ce un modèle juvénile, marqué par une opposition aux règles et une préférence accordée à une spontanéité apparente ?

On pourrait en douter, car ce modèle est largement dominant dans de nombreux médias et pas uniquement ceux dont la jeunesse est la cible. Il est également présent dans le discours d'accompagnement des nouvelles technologies de communication où certains parlent, par exemple dans le cas des « blogs », d'une « *réappropriation de la démocratie* » car « *chacun est libre d'intervenir à sa guise* », au prix bien sûr du fait que « *lorsqu'on n'est pas d'accord* » avec l'autre... « *on quitte le blog* ». De fait, la possibilité de faire « défection » semble être un élément central de ce modèle oratoire [5].

---

5 Voir par exemple « L'univers des blogs, ses habitants, ses rites, ses langages », *Le Monde*, 22-23 mai 2005.

Cette manière de faire semble proche à la fois de leurs pratiques ordinaires et spontanées de distribution de la parole et des débats médiatiques auxquels ils assistent, notamment sur les radios qui s'adressent à la jeunesse. Elle emprunte au jeunisme ambiant dans de nombreux médias qui légitiment « par le haut » un modèle juvénile.

La question est maintenant de savoir en quoi, comme j'en ai fait l'hypothèse, ce modèle oratoire interactif mobilise des compétences qui seraient en contradiction avec les compétences démocratiques proprement dites. Pour y répondre, un détour est nécessaire, afin de mieux comprendre cette notion d'interactivité et ce qu'elle implique.

## *Pourquoi un tel succès ?*

L'interactivité est une notion émergente. D'après Alain Rey, le mot apparaît dans la langue française au début des années 1980. On parle plus souvent d'« échange interactif », ce qui est une tautologie. Le discours qui valorise l'interactivité met souvent l'accent sur le fait qu'elle nous permettrait de redevenir « actifs » dans un monde où tout nous pousserait à la passivité.

Comme le dit par exemple Graham Browne-Martin pour illustrer le nouveau rapport interactif à la musique que les nouvelles technologies permettent : « *Nous sollicitons les musiciens en leur demandant d'aller vers une communication élargie. La nouvelle génération n'a plus la même approche des médias, elle a grandi avec la vidéo, avec les jeux interactifs, avec les chaînes multiples et le* zapping. *Elle ne veut pas rester captive, elle veut participer, engager son esprit. La musique est une expérience passive, et si on veut lui rendre son pouvoir d'attraction, il faut donner du pouvoir à l'auditeur, lui permettre de contrôler son environnement*[6]. »

Ce texte renferme quelques-uns des lieux communs qui servent à décrire l'interactivité. D'abord, une disqualification : la musique jusque-là n'était qu'une « *expérience passive* ». Ce sont bien l'imagination et l'écoute intérieure qui sont visées ici, comme autant de signes de passivité. Ensuite, une valorisation : la capacité à intervenir activement sur le message reçu comme constituant en partie ce message. Cette conception s'appuie d'ailleurs sur une notion née au sein des

6 Entretien donné au journal *Libération*, 29-30 janv. 1994.

sciences de la communication, celle de « *récepteur actif* ». Cette dernière sert à désigner les nouvelles postures supposées des consommateurs de médias et de nouvelles technologies, qui préféreraient les comportements où ils peuvent composer, par exemple grâce au *zapping*, les messages qu'ils reçoivent [7].

La notion d'interactivité est très clairement apparue dans l'univers lexical des nouvelles technologies de communication. Le fondateur de Microsoft, Bill Gates, a un jour annoncé le « *règne de l'interactivité totale* ». Car celle-ci ne concerne pas uniquement les échanges médiatisés par les technologies. Le terme, et la promesse qu'il recèle (« reprendre du pouvoir »), ont migré bien au-delà de cet espace, pour devenir une norme désirable de toute prise de parole, de tout débat, de tout échange.

### *Une extension très large*

De nombreux territoires sont concernés aujourd'hui par cette notion. Dans le champ politique, certains candidats, à gauche, n'hésitent pas à proposer à leurs électeurs de construire leur programme de façon « interactive » avec eux, en utilisant d'ailleurs les ressources des nouvelles technologies et d'Internet. Le site de Ségolène Royal (www.desirsdavenir.org) est ainsi un « *forum participatif* ». Le site de l'UMP (www.u-m-p.org/site/index.php), et la lettre d'information par mail de ce parti (www.newsletter@u-m-p.org), par exemple, sont un modèle d'interactivité. On peut y voter et donner son avis sur toutes les questions en cours.

Le sociologue Manuel Castells décrit bien, en l'approuvant d'ailleurs, la promesse de réforme du politique : « *L'interactivité permet aux citoyens de demander des informations, d'exprimer leurs opinions, d'interroger leurs représentants et d'en obtenir une réponse personnelle. Ce ne serait plus l'État qui surveillerait les individus, mais les individus qui surveilleraient l'État — et ils en ont le droit puisque, en principe, le peuple est souverain* [8]. » Au-delà du renouvellement nécessaire des formes de

---

7 Voir à ce sujet le livre de Serge Proulx (sous la dir. de), *Accusé de réception. Le téléspectateur construit par les sciences sociales*, Presses de l'université Laval, Sainte-Foy, 1998.

8 Manuel Castells, *La Galaxie Internet* (trad. de l'anglais [États-Unis] par Paul Chemla), Fayard, Paris, 2002, p. 192.

l'expression politique, on sent là la poussée d'une nouvelle manière de concevoir les débats. Son attractivité est à la mesure des frustrations que les formes traditionnelles du politique ont suscitées. Il n'est pas sûr toutefois que nous ne soyons pas là devant une fausse alternative, sinon un pur effet d'image.

Dans un tout autre domaine, la sexualité, la notion d'interactivité a un effet réel, pour le meilleur et surtout pour le pire. La « libération sexuelle » des années 1960 s'est accompagnée d'un recadrage de l'acte sexuel. La définition que j'ai donnée de l'interactivité s'applique particulièrement bien à cette redéfinition radicale. L'acte sexuel est volontiers redéfini comme un échange interactif de plaisir entre deux partenaires, où tout est visible et explicitable. Dans un tel contexte, le monde de la pornographie a, dès les années 1970, construit sa légitimité autour de la nécessaire « éducation sexuelle ». Les modèles de sexualité que la plupart des représentations pornographiques proposent, consistent en un échange où chacun intervient librement et où les gestes sont enchaînés les uns aux autres, dans un jeu de réponses interactif.

### *L'origine cybernétique*

Cette extension de la notion d'interactivité à toutes sortes de réalités humaines désigne un point de départ. Celui-ci peut être trouvé au sein de ce que j'ai appelé, dans plusieurs autres textes, le « *paradigme informationnel* », qui est issu du mouvement cybernétique des années 1940.

Ce mouvement est, à bien des égards, porteur de nombreux thèmes qui nourriront l'idéologie de la « postmodernité ». Le paradigme informationnel est formé d'éléments apparemment très hétérogènes. Il englobe des savoirs à la fois techniques, scientifiques, philosophiques, des dispositifs techniques mis au point en son sein (l'ordinateur en sera un prototype central), des discours d'accompagnement, vulgarisateurs et descriptifs.

À cela il faut ajouter, comme une sorte de liant, des opinions et des argumentaires en faveur du recours aux nouvelles technologies, de la prise en compte systématique de la notion d'information et de la promotion d'un nouveau modèle de société. Celle-ci s'est appelée, au fil du temps, « *société de la communication* » puis « *société de l'information* », et enfin « *société de la connaissance* » [9]. Le fondateur de ce paradigme, le mathématicien américain Norbert Wiener, définit l'information comme le « *nom pour désigner le contenu de ce qui est échangé avec le monde extérieur à mesure que nous nous y adaptons et que nous lui appliquons les résultats de notre adaptation* [10] ». La nature de l'information, son « *mode d'être* », est donc d'emblée l'interactivité. L'information, remarquons-le, s'oppose pour lui à l'« *entropie* [11] ».

À partir de là la tentation est grande de voir de l'information, donc de l'interactivité, partout. L'essor de ces notions est parallèle, car ces deux termes sont en partie équivalents. Elle se heurte bien sûr à l'argument, mis en avant depuis longtemps par de nombreux auteurs [12], selon lequel la mise en avant de la dimension informationnelle de la plupart des activités humaines provoquerait un formidable processus de réduction de sens, car *l'information qu'il contient n'est jamais qu'une faible partie du sens global d'un événement, quel qu'il soit.*

### *L'éducation interactive*

Les discours tenus depuis la « révolution informatique » dans l'éducation des années 1970 jusqu'à aujourd'hui avec le fantasme de l'« e-école » illustrent bien la tentation de réduire le processus de la connaissance à un traitement de l'information, donc à un processus interactif d'accès au « savoir ».

La résistance de beaucoup de pédagogues aux nouvelles technologies de l'information et de la communication (NTIC) n'est sans doute pas due à une « résistance au changement », ni à un réflexe passéiste, mais à une volonté de dégagement par rapport aux effets de

---

9 Voir mon article « Généalogie de la société de la connaissance », *in Éducation et Société, Revue internationale de sociologie de l'éducation*, n° 15, INRP/De Boeck, Lyon/Bruxelles, janv. 2005, p. 45-57.

10 Norbert Wiener, *Cybernétique et Société*, 10-18, Paris, 1954, p. 19.

11 L'entropie étant d'ailleurs chez cet auteur curieusement assimilée au « diable », dans une perspective à peine métaphorique (sur la nouvelle religiosité du paradigme informationnel, voir mon ouvrage *Le Culte de l'Internet. Une menace pour le lien social ?*, La Découverte, Paris, 2000).

12 Voir, par exemple, pour l'un des premiers d'entre eux, Denis de Rougemont, « Information n'est pas savoir », *Diogène*, n° 116, NSP, 1981. Ce texte a été reproduit dans Alain Gras et Sophie Poirot-Delpech (sous la dir. de), *L'Imaginaire des techniques de pointe*, L'Harmattan, Paris, 1989.

mode et à un doute fondamental ancré dans l'expérience quotidienne de la complexité du savoir et de sa transmission. Beaucoup d'enseignants mettent en avant le fait que si le savoir était réductible à de l'information on n'aurait pas besoin d'eux pour le transmettre. Cette tentation a d'ailleurs été au cœur de l'utopie de l'EAO (enseignement assisté par ordinateur) qui dissimulait mal, dans les années 1970, le projet, souvent clairement affiché par certains ingénieurs, de construire un nouveau système d'enseignement... sans enseignant. La réduction de la connaissance à l'information a en effet une fâcheuse tendance à faire disparaître l'humain du dispositif.

Cette dérive informationnelle et interactive dans l'appréhension du statut des connaissances et du rôle de l'école renforce le décalage qui s'accroît entre les besoins de formation aux compétences démocratiques et la réalité des enseignements.

Il n'est pas question de contester la nécessité de renforcer les « compétences informationnelles » à l'école. Il y a de ce point de vue un retard trop important du système scolaire. Dans un monde où les nouvelles technologies de l'information et de la communication prennent une place très importante dans le fonctionnement des sociétés modernes, il est inconcevable que l'apprentissage de ces nouvelles formes de rationalité relève pour l'essentiel, comme c'est le cas aujourd'hui, de l'autodidactie.

Le problème réside plutôt dans le fait que l'on veut faire jouer à cette nouvelle variante de la raison instrumentale un rôle qui n'est pas le sien. Une société de l'information et de la connaissance n'est pas, par nature, une société démocratique [13]. Plus d'interactivité n'est pas l'équivalent mécanique de plus de démocratie. Les discours archéogauchistes consistant, comme on l'a vu, à faire croire que l'interactivité « redonne du pouvoir » à un individu devenu, par miracle, un « récepteur actif » qui ne serait plus soumis à aucune forme de domination, sont certes séducteurs, mais bien loin de tenir leurs promesses.

---

13 On pourra se reporter à ce sujet à l'analyse de Sébastien BROCA, doctorant, qui montre clairement l'opposition entre « Le projet démocratique et l'imaginaire d'Internet », titre de son mémoire de master 2 de philosophie, université Paris-I-Panthéon-Sorbonne, 2006.

## *L'interactivité produit-elle de la démocratie ?*

Trois arguments s'opposent en effet à l'idée qu'une société interactive serait une société démocratique. Nous avons déjà rencontré le premier et je ne voudrais pas trop insister sur ce point. L'interactivité met en jeu des compétences qui relèvent du paradigme informationnel et s'appuient donc sur les hiérarchies du savoir. Le principe hiérarchique n'est donc pas du tout absent des pratiques de l'interactivité.

### *L'échec des communautés utopiques*

Ce phénomène est très visible par exemple quand on regarde de près le fonctionnement des « communautés » d'informaticiens amateurs et professionnels, qui construisent « collectivement » des logiciels « libres » sur Internet [14]. Il s'agit, pour ces groupes qui travaillent en communiquant presque uniquement *via* Internet, de créer et de mettre au point des logiciels libres — jusqu'à un certain point — de droits d'auteur. L'interactivité est ici au service de la lutte contre la « société marchande » et de la promotion de la « liberté » dans le domaine des nouvelles technologies. Chacun peut librement apporter sa contribution à condition de nouer ce qu'il fait très étroitement avec ce que font les autres (les deux conditions de l'interactivité).

Derrière l'utopie égalitaire affichée avec de formidables bonnes intentions, le fonctionnement de ces groupes est en réalité fortement hiérarchisé. Comment en serait-il autrement ? Dans le domaine du savoir, celui qui sait plus est plus que celui qui sait moins. On peut donc s'interroger sur les effets pervers bien réels des pratiques qui consistent à nier cette réalité incontournable. On notera que ce fonctionnement est commun à tous les projets utopiques.

On pourrait faire la même observation au sujet d'entreprises *a priori* sympathiques, comme celles des encyclopédies en ligne écrites et réalisées par le public lui-même. L'idée est simple et généreuse, apparemment proche d'un idéal démocratique radical : retirons le pouvoir

---

14 Je remercie, pour m'avoir éclairé sur ces questions, Paul-Benoît Zingerlé, doctorant à l'université Marc-Bloch-Strasbourg 2, qui étudie ces communautés en mettant en évidence leur caractère « utopique » et certains points peu démocratiques.

de produire des connaissances aux spécialistes institutionnels (ceux qui conçoivent et rédigent l'*Encyclopædia Universalis*, par exemple) et donnons-le aux lecteurs, qui deviennent des « lecteurs actifs ».

Chacun peut donc enrichir lui-même ces encyclopédies d'un nouveau genre et ajouter des articles aux articles. Tout cela est interactif et convivial en même temps que cela redonne du pouvoir aux acteurs. Mais, derrière la vitrine, la conséquence pratique de cette formidable bonne intention est assez problématique. En l'absence de véritable validation des connaissances par des pairs compétents dans le domaine, la mauvaise qualité est potentiellement au rendez-vous. Comme l'affiche lui-même l'un de ces sites : « *Personne ne garantit la validité, l'exactitude, l'exhaustivité ou la pertinence des informations contenues dans Wikipédia* [15]. » On ne saurait mieux dire !

### *Une domination cachée*

Un deuxième argument s'oppose à l'idée selon laquelle l'interactivité produirait de la démocratie. Dans la pratique, l'interactivité engendre de la domination ou de la défection, rarement de la symétrie. C'est particulièrement vrai pour les communications médiatisées par ordinateur.

L'interactivité suppose une approche procédurale de la communication, où cette dernière devient une fin en soi. Il ne faut pas communiquer pour dire quelque chose, mais pour communiquer. L'aptitude à communiquer devient le vrai critère d'évaluation de la communication [16]. L'interactivité suppose donc et compte même pour compétence essentielle la maîtrise de ces procédures. C'est à cette compétence que forme par exemple l'apprentissage des jeux vidéos ou de la programmation informatique. La représentation du monde de la communication est celle d'un monde qu'il faut *maîtriser*.

Concrètement, il suffit d'observer un jeune homme qui vient de passer plusieurs heures dans le monde des procédures communicationnelles (un jeu vidéo ou une communication par messagerie par

---

15 fr.wikipedia.org/wiki/wikipédia:avertissements_généraux

16 Ces questions ont été bien mises en évidence par Lucien SFEZ, dans *Critique de la communication*, Seuil, Paris, 1988 (nouv. éd., 1990).

exemple) et qui replonge dans le monde réel. Il est décalé, irritable et ne comprend pas pourquoi il n'a pas la maîtrise de ce monde-là. Les autres, dans la vraie vie, n'obéissent pas au doigt et à l'œil ! Le monde des relations humaines est plus complexe et plus subtil à la fois. Là où, sur Internet, on peut faire défection d'un simple clic, avoir une autre personnalité que la sienne (ou du moins le croire), dans le monde réel il est difficile d'être quelqu'un d'autre que soi et la pratique de la défection est toujours coûteuse.

La violence n'est pas loin et même assez souvent au rendez-vous. C'est notamment l'une des raisons majeures pour lesquelles de nombreux spécialistes recommandent aux parents, non pas de priver leurs enfants de jeux vidéos, car ils constituent une source d'apprentissage utile, mais de limiter leur pratique : au-delà d'un certain seuil, ils produisent des compétences incompatibles avec une vie en société respectueuse d'autrui.

Le troisième argument qui fait de l'interactivité une vertu finalement fort peu démocratique est plus fondamental encore que les deux premiers. L'interactivité ruine ce que l'on pourrait appeler la « culture de l'intériorité ». Or, celle-ci est peut-être l'un des fondements méconnus de la démocratie. Ces affirmations méritent quelques explications.

## *Interactivité et intériorité*

Qu'est-ce que l'« intériorité » ? Il s'agit bien sûr d'une métaphore, il n'y a pas de lieu matériel correspondant dans l'homme. Mais cette métaphore rend compte puissamment d'un niveau de réalité qui nous échapperait autrement.

Si l'on admet la distinction entre conscience de soi et intériorité, il semble que la métaphore de l'intériorité soit d'apparition relativement récente dans l'histoire de l'humanité. Elle implique un changement profond, une rupture avec ce que Louis Dumont appelle la société « *holiste* », où l'individu ne se perçoit que comme membre d'un groupe, d'un collectif, d'un « tout », même s'il a, bien entendu, une conscience individuelle de cette appartenance [17].

---

17 Louis Dumont, *Essais sur l'individualisme*, *op. cit.*

L'intériorité, dans cette perspective, est cet espace intérieur personnel et privé au sein duquel je peux dialoguer, échanger, délibérer avec moi-même dans une étrange altérité subjective. L'existence même de cet espace, plus ou moins vaste selon les cultures et ce qu'en font les individus, est tributaire des normes sociales qui l'aménagent. Il s'agit d'un véritable espace privé auquel les autres n'ont pas accès, puisqu'ils n'ont pas accès à mes pensées, que je ne suis pas obligé d'ouvrir aux autres sauf dans les cas où ma conscience est violée par des procédés de manipulation ou de propagande totalitaires.

Nous ne cessons en fait, tant que nous sommes conscients, de passer d'une posture d'ouverture et de dialogue avec les autres à une posture de dialogue intérieur. Nous ne sommes pas toujours des êtres sociaux, nous nous échappons du social, y compris dans le cours d'une conversation, en nous repliant dans notre « for intérieur ».

Cette possibilité est particulièrement évidente, et prégnante, pour l'homme moderne, celui de la civilisation individualiste, qui valorise cet usage de l'intériorité comme aucune autre société ne l'a jamais fait.

### *Une opposition profonde*

Or, cette notion est pointée du doigt comme archaïque au regard de l'idéal de l'interactivité. Dans un précédent ouvrage, j'ai décrit l'homme de la communication, l'*Homo communicans*, comme un « *homme sans intérieur* ». L'interactivité suppose en effet, pour se déployer entièrement, l'oubli de ce passage « *inutile* » par l'espace intérieur des personnes qui sont en relation et, *in fine*, la suppression de cette instance.

Aux deux caractéristiques de l'interactivité qui ont été repérées jusqu'à présent, la possibilité de prendre la parole n'importe quand et la nécessité de s'inscrire dans ce que dit l'autre et de prendre sa suite, il faut en ajouter une troisième, qui était présente en filigrane : la valorisation de la vitesse. Il faut faire vite. Pas de temps mort. L'interactivité doit purger tout silence et tout « temps mort » de la communication.

La vitesse est aussi au cœur des nouvelles technologies de communication, dont la promesse est de pouvoir faire encore plus vite, jusqu'à ce point ultime, l'instantanéité, le « temps réel », caractéristique essentielle de l'interactivité [18]. Or, si la temporalité de l'interaction peut tendre vers la vitesse maximale, la temporalité de l'intériorité et du dialogue intérieur relève d'une scansion propre, toujours différente, avec des phases d'accélération et des moments de stase nécessaire.

Il est certes plus rapide de répondre que de penser à ce que l'on va répondre. Mais Napoléon, qui répondait toujours instantanément quel que soit le problème posé, avait un jour dit, dans un accent de modestie ambiguë : « *Tout le monde croit que je pense vite, quelle erreur, j'ai toujours pensé avant !* »

La notion d'interactivité sert à désigner en fait un ensemble de pratiques que leurs auteurs appelleraient « collectivistes » s'ils n'avaient pas peur des connotations négatives acquises par ce mot depuis les dérives du communisme [19]. L'interactivité permet la « continuité communicationnelle » et situe chaque acte non plus en référence à une alternance de regard intérieur et de confrontation sociale, mais bien comme pris dans un entremêlement permanent où le collectif ne laisse plus aucun interstice à l'individu.

C'est bien la notion moderne d'individu et son corollaire, l'intériorité, qui sont directement visés. Le mécanisme technique qui se loge derrière ce thème est une notion bien connue des spécialistes de l'information : le *feed-back*, la « *rétroaction* » mise en évidence sur le plan théorique par Wiener. La parole humaine, l'activité humaine en général seront ainsi redéfinies comme une « *réaction à une réaction* », selon le mot du cybernéticien Gregory Bateson, ou, selon celui de Pierre Lévy, « *le sismographe ultrasensible d'une société de sismographes qui s'entrecaptent* [20] ». Ce dernier ajoute même que « *l'illusion du moi est un "truc" de la sélection naturelle, fort utile à la reproduction de notre espèce*

---

18 Au moment même où j'écris ces lignes, je reçois un message d'une étudiante que je ne connais pas, de l'autre bout de la France, qui, comme c'est fréquemment le cas, me demande des précisions sur tel passage d'un de mes livres (à l'évidence pour préparer un exposé). Sans s'embarrasser de formules de politesse, celle-ci conclut son message par un impératif : « *Merci de me répondre dans les plus brefs délais.* » L'interactivité est bien une conception procédurale de la communication… au risque de la violence et de l'inefficacité !

19 Terme que Teilhard de Chardin, dans une pensée proche de la cybernétique, n'hésitait pas à employer. Ce dernier n'était pas loin d'Internet lorsqu'il imaginait dans les années 1950 une « *noosphère* », « *machine à penser immense* » où la personnalité ne vivrait pas isolée, mais formerait un « *super-organisme* ». Le grand mystique ajoutait : « *La collectivisation se tisse peu à peu, elle est irrésistible parce qu'elle exprime l'aspiration humaine vers plus de conscience* » (cité dans George Magloire et Hubert Cuypers, *Teilhard de Chardin*, Éditions universitaires, Paris, 1964). On notera que de tels propos ont été condamnés par le Vatican.

20 Pierre Lévy, *World Philosophie*, Odile Jacob, Paris, 2000, p. 46.

*dans son environnement préhistorique, mais qui a perdu maintenant une partie de son utilité*[21] ».

Il ne serait pas trop difficile, en revenant aux textes fondateurs, de montrer que la cybernétique, la postmodernité et toute l'idéologie de l'interactivité sont peut-être, dès l'origine, une machine de guerre intellectuelle contre l'idée d'intériorité, car *celle-ci échappe en partie à la raison instrumentale.* En somme, puisque cela nous échappe, c'est que cela n'existe pas ! Les sciences humaines qui se laisseront influencer par ce courant de pensée poseront comme postulat l'inexistence du « sujet » et la nécessité de sa disparition théorique[22].

### *L'antagonisme avec la démocratie*

En quoi l'idéologie de l'interactivité est-elle antagoniste avec le principe et surtout les pratiques démocratiques ? Il faut maintenant assembler toutes les pièces du puzzle. L'idée est ici que non seulement l'intériorité est née avec la démocratie, mais qu'elle lui est consubstantielle. J'irai même plus loin. Sans l'existence et la possibilité du dialogue intérieur, la pratique démocratique est-elle possible ?

Ce n'est pas le lieu ici, malgré le caractère passionnant de cette question, de faire l'historique de la métaphore de l'intériorité. On attribue très souvent à saint Augustin la paternité d'une métaphore devenue active dans la culture occidentale *via* le christianisme. Sa fameuse formule, « *Ne t'en va pas au-dehors, retourne en toi-même, la vérité habite en l'homme intérieur* » est une réponse à sa propre question : « *Où réside Dieu*[23] ? »

Mais on ne saurait oublier que Marc Aurèle, deux siècles plus tôt, construit pratiquement sous nos yeux la métaphore de l'intériorité. Celle-ci a une autre finalité : pour trouver le bonheur, « *creuse en toi* », nous dit le philosophe stoïcien. « *On se cherche des retraites à la campagne, sur les plages, dans les montagnes. Et toi-même tu as coutume de désirer ardemment ces lieux d'isolement. Mais tout cela est de la plus*

21 *Ibid.*, p. 201.

22 Voir à ce sujet le livre de Céline LAFONTAINE, *L'Empire cybernétique. Des machines à penser à la pensée machine*, Seuil, Paris, 2004.

23 SAINT AUGUSTIN, *Les Confessions* (éd. de Joseph Trabucco), Flammarion, Paris, 1964.

*vulgaire opinion, puisque tu peux, à l'heure où tu veux, te retirer en toi-même... Accorde-toi donc sans cesse cette retraite*[24]. »

### *L'intériorité comme compétence démocratique*

Le monde grec connaît aussi cette voix intérieure, celle qui guide Socrate à son procès et lui recommande de se laisser condamner à mort. Peut-être faut-il rechercher, c'est en tout cas là mon hypothèse, l'une des origines de cette métaphore de l'intériorité dans l'immense développement technique et culturel que connaît l'« art de la mémoire », précisément dans le cadre de l'invention démocratique.

Comme tout orateur doit parler, dans les assemblées, sans jamais lire un texte ou même des notes, et qu'en plus ces discours publics sont longs et structurés, il doit faire appel à l'art de la mémoire. Celui-ci est une partie essentielle de l'enseignement de la rhétorique, comme nous le signalent Cicéron ou encore Quintilien dans leurs manuels d'art oratoire. L'art de la mémoire dans l'Antiquité, nous dit la chercheuse anglaise Frances Yates, est un « *continent disparu* », dont nous ne soupçonnons pas l'ampleur[25]. Augustin lui-même, avant sa conversion, était professeur de rhétorique et n'ignorait rien du déploiement intense de ces vastes espaces intérieurs, qui n'avaient pas que des fins fonctionnelles. Yates nous met en garde en effet contre une réduction des pratiques de la « mémoire artificielle » à de simples mnémotechniques.

Au-delà du savoir-faire technique que la mémorisation intérieure implique, je serais tenté d'y voir là une compétence essentielle à la démocratie, au sens fort qu'il faut donner à ce terme. Cette compétence disparaîtra d'ailleurs avec le retour de la dictature impériale à Rome, qui s'appuiera sur la mémorisation extérieure, c'est-à-dire l'écrit, plus facile à contrôler.

Le développement de cette compétence spécifique dans l'histoire des sociétés occidentales suit la ligne de développement et aussi les périodes de retrait de la rhétorique. Elle suit aussi la ligne de développement de

---

24 Marc Aurèle, *Pensées pour moi-même* (éd. de Mario Meunier), Flammarion, Paris, 1964, livre IV, III, p. 65.

25 Frances Yates, *L'Art de la mémoire* (trad. de l'anglais par Daniel Arasse), Gallimard, Paris, 1975.

l'individualisme, comme idéologie et surtout comme pratique. La possibilité d'une intériorité forte est liée d'au moins deux manières aux compétences démocratiques.

## *L'importance de l'espace privé*

Dans un premier temps, il faut insister sur le fait que la démocratie s'accompagne toujours de la formation d'un espace privé, qui est le premier lieu de déploiement de la liberté individuelle. Cela implique donc une société qui pose des barrières entre un espace public et un espace privé, en même temps qu'elle fait exister ces deux territoires.

Cette disposition est nécessaire à la liberté de parole. On se représente habituellement l'espace privé comme le lieu de la famille, ou celui des comportements individuels qui ne se déroulent pas en public. Il renvoie au droit à l'intimité. Mais ces lieux ne sont que partiellement des espaces privés, puisque la loi commune s'exerce aussi sur eux (on ne peut pas faire ce que l'on veut au sein de la famille).

En fait, la notion d'espace privé se conçoit, en démocratie, à partir de ce noyau fondamental qu'est l'intériorité. Ce lieu-là est le seul qui soit véritablement et irréductiblement privé. La liberté de parole est d'abord la liberté de la parole intérieure. Toute autre conception renvoie à une vision très archaïque de la communauté, qui tend à collectiviser tous les propos. Mary Douglas souligne combien « *le monde archaïque est marqué par la confusion de l'intérieur et de l'extérieur, de la chose et de la personne, de soi et de l'environnement, du signe et de l'instrument, de la parole et des actes* [26] ».

La distinction public/privé relève ainsi d'un processus de différenciation sociale. Les grands régimes dictatoriaux du XX^e^ siècle, le nazisme en tête, ont tenté de limiter cet espace privé qu'est l'intériorité. Les techniques de propagande et de manipulation ne sont rien d'autre que des techniques de pénétration par l'autorité publique de l'espace de l'intériorité, pour y contrôler la parole à sa racine.

L'interactivité, c'est l'impossibilité d'établir entre moi et l'autre, dans l'action ou la parole, une zone-tampon qui m'empêche d'être un

26 Mary Douglas, *De la souillure, op. cit.*

pur réacteur, soumis à toutes les manipulations possibles comme au désir de vengeance.

Il n'est pas anodin que la notion d'intériorité, si clairement développée chez les penseurs stoïciens, l'ait été durant la période impériale. Cet espace, qui s'était déployé sous la démocratie grecque puis la république romaine, vient ici servir de protection de l'individu contre une emprise de l'État qui se fait trop forte. Voilà au fond le génie que la démocratie libère et que les régimes totalitaires ont le plus grand mal à faire revenir dans la bouteille.

L'intériorité est également liée à l'intimité, qui est un autre versant de l'espace privé. Jean-Claude Guillebaud voit dans « *la disparition radicale de l'intimité, en qui certains voient une libération... la perte d'un acquis démocratique*[27] ». Ce n'est pas le seul auteur à pointer les ravages que risque de provoquer la « *sacralisation de la transparence* ». Lorsqu'elles sont poussées à l'extrême, les pratiques de l'interactivité impliquent une transparence des dispositifs de parole et des opinions qui y circulent. Ce n'est pas pour rien que la démocratie a instauré le secret du vote et, d'une façon plus générale, la non-obligation de faire connaître ses propres opinions ou encore les raisons pour lesquelles on y adhère. Dans l'idéologie qui domine aujourd'hui, si quelqu'un ne dit pas ce qu'on lui demande, c'est qu'il a « quelque chose à cacher ». Le secret est assimilé à la dissimulation, qui elle-même relèverait d'une intention mauvaise.

Il faut insister sur le fait que la démocratie implique bien qu'il y ait deux espaces, celui de la privatisation et celui de la publicisation, et que ceux-ci doivent être relativement étanches. L'exercice de la liberté individuelle implique donc la garantie que l'opinion de chacun ait un lieu propre pour se former, se déployer, sans subir la pression du social ni la tyrannie de nouvelles technologies qui ne voient en chaque personne que le terminal singulier d'une « intelligence collective ».

### *Un lieu de formation des opinions*

À ce cadre général s'ajoute un second lien avec les compétences démocratiques. L'intériorité est le lieu privilégié de formation des

27 Jean-Claude Guillebaud, *Le Goût de l'avenir*, Seuil, Paris, 2003, p. 160.

opinions. Nous avons vu l'importance de l'opinion en démocratie. Comment se forme-t-elle ? Est-elle condamnée à n'être qu'un lieu commun ou une pensée commune ? Quoiqu'elle ait vocation à avoir un destin collectif, à être partagée, l'opinion est d'abord une connaissance spécifique qui se forme, se modèle, se produit, se réfléchit au sein d'un espace personnel propre.

L'existence d'une vaste sphère intérieure, *dégagée de toute contrainte d'interactivité,* est sans doute une condition *sine qua non* du mécanisme de formation des opinions si caractéristique de la démocratie. Comment en effet décide-t-on, lorsque l'on décide de le faire en conscience, d'adhérer à une opinion donnée ? Ne pratique-t-on pas l'équivalent d'une délibération et d'un « vote » intérieurs ?

J'ai souvent observé la prise de conscience de ce phénomène parmi les participants aux « débats argumentés », notamment lorsqu'une personne est conduite, du fait du tirage au sort, à devoir défendre une opinion qui n'est pas la sienne. On se souvient de l'extrême difficulté de cet exercice pour beaucoup. La personne est amenée à peser le « pour » et le « contre ». Elle se rend compte à cette occasion que l'on peut être, par exemple, « beaucoup en faveur » d'une opinion donnée, mais aussi, et simultanément, « un peu contre ». Le choix que l'on fait est celui d'une majorité d'arguments qui sont « en faveur ». L'opinion n'est pas une vérité, qui, elle, appelle le consensus et l'unanimité. On *élit* toujours une opinion, et d'abord en son for intérieur. Une intériorité étiolée ne peut correspondre qu'à une réduction des possibilités de formation des opinions.

Comme nous l'avons vu, l'apologie de la transparence, d'un modèle réactif de lien social, des technologies de la communication indirecte, de l'interactivité tend à remettre en cause la culture de l'intériorité. Dans la mesure où celle-ci constitue l'un des fondements de la démocratie, on voit bien qu'une contradiction s'ajoute ici à celles qui ont déjà été pointées.

L'apparence de modernité des principes en œuvre et la réelle nouveauté que constituent les nouvelles technologies de la communication risquent de transformer cette contradiction en véritable obstacle sur le chemin déjà difficile de la démocratie.

# 13

## *Les effets de la dissonance entre valeurs et pratiques*

Le tableau d'ensemble que je viens de brosser tendrait à valider l'intuition qui est au départ de ce travail. Le malaise dans la démocratie que connaissent la plupart des pays occidentaux ne tient pas à un problème de valeurs ou d'institutions, mais bien à un déficit de compétences démocratiques, c'est-à-dire de capacité à mettre en œuvre, concrètement, la démocratie.

Les causes de ce déficit, nous l'avons vu, sont profondes. Elles tiennent autant à la persistance des archaïsmes qu'aux chemins de traverse qu'ouvre la postmodernité. L'école remplit peu le rôle qu'elle devrait jouer dans cette perspective et les nouvelles technologies de la communication nous éloignent, plutôt qu'elles ne nous rapprochent, du but.

Une dernière question reste ouverte : est-ce si grave ? Ce décalage, cette *dissonance* entre valeurs et pratiques ne sont-ils pas au fond un phénomène normal, salutaire même, sous un certain angle ? Considérer l'idéal démocratique comme appelé à se déployer universellement est une utopie dangereuse. Ce n'est pas sa vocation, ni même sa nature.

Pourquoi ne pas considérer que nous sommes dans une montée historique et que la démocratie en Occident n'a que deux siècles, ce qui est peu au regard de la longue durée que les événements de cette nature nécessitent habituellement ? « *Rome*, comme dit l'ancien proverbe, *ne s'est pas faite en un jour.* »

Ces arguments doivent évidemment être entendus. Comme tous les désirs, le désir de démocratie risquerait de voir son élan compromis par trop de presse. Mais, même en acceptant toutes ces réserves, on pourra trouver que la dissonance est aujourd'hui trop forte et, surtout, *qu'elle ne tend pas à décroître.* Si nous étions en effet sur une pente dont la montée était visible et mesurable, si des progrès, même modestes, étaient au rendez-vous, nous pourrions calmer notre impatience. Mais cela ne semble, hélas, pas être le cas. C'est plutôt l'inverse qui se produit.

Je voudrais, dans ce chapitre, explorer certains effets de cette dissonance. Ne provoquerait-elle pas une remontée de la violence sous toutes ses formes ? N'encourage-t-elle pas la défection et le retrait du citoyen de la vie politique ?

## *Des sociétés de la dissonance*

Ce qui caractérisera peut-être le mieux l'époque que nous vivons, aux yeux des historiens qui en rendront compte dans le futur, est l'affaissement de ce que l'on pourrait appeler, faute de mieux, le « principe de cohérence ».

Les sociétés traditionnelles étaient particulièrement soucieuses d'unité, de totalité. L'idée que l'on puisse avoir des pensées contradictoires entre elles ou que des actes soient en désaccord avec des principes leur était probablement étrangère.

Les sociétés fortement hiérarchisées étaient attachées elles aussi à une certaine cohérence, garantie notamment par la permanence de l'autorité et du pouvoir. De ce point de vue, la rupture est essentielle avec le monde moderne.

La pluralité des opinions et leur découplage vis-à-vis de systèmes de pensée monolithiques et transcendants, la liberté des actions et leur moindre ancrage dans des systèmes normatifs ont en partie liquidé ce principe de cohérence. On peut aujourd'hui faire ce avec quoi on est en désaccord, ou disposer en soi de valeurs et de croyances qui sont antagonistes, sans risquer un jugement trop dur de la part d'autrui, lui-même pris dans un tel jeu.

La névrose, état de souffrance lié à d'insolubles conflits internes, serait, nous dit-on, en voie de disparition. Elle serait remplacée par la dépression, comme « panne de projet », ou par la psychose, qui éloigne du réel.

Mais d'autres problèmes surgissent. L'affaissement du principe de cohérence a ouvert l'époque de la dissonance. Dissonance *cognitive,* quand les différentes valeurs auxquelles une personne adhère sont contradictoires entre elles dans son esprit, mais aussi dissonance *pragmatique,* quand ses valeurs sont en désaccord avec ses actes.

La dissonance a du bon. Elle accompagne la liberté, valeur essentielle aux yeux des contemporains. Elle est aussi un facteur essentiel de créativité, en libérant l'esprit de la pensée dogmatique. Elle seule nous permet d'évoluer avec souplesse dans un monde qui n'a jamais été aussi hétérogène et différencié. La question est de savoir jusqu'où la dissonance est un facteur de cohésion et à partir de quand elle comporte les germes d'une dissolution du lien social comme de l'identité individuelle.

Cette question sert de toile de fond à ce livre, qui explore un cas particulier, mais peut-être central, de ce problème général, la dissonance, à mon sens fortement problématique, entre le fort attachement aux *valeurs* démocratiques dans les sociétés modernes et la faible prévalence des *pratiques* démocratiques, à tous les niveaux de la société. La dissonance ici prend donc la forme d'un « on voudrait bien faire, mais on ne sait pas comment faire ».

Cette dissonance pragmatique se double d'une dissonance cognitive, car le fort attachement aux valeurs démocratiques n'exclut pas la présence contradictoire d'autres valeurs, comme l'attachement au principe hiérarchique, qu'en d'autres temps, plus malheureux, on appelait le « principe du chef », ou encore au principe totalisant, qui soude les communautés dans un consensus monolithique et souvent identitaire.

Bien sûr, l'homme pense toujours devant ; il n'est pas, par nature, et ainsi que le sont les animaux, un « être-dans-le-monde ». L'humain, toujours un peu en décalage avec le réel, a besoin de projets, d'avenirs, d'utopies. Mais le défaut presque systématique d'actualisation des idéaux qui caractérise notre époque est sans précédent dans l'histoire. Les promesses non tenues s'accumulent. L'utopie démocratique en est une. Notre siècle s'installe dans l'attente, à peine tempérée par les succédanés technologiques qui tiennent lieu pour l'instant d'avenir. Le monde politique n'est pas le seul exemple de cette *dissonance* majeure qui fait que, pour tout ce qui concerne la démocratie, nous pensons dans un monde et vivons dans un autre.

De ce point de vue, le décalage systématique, que chacun peut constater, entre les paroles et les actes, entre les idéaux et la réalité, entre le virtuel et le réel, cesserait-il d'être un facteur de liberté et de créativité, pour se muer précisément en son contraire, la violence dans l'action et la paralysie de la pensée ?

### *L'inversion d'un espoir*

Les immenses espoirs de démocratisation que les années 1960 avaient fait se lever partout, en Occident comme ailleurs, dans les pays dits « socialistes » notamment, ont rapidement tourné en une débâcle générale, dont le caractère tragique est maintenant clairement visible. L'attirance croissante pour les différents mouvements d'extrême droite en Europe en constitue un symptôme majeur. Le désir de démocratie est aujourd'hui progressivement obéré par cette ombre, ce « cœur noir » qui s'installe durablement.

L'inégalité économique a bien sûr considérablement renforcé ce phénomène. Mais est-elle la cause du phénomène, ou bien sa conséquence ? N'est-ce pas plutôt le déficit démocratique qui a permis le déploiement sans frein des espaces marchands, qui portent la défection et l'individualisme plutôt que la prise de parole ?

La façon dont les nouvelles technologies se sont développées, notamment depuis les années 1990, a aussi largement accompagné le phénomène. Mais aurions-nous cru seulement un instant que des machines allaient apporter la démocratie si nous n'avions pas été tellement en doute sur ce que les hommes pouvaient faire de ce point de vue ?

L'impasse d'un système scolaire et universitaire dont tout le monde s'accorde à constater l'inadaptation presque totale aux réalités de l'époque n'est pas pour rien, nous l'avons vu, dans l'*inversion* d'un processus de démocratisation. Car, à mon sens, c'est bien d'inversion qu'il s'agit.

Cette inversion engendre deux des problèmes majeurs que notre société rencontre aujourd'hui. Le premier est la remontée de la violence sous toutes ses formes, y compris politique. Or, le refus de la violence est l'origine probable de l'intuition d'une parole démocratique. Le second est le développement des pratiques d'évitement et de défection sociale, qui conduisent au repli individualiste et au rêve compensateur d'une humanité qui n'aurait plus besoin de société, d'individus qui n'auraient plus que des droits et seraient dispensés de leurs devoirs.

Je voudrais explorer dans ce chapitre l'hypothèse selon laquelle ces deux problèmes sont directement liés, voire provoqués par le déficit de compétences démocratiques et la dissonance qui en découle entre valeurs et pratiques.

### *La question du conflit*

Le lien entre incompétences démocratiques et remontée de la violence tient sans doute pour l'essentiel dans l'effondrement de la promesse démocratique du point de vue de la fonction sociale du conflit. Dans le prolongement de ce qui a été dit, dans les tout premiers chapitres, sur la nature de la démocratie, on peut insister sur le fait que ce régime politique original s'est construit dans la pratique comme *une nouvelle manière d'aborder le conflit.*

D'autres cultures tenteront d'éviter le conflit partout où c'est possible, notamment en Asie. Le bouddhisme jouera un rôle essentiel dans une conception du monde qui rejette elle aussi la violence dont le conflit peut être porteur. Loin de voir dans le conflit un facteur de socialisation, plusieurs sociétés asiatiques tenteront de l'exclure, en tout cas comme donnée existentielle, notamment grâce à des comportements d'évitement sociaux très ritualisés ou par exemple les pratiques de la méditation. Au Japon, vouloir *argumenter* est, dit-on, une grave insulte.

L'invention démocratique tient dans la croyance fondamentale que l'on peut dissocier le conflit de la violence dont il est potentiellement porteur et s'éloigner ainsi de la figure de l'ennemi. L'usage nouveau de la parole qu'inaugure le monde athénien s'ancre dans le refus de cette violence et dans l'affirmation pratique que l'on peut *s'opposer sans se battre*. On voit bien la différence avec les sociétés où l'on choisit, pour ne plus se battre, de ne plus s'opposer.

Le nouveau statut de la parole est celui, comme j'ai déjà eu l'occasion de le dire [1], d'une instance qui permet *d'exercer une force sans engendrer de domination*. Les sociétés démocratiques sont donc des sociétés conflictuelles mais pacifiées. On y encourage la différence d'opinion, de point de vue, d'intérêt. On s'y méfie de l'unanimisme, sauf sur certaines questions soigneusement choisies, en général d'ordre symbolique, concernant précisément les fondements mêmes du régime.

Le conflit d'opinion pacifié est l'un des ressorts essentiels de la dynamique sociale. Ce que l'on appelle la politique n'est rien d'autre que l'institutionnalisation de cette réalité [2].

## *Un régime polémologique*

Ce nouvel état des sociétés libère donc les potentialités du conflit en dissociant son expression de la violence dont il est porteur. Cela maximise les gains en permettant un développement économique et social sans précédent, grâce en partie à la libération des énergies individuelles et au meilleur partage des biens. Mais cela maximise aussi les risques. Exacerber les différences, en rendre chacun comptable, s'opposer en permanence sur tout, exalter l'opposition et l'esprit critique ne peuvent se faire que si de solides garde-fous sont en place, pour éviter que le conflit, porté ici à son point d'incandescence, ne dégénère et ne se réassocie avec la violence.

---

1 Notamment dans *Éloge de la parole, op. cit.*

2 Cette conception de la politique est évidemment à l'opposé d'une certaine polémologie, comme celle du juriste officiel du régime nazi, Carl Schmitt, ou de Julien Freund, qui introduisit ses thèses en France et fut en outre membre du GRECE (Groupement de recherche et d'études pour la civilisation européenne), officine « intellectuelle » de l'extrême droite. Ces derniers voient dans la figure de l'ennemi le fondement nécessaire de l'essence du politique. Voir à ce sujet les deux articles d'Alain Bihr, « Julien Freund : de la résistance à la collaboration », *Histoire et Anthropologie*, n° 7, Strasbourg, avril 1994, et « Pour en finir avec Julien Freund », *Histoire et Anthropologie*, n° 8, Strasbourg, juill.-sept. 1994.

Ce phénomène est peut-être en rapport avec ce constat qu'il faudrait mieux assurer mais qui constitue une piste intéressante à suivre : les sociétés guerrières font sans doute, une fois leur conversion réussie, de très bonnes sociétés démocratiques [3]. Les habitants de la Grèce d'avant la démocratie ne sont pas des enfants de chœur mais des guerriers cruels, membres de familles et de tribus promptes à recourir à la vengeance privée. C'est à cette aune, bien décrite encore une fois dans la tragédie antique (avec notamment l'histoire de la famille des Atrides), qu'il faut mesurer le chemin franchi et peut-être aussi le désir concret de maintenir une conflictualité sous la forme originale de l'affrontement politique pacifié.

Le même constat pourrait être fait à propos de la société qui a probablement le plus semé la terreur au Moyen Âge dans certaines zones côtières d'Europe de l'Ouest, les Vikings. Les descendants de ces guerriers ivres de sang, dont les premiers rangs étaient formés par les *berserkers*, véritables tueurs en série qui provoquaient la panique rien qu'à l'énoncé de leur nom, sont devenus l'un des peuples les plus démocratiques et les plus pacifiques de la planète.

### *L'encadrement des mœurs violentes*

Les démocraties, bien plus que tous les autres régimes, ont besoin d'un processus de strict encadrement des mœurs violentes, d'autant plus qu'elles ont mis le conflit au centre de leurs dispositifs sociaux. C'est ce qui fera défaut à Athènes et conduira à la ruine rapide des institutions et des pratiques de la démocratie.

Les sociétés démocratiques modernes ont cependant bien réussi, dans les faits, à dissocier la violence du conflit, à pacifier leurs mœurs civiles, et parfois même leurs mœurs militaires. L'histoire du XIXe siècle européen fournit un bon exemple de cette évolution. La conquête coloniale sera conçue dans cet esprit, même si elle conjugue de façon contradictoire la rapacité économique et le désir, bien réel sur certains plans, d'apporter les mœurs de la démocratie à des peuples qui en étaient parfois fort éloignés.

---

3 Cette idée m'a été suggérée par François-Bernard Huygue, lors du colloque « Héritage et actualité de la polémologie » qui s'est tenu à Strasbourg le 2 juin 2006.

L'aventure coloniale est au fond une bonne illustration de cette dissonance entre valeurs affichées et pratiques réelles. De nombreux « indigènes », en Indochine ou en Afrique du Nord, ont cru et adhéré aux valeurs qui leur étaient ainsi proposées. Ceux-là mêmes qui vivront comme une intense frustration leur non-application dans la pratique. Ils fourniront le plus souvent les cadres les plus actifs de la rébellion et du mouvement de lutte contre le colonialisme.

L'incompétence démocratique des « indigènes », souvent entretenue par la fraction la plus rapace ou la plus raciste des colonisateurs, sera un immense facteur de violence, comme on l'a vu notamment en Algérie, exemple le plus représentatif des effets violents de cette dissonance, avec des conséquences sans doute encore actuelles.

Malgré cela, les deux siècles de démocratie qui viennent de s'écouler dans un certain nombre de pays européens furent probablement les moins violents que le monde ait jamais connus, du point de vue des délits et de la criminalité civils aussi bien que du point de vue du nombre de victimes liées aux conflits militaires. Encore faudrait-il déduire de ce dernier décompte les victimes provoquées par les dirigeants de pays non démocratiques, comme l'Allemagne nazie, l'Italie fasciste ou l'Espagne franquiste [4].

Une attention particulière doit donc être portée à cette équation fragile que constituent le maintien et l'exacerbation du conflit, sous une forme pacifiée, et les garde-fous que l'on met en place pour garantir cette pacification. Si ces derniers viennent à manquer, un déséquilibre majeur risque de s'installer et de menacer les fondements mêmes du régime. Or, les pratiques démocratiques, la mise en œuvre des compétences spécifiques qui sont décrites dans ce livre, sont un élément essentiel de ces garde-fous. Le déficit de ces compétences est donc potentiellement un facteur de remontée de la violence.

---

4 La thèse de la moindre léthalité des guerres et des conflits contemporains (en proportion bien sûr de la taille des populations concernées) est solidement argumentée par Lawrence KEELEY (*Les Guerres préhistoriques*, *op. cit.*). Celui-ci soutient par exemple, en parlant des 100 millions de morts dus aux différentes guerres du XXe siècle, que, « *bien qu'épouvantable, ce chiffre est vingt fois inférieur aux pertes qu'aurait subies la population du monde, si ce dernier était toujours organisé en bandes, tribus et chefferies. Une société tribale type perdait chaque année environ 5 % de sa population au combat. Appliqué aux populations du XXe siècle, ce taux aurait impliqué plus de 2 milliards de morts par faits de guerre depuis 1900* » (p. 148).

## *Que devient le processus de civilisation ?*

Comment la dépression permanente des pratiques démocratiques ne provoquerait-elle pas une lassitude ? Et comment cette lassitude ne donnerait-elle pas le goût pour d'autres manières de faire ? Être exposé à une dissonance, quelle qu'en soit la nature, donne la plupart du temps envie d'être ailleurs. On ne supporte pas longtemps par exemple une musique dissonante. Elle peut même constituer le support d'une forme de torture. Lorsque l'on ne peut pas y échapper, le sentiment que l'on éprouve est celui d'une frustration mais aussi d'une violence subie, ou que l'on a envie de faire subir.

### *Une remontée de la violence ?*

L'hypothèse que je fais ici est celle d'une remontée générale du niveau de violence dans toutes les démocraties. Parler de remontée suppose un état préalable où le niveau de violence était moindre. Il n'est pas question ici d'idéaliser le passé, même récent. Le schéma chronologique serait plutôt le suivant.

Comme nous avons commencé à le voir au chapitre 3, dès la sortie du Moyen Âge s'est mis en place, un peu partout en Occident, un processus que le sociologue allemand Norbert Elias appelle le « *processus de civilisation des mœurs* ». Celui-ci s'est accéléré au XXe siècle, notamment après la Grande Guerre. Il a subi une rechute importante au milieu du siècle, en lien avec la montée du nazisme et de la violence politique. Mais, dans ces derniers cas, cela ne concerne pas la démocratie.

Il a repris dans les années 1950, où la pacification des mœurs a connu une extension considérable. Puis ce processus a commencé à s'inverser. Il est difficile de fixer une date mais la période du début ou du milieu des années 1990 pourrait être une bonne candidate pour marquer ce tournant.

Il n'est pas inintéressant de revenir sur les grandes étapes et sur le fonctionnement de ce processus de transformation des mœurs. Il semble que l'on puisse établir une correspondance très étroite entre, d'une part, les progrès de l'idée démocratique, la mise en place des institutions correspondantes, notamment dans le domaine de la justice, et, d'autre part, la pacification des mœurs.

### *Le processus de civilisation des mœurs*

Pour Norbert Elias, un processus de pacification se met en marche à la fin du Moyen Âge, autour d'une valeur — et de pratiques nouvelles —, la « *civilité* », qui « *servira bientôt à la société européenne de notion centrale pour se définir elle-même* » [5].

Le terme prend son sens entre 1525 et 1550, notamment à partir du traité pédagogique publié pour la première fois en 1530 par Érasme de Rotterdam : *De civilitate morum puerilium.* Rien de révolutionnaire en apparence, sauf qu'il s'agit de l'instauration progressive — et avec succès jusqu'à nos jours — d'un processus de contrôle des émotions, qui va se traduire par la valorisation de toutes sortes de comportements de « séparation sociale ». Nous retrouvons là les prolégomènes de la mise en place des comportements d'objectivation qui sont une compétence démocratique fondamentale.

Comme le dit Elias dans une métaphore très évocatrice, destinée à montrer la différence radicale qui se met en place entre le monde ancien, féodal et « courtois » et le monde nouveau : « *Ce qui faisait défaut dans ce monde "courtois" ou ce qui n'existait pas dans la même mesure qu'aujourd'hui, c'était ce mur invisible de réactions affectives se dressant entre les corps, les repoussant et les isolant* [6]. »

### *La violence, un enjeu majeur*

Ne voir dans le processus décrit par Elias que la simple mise en place de règles de civilité et de politesse (ne pas manger avec les doigts, ne pas péter en public, ne pas cracher sur la table, ne pas dormir en commun, à l'exception du couple conjugal, cacher sa nudité) passerait totalement à côté de ce qui fait l'essentiel de sa thèse, à savoir que ce

5 Norbert ELIAS, *La Civilisation des mœurs, op. cit.*, p. 92.

6 *Ibid.*, p. 117.

processus de civilisation a pour conséquence essentielle *le recul systématique et général de la violence sociale.*

Il permet de sortir d'une société où « *les débordements de la cruauté n'entraînaient aucun ostracisme social. Ils n'étaient pas considérés comme socialement dégradants. On prenait plaisir à torturer et à tuer et ce plaisir passait pour légitime. Les structures sociales poussaient même jusqu'à un certain degré à agir ainsi et donnaient à ces comportements une apparence de rationalité*[7] ».

Insultes, agressions, meurtres, vengeances privées, guerres de jeunes entre villages, guerres civiles et guerres tout court sont le lot d'une société qui n'arrive pas, ou ne cherche pas, à maîtriser les pulsions violentes de ses membres, qui s'expriment du haut jusqu'au bas de l'échelle sociale. Cette violence, à laquelle personne n'échappe, s'inscrit dans une économie globale des pulsions et des émotions qui leur procurent une extraordinaire amplitude, que nous avons bien du mal à imaginer aujourd'hui.

### *Une société cruelle*

L'historien français Robert Muchembled a particulièrement bien décrit la réalité des violences quotidiennes auxquelles toute la société est soumise, notamment dans la France des XVe et XVIe siècles. Il dépeint « *une société peu policée, productrice d'hommes violents, prompts à satisfaire leurs pulsions et leurs appétits*[8] ». La situation est la même pour les autres pays européens.

Nous sommes là dans un contexte où l'on tire le couteau ou l'épée très facilement — un auteur du XVIe siècle, Giovanni Della Casa, raconte qu'« *on en est souvent arrivé à tirer l'épée pour la seule raison qu'un citoyen, en rencontrant un autre sur son chemin, ne l'avait pas honoré comme il le devait*[9] ». L'insulte débouche très rapidement sur une violence souvent meurtrière. On notera, pour l'anecdote, qu'en Artois, à peu près à la même époque et sans doute avec d'autres mots ailleurs,

7 *Ibid.*, p. 326.

8 Robert MUCHEMBLED, *L'Invention de l'homme moderne*, *op. cit.*, p. 455.

9 Giovanni DELLA CASA, *Galatée ou Des manières* (trad. de l'italien par Alain Pons), Quai Voltaire, Paris, 1988, p. 91.

l'une des insultes probablement les plus fortes est « *Va faire ta mère* ! », dont le sens est sans équivoque [10]...

On aurait tort de croire ce tableau forcé ou trop pessimiste. La violence sociale est bien le fond qui donne tout son sens au processus de civilisation. C'est bien elle qui va progressivement reculer jusqu'à l'époque contemporaine. *Tout cet attirail normatif de règles de civilité n'a au fond qu'un seul but : permettre le contrôle, et surtout l'autocontrôle, des émotions qui conduisent au déchaînement de la violence.*

L'enjeu est de sortir d'une société qui est très collective mais où la norme sociale autorise et même valorise le déchaînement des passions individuelles. Les liens hiérarchiques féodaux laissent peu de place à l'individu et nous sommes plutôt dans cette société « *holiste* » au sens de Dumont, mais les pulsions s'y expriment relativement sans frein, laissant peu de place à la prise de parole. La violence y est donc une norme centrale, structurante des rapports sociaux.

Comment la « civilité », élément clé de cette « *extraordinaire mutation silencieuse qui s'est produite à l'époque moderne* [11] », va-t-elle se mettre en place ? Celle-ci ne parvient à s'établir que parce qu'elle est accompagnée d'un développement des normes répressives et du système judiciaire qui les applique. La description de la pénétration au cœur des paroisses et des quartiers des villes du « système judiciaire », que nous propose Muchembled, comporte de précieux enseignements pour comprendre comment s'instaurent les nouvelles normes : « *La pénétration du système judiciaire est celui d'une lente et difficile rupture des habitudes paysannes de vengeance privée, régulatrices de la sociabilité et d'une vie quotidienne très violentes. Tout le* XVII*e* *siècle suffit à peine à consacrer cette cassure, tant les villageois sont attachés à des procédures* [12]. »

L'apprentissage des « bonnes manières de table » et du bon comportement en public ne sont ainsi que la face visible d'un continent caché, qui se déplace lentement mais sûrement. Là où celui qui garde de « mauvaises manières » se verra progressivement entouré d'un opprobre général, celui qui se laissera aller à ce qui en constitue le cœur, à savoir des comportements violents (agression, vol, viol, vengeance privée), se verra confronté progressivement à la justice

---

10 Robert MUCHEMBLED, *L'Invention de l'homme moderne, op. cit.*, p. 306.

11 *Ibid.*, p. 235.

12 *Ibid.*, p. 172.

criminelle. Celle-ci, comme le dit Muchembled, « *confectionne du lien social avec ce qui semble à première vue destructeur de celui-ci* [13] ».

Il faut renoncer à ne voir dans cette institution progressive de la justice que son aspect répressif, évidemment déplaisant. Ce serait regarder le monde à travers le petit bout de la lorgnette. Ce que la justice criminelle permet et institue, dans un tel contexte, est ni plus ni moins la prise de parole, en lieu et place de la violence. Se plaindre en justice plutôt que d'agresser, accepter que le jugement remplace la vengeance privée, intérioriser la pacification des mœurs que la transformation de l'ennemi en partenaire d'un débat implique, voilà bien ce qui constitue le cœur de la « civilité », dont les bonnes manières sont un habillage nécessaire.

### *L'idéal grec de justice et de douceur*

L'histoire a déjà connu, sinon un processus comparable dans les faits, du moins la mise en place d'un idéal similaire. La lecture de la tragédie grecque que nous propose Jacqueline de Romilly va dans ce sens. Elle nous montre, en concordance avec ce que, sur ce point, d'autres historiens pensent également (par exemple Jean-Pierre Vernant), comment la naissance de la démocratie en Grèce est intimement liée au souci majeur d'en finir avec la violence sociale, à cette « *recherche passionnée de tout ce qui peut mettre fin à cette violence considérée comme bestiale et indigne de l'homme* [14] ».

Deux découvertes successives, sur le plan des valeurs, vont scander ce refus : celle de la justice et celle de la douceur. Oui, une société juste et douce à vivre, douce à vivre parce que juste, est possible. Voilà en substance ce que nous dit Protagoras, par la bouche de Platon, qui propose un mythe de naissance d'une telle société. Il montre que les hommes, nés faibles et isolés, furent confrontés à une première menace de destruction par le monde extérieur, et qu'une fois unis pour y résister ils furent confrontés à une seconde menace, issue des

13 *Ibid.*, p. 136.

14 Jacqueline DE ROMILLY, *La Grèce antique contre la violence*, Éditions de Fallois, Paris, 2000, p. 16 et p. 17.

dissensions et des violences internes. Zeus leur conféra alors le don de la justice et de la pudeur, c'est-à-dire du respect d'autrui.

C'est Eschyle qui traduisit le mieux les immenses avantages que la justice pouvait procurer aux hommes : « *La loi est destinée à empêcher les violences individuelles, les jugements du tribunal, à offrir une substitution. Comment ne pas rappeler encore la plus célèbre trilogie d'Eschyle en plein v*e *siècle : son sujet est de montrer comment les vengeances indéfiniment répétées par le meurtre et la violence, dans la famille des Atrides, sont enfin remplacées par une justice figurée dans un tribunal qui comporte des dieux et des hommes et qui met fin à ces tueries, en transformant les Érinyes en Euménides* [15]. »

Là encore, la forme concrète prise par cet idéal de civilisation, c'est-à-dire de réduction de la violence, est l'institution de la prise de parole, du tribunal comme « *lieu géométrique de la douleur humaine* », pour reprendre la belle expression de Robert Badinter [16]. Il est ce lieu nouveau où la géométrie de la raison argumentative, exprimée par la parole et le débat contradictoire, vient à bout de la douleur humaine. Désormais, en rupture avec le fatalisme prédémocratique, « *toute décision*, comme le remarque Jacqueline de Romilly, *en somme, se prend comme s'établit le verdict du jury dans un tribunal* [17] ». Cette conception de l'auditoire comme « juge » des paroles tenues, quelles que soient les circonstances du débat ou de la conversation, est par ailleurs un élément clé de la *Rhétorique* d'Aristote [18].

La prise de parole entame ainsi un face-à-face avec la violence qui servira désormais d'idéal, comme lorsque Jason dit à Médée, son épouse barbare, combien elle a eu raison de le suivre : « *Tu habites la Grèce et non plus une terre barbare, tu connais la justice, tu as appris à vivre sous des lois et non plus au gré de la violence* [19]. »

15 *Ibid.*, p. 19.
16 Robert Badinter, *L'Abolition*, Fayard, Paris, 2000, p. 95.
17 Jacqueline de Romilly, *La Grèce antique contre la violence*, *op. cit.*, p. 50.
18 Voir Philippe Breton et Gilles Gauthier, *Histoire des théories de l'argumentation*, *op. cit.*
19 Cité dans Jacqueline de Romilly, *La Grèce antique contre la violence*, *op. cit.*, p. 24.

### *Le contrôle des émotions et le renoncement au point de vue solipsiste*

À y regarder de près, le processus de civilisation consiste bien en une mise en scène généralisée de la parole, *comme lieu où s'exerce le contrôle des émotions*. Mettre l'émotion en parole, transformer la pulsion en parole, changer le mot violent en parole qui tient compte de l'autre, voilà bien le jeu des opérations qui conduisent à la civilité. Elles appellent la formation de compétences spécifiques, qui sont au cœur du processus démocratique.

Les manuels de savoir-vivre qui porteront la pédagogie de la civilité accorderont dès le début et progressivement de plus en plus d'importance à la parole. Ils constituent en quelque sorte une « rhétorique généralisée ». Apprendre à se tenir, oui, mais apprendre à parler, surtout, les deux étant indissociables.

Le *Galateo* de Giovanni Della Casa, l'un des premiers et principaux manuels de savoir-vivre de l'époque moderne (avec l'ouvrage d'Érasme), nous donne de précieuses indications à ce sujet, bien avant les manuels de rhétorique des XVIIe et XVIIIe siècles [20]. Le problème est de passer de la *feritas* (la bestialité) à *l'humanitas*, de la violence à la civilisation et d'atteindre la vraie nature de l'homme. Ces hommes, qui, comme le dit Della Casa, « *se dévoient en suivant sans résistance leurs appétits partout où ils les entraînent, et ils croient obéir à la nature, comme si la raison n'était pas une chose naturelle chez l'homme* [21] ».

Quelle est la clé de cette civilité ? À vrai dire, son principe est simple et toutes les règles de la rhétorique sociale du savoir-vivre n'en sont que des déclinaisons variées et adaptées aux circonstances : « *Il convient*, nous dit Della Casa, *de faire de la volonté d'autrui son propre plaisir, quand il ne s'ensuit ni dommage venir compte, et en cela se gouverner dans ses paroles et dans ses actes plutôt selon l'avis d'autrui que selon le sien propre* [22]. »

Formidable économie de la parole et de l'action ! « *L'éthique*, dit Lévinas, *commence aux pieds de l'autre.* » « *Les mauvaises manières*, commente Alain Pons, *procèdent toujours de ce que l'on oublie l'autre, de ce que l'on agit comme si l'on était seul* [23]. » Il s'agit là de construire une

---

20 Présentation d'Alain PONS à l'ouvrage de Giovanni DELLA CASA, *Galatée, op. cit.*, p. 13.
21 Giovanni DELLA CASA, *Galatée, op. cit.*, p. 136.
22 *Ibid.*, p. 74.
23 Présentation d'Alain PONS à l'ouvrage de Giovanni DELLA CASA, *Galatée, op. cit.*, p. 20.

parole, une compétence, c'est-à-dire un lien social qui implique, comme le dit très bien Alain Pons, de « *se décentrer, d'abandonner la position instinctivement égocentrique et solipsiste que les hommes adoptent et qui leur fait voir toutes choses de leur point de vue personnel, pour adopter au contraire le point de vue de l'hôte*[24] ».

On retrouve là à la fois l'idéal de *symétrie* qui était au cœur, selon Vernant, de la révolution démocratique grecque et celui de l'*empathie*, comme compétence elle aussi essentielle. Della Casa oppose ainsi, dans les institutions humaines, la « *cérémonie* » à la conversation et à l'échange de parole. La première, rappelle Alain Pons, « *exprime la dimension verticale de la société, l'ordre de la hiérarchie, de la maîtrise et de la servitude, au détriment de la dimension horizontale, qui est celle des échanges libres, de la réciprocité, de l'authentique "vivre avec"*[25] ».

Ce faisant il désigne aussi l'*inégalité* — non pas comme simple différence de niveau, mais bien comme élément structurant d'une société — comme source aussi de la violence sociale. Avoir de bonnes manières, c'est considérer l'autre comme son égal, en toutes circonstances. Aux limites de son époque et de ses conceptions, Della Casa propose ainsi comme modèle de gentilhomme cet « *homme de qualité, doué d'un esprit très fin et d'un profond savoir...* [qui] *n'avait toutefois pas l'impression de rencontrer jamais quelqu'un qui lui fût supérieur ou inférieur*[26] ». La force intrinsèque de la civilité, lorsqu'elle est appuyée sur la parole, est de bousculer sur son chemin les structures inégalitaires.

Les sociétés modernes, puis contemporaines, peinent malgré tout à assumer et à réaliser cet idéal qui est au cœur de la démocratie grecque et de l'humanisme de la Renaissance. Certes, l'adoption, même partielle, des normes de civilité et des compétences pratiques qui se mettent en place progressivement, a été longtemps à l'origine d'un recul sensible de la violence, mais de nouvelles formes de violence quotidienne ont persisté ou sont réapparues. Elles nous informent clairement que le déficit de civilité et de compétences démocratiques a atteint un point à partir duquel on peut parler d'inversion du processus qui avait fait se rétracter la violence.

24 *Ibid.*, p. 19 et p. 20.

25 *Ibid.*, p. 24.

26 Giovanni Della Casa, *Galatée*, *op. cit.*, p. 71.

### *Le recul de la pacification des mœurs*

La question qui se pose aujourd'hui est donc celle de savoir si, faute des compétences démocratiques nécessaires, le processus de civilisation des mœurs décrit par Elias n'est pas en train de s'inverser. Certes, cette inversion n'en est qu'à ses débuts et le niveau atteint aujourd'hui, dans cette hypothèse, ne nous ramène que peu de temps en arrière dans le passé. Il n'en reste pas moins que le phénomène, s'il était avéré, serait inquiétant.

Comment l'interpréter ? De nombreux paramètres peuvent évidemment intervenir pour expliquer ce retour en arrière. Je voudrais en retenir un ici, qui ne me semble pas négligeable. L'avancée des compétences démocratiques n'avait pu s'opérer qu'en recadrant négativement la violence dans les rapports sociaux. L'opposition du principe de symétrie au principe hiérarchique avait permis ce recadrage. Il se traduit par un principe de vie concret, essentiel en démocratie et que l'on pourrait énoncer ainsi : *la violence n'est pas la solution.*

Or, c'est peut-être précisément cette valeur-là qui tend à s'inverser. Pour beaucoup, dans certaines situations, la violence redevient, du moins le croient-ils, la solution. On distinguera deux types de violences : celles exercées sur les autres, celles exercées sur soi. Ou l'on tente de supprimer l'autre, ou l'on tente de se supprimer soi. L'évitement, la défection, la peur des autres, la ruse, l'agression, la vengeance ou le crime se posent ainsi comme une alternative à une prise de parole défaillante par manque de compétence pour l'exercer.

# 14

## *De l'évitement à la violence*

Le jeu croisé de la prise de parole (*Speech*) et de la défection (*Exit*) a été étudié par un économiste et politologue américain, Albert O. Hirschman. Il s'agit de deux stratégies différentes « *visant à modifier un état de fait jugé insatisfaisant*[1] ». La défection consiste, lorsque l'on n'est pas satisfait d'une situation, à la quitter sans revendiquer, ni prendre la parole pour manifester ne serait-ce que son désaccord. Cela implique donc par exemple de quitter une organisation, de ne pas acheter un produit, de ne pas voter pour un candidat ou de ne plus voter du tout.

### *Prise de parole ou défection*

Hirschman propose à partir de là une typologie des organisations selon que défection et prise de parole y sont possibles ou pas. Il distingue notamment :

1 Albert O. Hirschman, *Défection et prise de parole*, *op. cit.*, p. 54.

— les organisations dont les membres expriment leurs réactions à la fois par la défection et la prise de parole (associations, partis politiques en régime pluraliste, certaines entreprises dont la production est vendue à peu d'acheteurs),

— les situations où la défection est possible mais sans prise de parole (c'est notamment le cas de la consommation de produits d'entreprises en situation de concurrence),

— les cas où la défection n'est pas possible car son « coût » est trop élevé, mais où la prise de parole l'est (famille, tribu, nation, Églises, partis politiques en régime de parti unique non totalitaire).

— et enfin toutes les situations sans possibilité ni de défection ni de prise de parole (parti unique totalitaire, groupes terroristes, bandes criminelles).

### *Défection et conformisme*

Il remarque que « *la défection jouit d'une position tout à fait privilégiée dans la tradition américaine… Les États-Unis sont nés et se sont développés parce que des millions d'hommes ont préféré la défection à la prise de parole*[2] », faisant ainsi référence au fait qu'historiquement les émigrants qui ont peuplé le pays ont quitté l'Europe plutôt qu'ils n'ont cherché à la transformer.

« *Du fait qu'elle a présidé à la naissance et au développement du pays, la conviction que la défection représente un mécanisme social fondamental s'est ancrée dans les esprits*[3] », ajoute l'auteur, qui y voit la source de ce trait culturel de portée générale : « *Les Américains ont toujours la possibilité de résoudre leurs problèmes en s'éloignant physiquement de ce qui en est la cause*[4]. » Et l'auteur de conclure que « *le conformisme des Américains s'explique dans cette perspective… Pourquoi se créer des ennuis en élevant la voix pour contester, lorsqu'on a à tout moment la possibilité de quitter son cadre de vie au cas où il deviendrait par trop déplaisant*[5] ? ».

2 *Ibid.*, p. 167.
3 *Ibid.*, p. 174.
4 *Ibid.*, p. 168.
5 *Ibid.*

*Un constat d'incompétence*

La pratique systématique de la *défection* est probablement l'une des conséquences de l'inaboutissement du projet démocratique. Vous n'êtes pas content de quelque chose, de votre situation, de votre logement, de votre quartier, de votre marque de lessive, de l'émission de télévision que vous regardez, de votre partenaire sexuel ou de votre conjoint ? Eh bien, au lieu de protester, pourquoi ne pas partir, aller voir ailleurs, zapper ?

Sous cet angle, la défection, c'est la stratégie de l'évitement, du déni, du « laisser tomber ». C'est une alternative obligée à une prise de parole jugée impossible, une difficulté devant le conflit, un constat d'incompétence. La défection, pour jouer pleinement son rôle d'exercice de la liberté fondamentale accordée à l'individu, doit relever d'un choix possible, d'une alternative réelle à la prise de parole. L'incompétence démocratique rend la défection obligatoire, si l'on veut en tout cas renoncer à la violence.

La pratique de la défection, comme mode de résolution d'un problème ou d'une source de mécontentement, est probablement l'une des différences culturelles majeures qui ont longtemps séparé le monde nord-américain de la majorité des pays d'Europe, dont la France. Mais une évolution extrêmement rapide, notamment dans notre pays, est en train de propulser la défection au rang de valeur servant à rationaliser une pratique obligée, en proportion de la prise de conscience de l'immensité des incompétences démocratiques.

La question est bien connue outre-Atlantique. Pour de nombreux Américains, lorsque l'on est mécontent, le réflexe culturel est de « voter avec ses pieds », c'est-à-dire de partir. La très grande mobilité professionnelle et géographique, si caractéristique de ce pays, n'a pas d'autre racine. Changer d'emploi, de maison, de ville pour trouver mieux est pour l'Américain moyen un signe évident de modernité. Ce trait de comportement est vécu comme un régulateur essentiel du lien social.

Les mêmes, lorsqu'ils visitent notre pays, portent un regard amusé et souvent critique sur le fait que les Français, lorsqu'ils sont mécontents, le font savoir, prennent la parole, demandent à « voir le responsable » ou « manifestent », sous de multiples formes. Il n'en faut pas plus pour se faire une réputation de peuple de « râleurs », voire de

« révolutionnaires ». Ce comportement n'en paraît pas moins, au regard américain, comme déplacé et porteur de tension inutile pour le lien social.

Que ceux-là se rassurent, car la situation change vite et le recours à la défection progresse chaque jour un peu plus en France. Au train où vont les choses, l'image du Français soucieux de changer ce qui ne va pas en prenant la parole appartiendra bientôt au folklore, comme les bals-musettes, le béret et la baguette de pain. La modernité est aujourd'hui associée, sous couvert de liberté individuelle, au déplacement, au pas de côté, à l'évitement, au désengagement, à la défection. Le seul problème est que, dans le contexte actuel, la défection pourrait bien être le pur produit de l'incompétence démocratique. Ce qui n'est pas forcément le cas aux États-Unis.

Gardons-nous en effet, sur ce plan, de voir « la poutre dans l'œil du voisin ». La pratique de la défection dans ce pays est assez largement compensée par la place très importante prise par le système judiciaire dans la vie sociale, coutume dont nous avons d'ailleurs l'habitude, nous autres Français, de nous gausser : « Pour un oui ou pour un non, ils vont devant le tribunal. »

### *Le recours à la justice*

Si l'on veut bien ne pas oublier que le tribunal est historiquement l'institution de la régulation de la violence par la parole, on verra que de ce point de vue la tradition américaine ouvre un large espace pour la parole contradictoire, mise au service de la gestion pacifique des conflits d'intérêts. L'ampleur prise par la défection comme pratique sociale est ainsi en partie compensée par cette dimension essentielle de l'espace public qu'est le recours au juge.

En France, il y a toujours un peu d'infamie attachée au fait de se retrouver devant un tribunal, même quand on est victime, là où aux États-Unis il s'agit d'un aspect presque banal de la vie en société. Il faut dire qu'aux États-Unis les juges… jugent, là où, en France, ils jugent et accusent en même temps, ce qui ne donne pas tout à fait le même statut au recours à la justice.

Le problème français, dans ce domaine, est que la progression de la défection comme valeur et comme pratique sociale ne s'accompagne pas d'une avancée proportionnelle d'espaces de parole qui permettent la résolution des conflits. Le tribunal serait-il convoqué pour remplir ce rôle, que l'organisation de la justice et le peu de moyens qui lui sont accordés fonctionneraient comme un goulot d'étranglement quasiment insurmontable, sauf à obtenir une révolution des mentalités dans ce domaine.

Les pratiques de défection tendent à se répandre rapidement, en proportion de l'affaissement des compétences à la prise de parole. De ce fait, pour reprendre la typologie que propose Hirschman, toutes les institutions qui valorisent la défection se développent rapidement. Celles qui privilégient la prise de parole reculent en proportion. On assiste donc au recul des partis politiques, des associations et à l'avancée du Marché. Et, à ceux qui ne veulent ni de la défection, ni de la prise de parole, s'offre la violence des partis extrémistes, des groupes terroristes ou des bandes criminelles.

### *La peur des autres*

Le processus de civilisation, nous venons de le voir, a constitué une très sûre alternative à la violence en permettant, grâce à leur mise en parole, le contrôle des émotions. Mais, en encourageant systématiquement la séparation sociale, la « *sécession du moi* » comme le dit joliment Robert Muchembled, un effet contre-productif, voire pervers, ne s'est-il pas mis en place ? On peut ainsi se demander, à la suite de Norbert Elias, si le processus de civilisation ne connaît pas aujourd'hui quelques excès et si nous n'avons pas été trop loin dans certains de ses aspects.

La séparation sociale, qui est au cœur de la construction de la société moderne, n'est-elle pas à l'origine des très nombreux troubles de la socialité, que les spécialistes décrivent sous le terme général d'« *anxiété sociale* » ? Les statistiques dont nous disposons à cet égard sont particulièrement frappantes.

Par exemple, la timidité — du moins ce que l'on nomme comme tel — est devenue un véritable phénomène de masse.

Plus grave, la « phobie sociale », comme nous l'avons vu au chapitre 7, est aussi extrêmement répandue : « *Cette maladie représenterait la troisième pathologie mentale après la dépression et l'alcoolisme*[6] », auxquels elle est d'ailleurs fréquemment associée.

Ces deux « troubles du comportement » ont pour conséquence directe, quand ce n'en est pas la manifestation centrale, la difficulté ou l'impossibilité de parler en public (même quand celui-ci est restreint à un tout petit cercle), et plus généralement à parler à autrui. Tous ces phénomènes sont probablement sous-estimés car la peur des autres, lorsqu'elle se traduit par une difficulté à parler, est évidemment, par nature, invisible socialement. On évalue ainsi à seulement 10 % de la population ceux qui n'éprouvent jamais d'anxiété sociale de cette nature.

De plus en plus de gens ont du mal à prendre la parole, à s'exprimer devant un groupe, grand ou petit, qu'il soit professionnel, associatif, amical ou familial ; cela représente même souvent une véritable *souffrance* pour une large majorité des gens. Beaucoup mettent en place de très nombreux comportements d'évitement de toute situation où ils seraient amenés à parler devant les autres.

### *Une société de communication paradoxale*

Tout n'a pas l'air si simple dans notre supposée « société de communication ». Nous sommes donc bien au cœur d'un paradoxe, d'une contradiction forte : notre société s'organise autour de la parole et tout concourt à ce que l'on ne puisse pas la prendre ! Elle en fait une valeur centrale et la très grande majorité des gens en sont exclus, d'une façon ou d'une autre.

Tous les témoignages de personnes anxieuses sociales, comme ceux des phobiques, qui sont incapables de toute prise de parole, de quelque nature qu'elle soit, décrivent le sentiment d'une insupportable « mise à nu », *presque au sens propre*, provoqué par toute tentative de prestation en public. Comment ne pas faire tout de suite le rapprochement avec ce que les historiens décrivent, nous l'avons vu, comme

6 Christophe ANDRÉ et Patrick LÉGERON, *La Peur des autres, op. cit.*, p. 147. Ces auteurs précisent que : « La plupart des études internationales ont conclu à un taux de prévalence de 2 % à 14 %. Une équipe française a montré que 2 % à 7 % des personnes adultes en souffraient. Une enquête conduite auprès de médecins généralistes montrait de son côté que près de 7 % des patients qui venaient (quelle qu'en soit la raison) présentaient une phobie sociale. »

un « mur invisible » entre les hommes ? Le rejet de la nudité en public, pratique courante jusque-là, a été l'une des premières exigences de ce processus de civilisation.

Nous sommes poussés à nous éloigner des autres, à contrôler toutes les émotions, violentes ou affectueuses, qui nous poussent vers nos semblables. La peur de l'autre fonctionne ainsi comme un régulateur des rapports sociaux. Mais un pas de plus, et l'autre apparaît plutôt comme une menace que comme une source d'enrichissement potentiel ou un « autre moi-même ». *Ce pas, tout indique que beaucoup d'entre nous l'ont franchi.* On pourrait presque parler de « socioxénophobie », car ce sont tous les autres qui nous semblent étrangers.

Régler la bonne distance entre les individus est probablement ce que notre monde moderne sait le moins bien faire et qu'il apprend le moins bien à ses occupants. Le puritanisme, l'hygiénisme, la « déodorisation », le repli sur soi, la méfiance vis-à-vis d'autrui, la xénophobie même seraient ainsi à mettre en rapport avec un contrôle excessif des émotions qui nous lient aux autres, une exigence de mise à distance prise bien trop au pied de la lettre.

Prendre la parole devient ainsi l'équivalent de se mettre nu devant eux, d'exhiber une intimité que l'on doit, sous peine de graves troubles, protéger du regard des autres, et parfois même de soi-même. Du coup, même les échanges de parole, qui sont censés, dans le processus de civilisation, se substituer à l'expression trop vive des émotions, sont vécus comme un viol d'intimité.

Dans le prolongement de ce phénomène, nous voyons apparaître toute une série de processus qui rationalisent cette mise à distance excessive et valorisent des formes nouvelles de défection sociale. Comme le disent très bien Christophe André et Patrick Légeron : « *En matière de communication, notre société est ambivalente. Elle facilite la vie des anxieux sociaux par des inventions comme le téléphone ou les grandes surfaces, en leur permettant d'éviter un nombre croissant de tête-à-tête (ce qui favorise les comportements d'évitement) mais, du fait de sa médiatisation croissante, elle leur renvoie beaucoup plus violemment qu'autrefois l'évidence que pour réussir, il faut savoir communiquer*[7]. »

Dans cette perspective, on peut s'interroger sur l'engouement pour tous les dispositifs de communication qui nous dispensent de prendre

---

7 *Ibid.*, p. 196.

la parole devant un auditoire en chair et en os. Les multiples possibilités offertes par les nouvelles technologies de communication permettent d'éviter pratiquement toutes les raisons habituelles d'éprouver de l'anxiété sociale, tout en maintenant, nous l'avons vu, une relation « interactive ».

On peut, sur Internet, s'adresser à des inconnus sans aucune crainte, sans anxiété, puisque, tout en étant acteurs apparents d'une parole, nous sommes physiquement absents et nous pouvons à tout moment nous extraire définitivement de l'interaction en cours. De très nombreuses personnes adorent ce genre de communication sans risque. Elle les soulage d'une angoisse qui serait, pour certaines d'entre elles, insupportable. Tous ces dispositifs ne contribuent que très peu à résoudre le problème de la prise de parole et, d'une certaine façon, laissent intacte la question de l'anxiété, sorte de peur des autres retournée violemment contre soi-même. Pour l'essentiel, les nouvelles technologies encouragent à la défection sociale en échange d'une prise de parole très virtuelle.

La défection, le repli sur soi, la peur des autres constituent autant de violences exercées contre soi. Ces comportements sont l'expression de frustrations intériorisées. Il faut bien sûr distinguer les effets de l'individualisme, qui donne plus de place et de liberté à la personne humaine, et ceux de la défection, qui provient d'une incompétence à engager avec autrui les relations attendues dans une société démocratique.

## *La remontée de la violence envers les autres*

La remontée de la violence tournée cette fois contre les autres est repérable dans la vie quotidienne aujourd'hui. Au moins cinq phénomènes témoignent de cette inversion de la pacification des mœurs :

— la reprise de la violence, sous des formes nouvelles, notamment celles de l'émeute et de la violence délinquante,

— le retour de la vengeance privée,

— l'attrait nouveau et durable qu'exerce l'extrême droite,

— la contamination du langage par la violence,

— le retour de la figure du Mal comme paradigme explicatif de la violence.

*De l'inégalité sociale à la violence contre les autres*

Une forme de retour de la violence au sein même du processus de civilisation se traduit par ce que l'on appelle les « violences urbaines ». Un débat de société s'est installé en France depuis quelques années sur le thème de l'augmentation de la violence, voire de son « déferlement ». La préoccupation croissante au sujet du développement de l'« insécurité » date du milieu des années 1970 en France et a connu de nouveaux développements à partir des années 1990. Les « émeutes » de novembre 2005 en France s'inscrivent dans cette perspective.

Une certaine sociologie, s'estimant en charge de contrer scientifiquement les tendances sécuritaires qu'elle estime être au pouvoir aujourd'hui, tente de nier le phénomène de la remontée de cette violence au sein de la société civile. En procédant ainsi, elle pense s'en prendre à la racine de cette politique sécuritaire en niant ce qui est son argument central, la violence *effective*. Il faut pourtant, en dehors des bonnes intentions militantes, examiner les faits avec le plus d'objectivité possible.

L'insécurité est devenue, on le sait, l'un des enjeux du débat politique, et au-delà, puisque l'extrême droite en a fait son fonds de commerce, en activant et en amplifiant un élément permanent dans cette problématique (depuis le Moyen Âge !) : la xénophobie.

Ces phénomènes de violences urbaines « accrues » et de développement des « incivilités » correspondent-ils à une inversion du processus de civilisation ? Les travaux des sociologues permettent de faire le point sur le sujet, en particulier sur les difficultés... à mesurer avec précision les phénomènes de violence. La plupart des statistiques dont nous disposons mesurent l'activité policière et judiciaire, c'est-à-dire les délits constatés ayant fait l'objet d'un traitement et d'une plainte, et non la réalité directe de l'évolution de la délinquance. Seul chiffre à peu près fiable, compte tenu de la nature des faits : le nombre d'homicides, qui n'a guère augmenté dans le quart de siècle écoulé (on en compte actuellement environ un millier par an en France — autant que dans la seule ville de Los Angeles), alors qu'il avait considérablement et constamment baissé sur une plus longue période historique.

S'il est difficile de saisir des variations à court terme dans l'évolution des phénomènes de violences, la plupart des observateurs s'accordent pour constater la persistance, *a minima*, de plusieurs types de violences : violence des jeunes entre eux (coups et blessures volontaires), notamment dans les « quartiers relégués », et violence constituée par l'atteinte aux biens.

Le sociologue Laurent Mucchielli remarque que « *là est la véritable insécurité : celle des jeunes eux-mêmes... un élève sur six estime que la violence est très présente dans son établissement... 6 % à 9 % déclarent avoir été victimes de racket, 17 % déclarent avoir subi des violences physiques ; 6 % des filles déclarent avoir subi des violences sexuelles* » tout en notant que « *les problèmes se concentrent dans certaines zones urbaines défavorisées* »[8].

Ce tableau serait incomplet s'il ne mentionnait l'augmentation des violences contre les symboles de l'institution (bâtiments scolaires, autobus, etc.) et ses représentants (pompiers, policiers, gendarmes, contrôleurs et agents de sécurité). L'augmentation de la délinquance couplée avec une sensibilité plus grande de l'opinion sur ce sujet est sans doute le signe, quelle que soit l'exploitation politique qui en est faite, d'une exigence normative maintenue, voire accrue, sur ce thème essentiel.

Il est difficile, dans cet esprit, de ranger, comme certains l'ont tenté, les émeutes urbaines de novembre 2005 en France dans la catégorie de la « *révolte sociale* ». Ces événements sont plutôt le signe d'une anomie généralisée dans certains milieux où, faute des compétences démocratiques minimales pour prendre sa place dans la société, la violence en bande reste l'unique solution pour exister socialement.

Les résultats d'une enquête publiés par les politologues Hugues Lagrange et Marco Oberti montrent que quatre facteurs distinguent les quartiers où ces émeutes ont eu lieu : le taux excessif de jeunes de moins de vingt ans, l'inclusion de ces quartiers dans un environnement social plus aisé, une forte dégradation de l'habitat et, surtout, l'importance numérique des familles nombreuses[9]. Déficit d'éducation, manque d'adultes, inadaptation de l'école : tout conduit au déficit de compétences démocratiques et au choix de la violence. Ce phénomène est renforcé par le fait que nombre d'émeutiers, ou leurs parents, viennent de pays où ces compétences sont quasiment

---

8 Laurent Mucchielli, *Violences et insécurité. Fantasmes et réalités dans le débat français*, La Découverte, Paris, 2001, p. 76.

9 Hugues Lagrange et Marco Oberti (sous la dir. de), *Émeutes urbaines et protestations. Une singularité française*, Presses de Sciences Po, Paris, 2006.

inexistantes et avec lesquels un lien très fort a été conservé, au détriment de l'intégration.

### *Un paradoxe destructeur*

La question est maintenant de savoir pourquoi une partie de la société considère que ces normes de civilisation ne la concernent pas ou plus, ou pourquoi elle n'a pas accès aux compétences nécessaires pour les mettre en œuvre et s'y soumettre avec bénéfice. Il n'est pas inutile, pour comprendre ce phénomène, de revenir à l'analyse sur une plus longue période.

On remarquera avec Muchembled que le processus de civilisation, s'il a joué à plein pour les « élites », a touché d'une autre façon les populations rurales puis urbaines : « *La civilisation des mœurs ne poussait nullement au partage par tous les sujets de l'ensemble des valeurs fondatrices de l'État. Elle fournissait certes un modèle, mais un modèle inaccessible pour la plupart des gens. Chacun était incité à s'en inspirer, tout en sachant que seule l'élite pouvait prétendre à y parvenir pleinement*[10]. » On voit ainsi se mettre en place ce que l'historien appelle un « *double standard de comportement* » chez ceux qui sont obligés de suivre une norme générale et contraignante, tout en n'ayant pas tout à fait les moyens culturels et économiques de la comprendre et de l'observer.

La diffusion des normes de la civilité et des compétences correspondantes s'est faite en suivant la pente des inégalités de toute nature que notre société continue de produire largement. Là encore la question de la parole est centrale. On a observé depuis longtemps à quel point les quartiers relégués étaient des espaces privés de toute possibilité de prise de parole. Les personnes qui sont capables, culturellement et symboliquement, de la prendre font souvent défection. Soit elles quittent volontairement un environnement jugé trop difficile, soit elles sont « aspirées » par des politiques d'emplois-jeunes, par un recrutement massif dans des professions liées à l'appareil de sécurité privé, ou par des politiques municipales visant à embaucher les personnes les plus actives dans l'animation sociale et culturelle. Le plus souvent, cette ascension sociale les amène à quitter leur quartier.

---

10 Robert Muchembled, *L'Invention de l'homme moderne, op. cit.*, p. 9.

Restent donc dans les quartiers relégués ceux qui ne peuvent pas en sortir. Le sentiment d'« enfermement » est l'un des plus vivement ressentis par ceux qui y vivent. Il est la traduction subjective de l'impossibilité sociale de faire « défection » ou d'utiliser la menace de défection pour accroître les possibilités de prise de parole. Nous nous trouvons dans le quatrième cas décrit par Hirschman, celui des situations totalitaires ou des bandes criminelles. Justement !

Désormais, l'équation est simple : sans possibilité de prise de parole et sans possibilité de défection, la violence reste le seul moyen d'exister. Un paradoxe majeur s'est mis en place dès le début du processus de civilisation. En faisant de la « civilité » un signe de distinction sociale dans un contexte de fortes inégalités, on a coupé toute possibilité de son extension et de son universalisation. Mais, dans le même temps, l'exigence de civilité est universelle et on demande à tous de s'y conformer. Or, celle-ci porte en elle, structurellement, la nécessité d'une parole, c'est-à-dire, si l'on veut bien redéfinir le terme ainsi, d'une parole comme acte symétrique.

On tourne donc en rond et personne ne s'étonnera que l'école, loin d'être conçue pour donner les moyens à tous de prendre la parole et de faire que cette parole ait un véritable potentiel de transformation sociale, fonctionne au mieux comme un instrument de reproduction. Pourquoi s'étonner dès lors que le processus de civilisation, que pourtant beaucoup voudraient rejoindre (c'est là une des composantes fortes du paradoxe en question), soit le moins partagé au monde ? En somme, on lie les mains et on jette à l'eau celui qu'on somme d'apprendre à nager.

### *Le retour de la vengeance privée*

La toute première avancée de la démocratie grecque a été la délégitimation de la vengeance et, en premier lieu, de la vengeance privée. Celle-ci était à la fois une modalité de justice très archaïque et une source de violences souvent incontrôlables. Le remède, en l'occurrence, était souvent pire que le mal.

La force de la promesse démocratique avait été de proposer, pour sortir de cette spirale infernale, une alternative concrète, à savoir un certain usage *compétent* de la parole. L'institution du tribunal, où tous les citoyens sont les jurés, la mise en parole des comportements de violence, violence subie par les victimes comme celle provoquée par les auteurs de crimes, a été l'outil de cette alternative. C'est ce tribunal qui, en Grèce, a été la matrice des dispositifs de parole politiques.

Le renoncement à la vengeance constitue donc à la fois un préalable et un point d'entrée dans l'exercice des compétences démocratiques. La capacité d'objectivation est, nous l'avons vu, une compétence essentielle dans ce domaine.

De ce point de vue, la plupart des sociétés concernées dans le monde par l'avancée démocratique avaient fait de nécessaires et substantiels progrès. Petit à petit, notamment à partir de la fin du Moyen Âge en Europe occidentale, on avait renoncé aux pratiques de vengeance personnelle, de tortures publiques infligées souvent par les proches des victimes elles-mêmes. La justice avait également renoncé à toutes les peines qui ressemblaient de près ou de loin à une vengeance, pour leur substituer des peines susceptibles de convertir aux normes démocratiques le délinquant ou le criminel. Nous sommes passés progressivement de la vengeance à la vindicte publique, qui est une vengeance exercée par l'autorité, puis à la justice sans vengeance.

La peine de mort, par exemple, était apparue de plus en plus comme le reliquat d'une période archaïque où elle avait été indispensable comme substitut à la vengeance, mais qui n'était plus désormais nécessaire. Le pardon au coupable s'était laïcisé. On ne cherchait plus à l'éliminer comme une figure irréductible du Mal. Cette nouvelle forme de pardon, vers laquelle avaient convergé une valeur religieuse chrétienne laïcisée et un impératif politique, était devenue un élément central du processus d'objectivation, qui concernait en premier lieu les victimes.

### *Le cas des meurtres d'enfants*

N'assistons-nous pas aujourd'hui à une inversion de ce processus ? La vengeance n'est-elle pas en train de revenir sur le devant de la scène, comme un recours oublié mais dont les vertus seraient finalement plus fortes que les vices ? Quelques indices, certes ténus et qui mériteraient une exploration plus systématique, vont dans ce sens.

Prenons l'exemple de quelques affaires judiciaires ayant défrayé la chronique ces dernières années en France. Elles concernent, pour l'essentiel, des meurtres d'enfants. Chaque cas est une tragédie sans nom, qu'il mette en cause des pédophiles, des pervers ou des vengeances. La mort d'un enfant, souvent violé et torturé, laisse sans voix. La justice, pourtant, tente de mettre ces actes, et leurs conséquences, en parole.

Personne ne peut donner de leçons aux familles, aux parents concernés. Mais force est de constater que, de plus en plus, ces actes barbares entraînent en retour des appels au meurtre de la part de ceux qui en sont les victimes directes. Ces appels sont souvent publics et, comme il se doit, fortement médiatisés. De plus en plus, on organise des manifestations, où des foules nombreuses se pressent. Certaines passent vite du recueillement et de la solidarité à l'expression, pas toujours silencieuse, d'un désir de vengeance concrète.

Des associations se créent dans cette foulée. Certaines aident à ressouder un lien social souvent fortement perturbé, dans un quartier, une ville, voire une région. D'autres s'emploient à attiser la haine, la violence, la vengeance. Elles servent à mettre en cause la « complicité des élites » ou, thème récurrent, l'implication directe mais cachée « des magistrats et des policiers ». Au mieux, on demande le rétablissement de la peine de mort ; au pire, le meurtre direct, parfois après torture, des assassins. La première revendication sert d'ailleurs souvent de vitrine à la seconde.

Des siècles d'efforts pour construire une compétence nécessaire à la démocratie volent en morceaux sous les coups d'une tragédie. On pourra bien sûr mettre en cause les médias, qui attisent ces affaires. On pourra aussi s'interroger sur les effets du récent tournant pris par la justice, consistant à s'intéresser davantage au point de vue des victimes, alors que jusque-là la défense de la société primait.

Il ne faudra pas oublier l'effet des difficultés d'intégration de populations étrangères issues de pays où la vengeance privée se pratique couramment. Celles-ci sont frappées, plus que d'autres, par les effets des difficultés d'accès aux compétences démocratiques.

Mais tout cela est bien peu face à l'immense responsabilité des hommes politiques, le plus souvent d'extrême droite, qui surfent sur une émotion légitime pour appeler eux aussi au retour de la vengeance et de la peine de mort. Ils cautionnent ainsi ce qui autrement resterait en deçà du pensable. À cause d'eux, la ligne avancée de la démocratie qu'est le refus de la vengeance privée est probablement en train de céder.

La vengeance, comme toute violence, est une fusion avec l'autre, une réactivité de l'émotion, une réponse à sa réponse et souvent une escalade liée à l'interactivité. L'objectivation, dans cette perspective, est le refus de l'interactivité. Elle permet de puiser dans les ressources de l'intériorité ce premier degré de l'empathie, de s'éloigner de trop de réactivité. On remarquera donc au passage les liens étroits, curieux sur le plan des comportements concrets, entre la vengeance et l'interactivité, toutes deux unies ici dans leur antagonisme avec la démocratie.

### *La violence de l'extrême droite*

Un autre facteur qui explique cette inversion des compétences démocratiques du point de vue de la violence est bien la présence forte de l'extrême droite dans pratiquement tous les pays occidentaux. Ce courant politique a engagé une mutation qui n'en est probablement qu'à ses débuts. Renonçant le plus souvent au passé néonazi qui en a été la matrice historique, les différents partis d'extrême droite en Europe n'en continuent pas moins à jouer sur la corde démagogique et xénophobe qui fait leur fonds de commerce.

Mais ce qui caractérise à mon sens le mieux les mutations de l'extrême droite aujourd'hui est le message que ses dirigeants martèlent à tout propos et qui consiste à affirmer que la violence est la solution. L'autorité, sous sa forme la plus brutale, est présentée comme une solution à tous les maux, la hiérarchie comme une structure sociale et familiale naturelle, la vengeance comme un recours légitime, la violence comme partie intégrante de la nature humaine.

L'extrême droite se positionne clairement pour l'instinct dans l'axe qui l'oppose au raisonnement, et pour l'autorité dans celui qui l'oppose à la symétrie. Sur le plan technique, les compétences mobilisées sont celles de la force, de la ruse et de la manipulation, plutôt que celles de l'argumentation ou de l'empathie cognitive. Cette dernière notion suppose une posture d'ouverture à l'autre qui n'est guère celle de l'extrême droite, qui préfère dans ce domaine la conjugaison du même et la recherche systématique d'un « ennemi ».

Ces faits sont connus [11]. La question est de savoir pourquoi un tel discours rencontre de plus en plus les faveurs d'une partie de l'opinion. L'absence presque totale de débat sur des éléments aussi importants que l'identité nationale ou, de façon étroitement liée, ce que l'on devrait demander aux étrangers qui souhaitent être naturalisés, est évidemment une source importante de cette adhésion aux thèses de l'extrême droite. L'opinion est aujourd'hui prisonnière d'une fausse alternative entre le politiquement incorrect de la xénophobie, qui tient l'étranger, *par nature,* pour une source de corruption, et le politiquement correct des thèses du multiculturalisme, en dehors desquelles toute position serait forcément xénophobe ou, *a minima,* antihumaniste.

Mais cela n'explique pas tout. Il y a, dans l'adhésion ou du moins dans le vote en faveur de l'extrême droite, un autre déterminant qui n'est ni idéologique, ni directement xénophobe. Il est une conséquence directe de la dissonance entre l'adhésion aux valeurs démocratiques et *l'impossibilité pour beaucoup, du fait d'un manque de compétences, de les pratiquer.* Ce phénomène engendre une frustration importante. La tentation du recours à la violence est double. D'une part, toute frustration engendre de la violence. D'autre part, la violence apparaît finalement comme le seul ensemble de compétences qui donne une prise réelle sur le monde.

Le vote pour l'extrême droite est aujourd'hui pour beaucoup le fait de jeunes ouvriers. Cette population est précisément celle qui a le plus de mal à mettre en œuvre les compétences démocratiques qui lui donneraient cette prise sur le monde et réduiraient l'effet de la dissonance. La promesse de l'extrême droite est de légitimer le retrait de la parole et de son contenu pacifiant, au profit de l'action violente.

On comprend mieux dès lors l'attrait des partis qui proposent un monde dans lequel la violence occuperait une place centrale et qui réduiraient les effets de la dissonance en éliminant du paysage une exigence démocratique que l'on n'arrive de toute façon pas à satisfaire dans la pratique. L'extrême droite propose ni plus ni moins de supprimer une dissonance insupportable à vivre, et plus pour certains

11 Je renverrai notamment aux travaux d'Alain Bihr sur le rôle du « ressentiment » dans l'idéologie d'extrême droite : *Pour en finir avec le Front national*, Syros, Paris, 1993.

que pour d'autres. Là est sans doute l'une des causes de son triste succès.

### Un langage quotidien de plus en plus dur

Le quatrième symptôme de cette remontée de la violence est la transformation progressive, sous nos yeux, du langage, et la place de plus en plus importante que celui-ci accorde aux expressions porteuses de violence et, à un autre niveau, de déshumanisation. Dire à quelqu'un, au cours d'une discussion ordinaire, « Va mourir » ou encore dire de soi « J'ai eu une longue journée, je suis cassé » est tout sauf anodin. Comparer son cerveau à un ordinateur, ou plus trivialement à un dispositif électrique (« Il a pété un câble »), l'est encore moins.

Dans un livre tragique et remarquable, le philologue allemand Victor Klemperer raconte dans le détail les mutations que le nazisme a fait subir au langage. On constate une fois de plus à cette occasion à quel point la langue est le reflet d'une vision du monde qu'elle sert en retour. Cette langue du IIIe Reich, la LTI (*lingua Tertii Imperii*[12]), tenait son efficacité du climat d'oppression hiérarchique général qui était la norme de l'époque en Allemagne. Rien aujourd'hui ne saurait être comparé à cette période terrifiante et toute tentative d'amalgame serait dérisoire. Il n'en reste pas moins que le déficit majeur de compétences démocratiques que nous constatons aujourd'hui engendre un rapport au langage qui le rend tolérant pour l'usage massif de tournures violentes et déshumanisantes. Fidèles à leur fonction de reflets de la société, le cinéma et les médias populaires ont largement relayé cette tendance. Certains médias plus proches de la « haute culture » ont emboîté le pas.

Tout un lexique s'est imposé, qui sert, dans de nombreux cas, d'unique univers langagier de référence. L'irruption du mot « salope » pour désigner à tout bout de champ les jeunes filles est un exemple entre mille de ce tournant dans la parole. Ce terme témoigne d'une absence totale de compétence démocratique dans les rapports

---

12 Victor KLEMPERER, *LTI, la langue du IIIe Reich. Carnets d'un philologue* (trad. de l'allemand par Élisabeth Guillot), Albin Michel, coll. « Bibliothèque des idées », Paris, [1947] 1996 (nouv. éd.).

hommes-femmes. Je serais tenté de croire que la violence dont ce terme est porteur n'est pas première, mais qu'elle est plutôt une intention seconde, en l'absence de savoir-faire qui permettrait d'instaurer une relation plus symétrique. Cette qualification cache souvent mal un désir frustré, faute de compétences réelles, d'entrer en relation de façon normale avec l'autre sexe.

La pornographie clôt cette boucle en présentant, fantasmatiquement, l'acte sexuel comme un acte de domination accepté par ses victimes (il s'agit en effet du modèle de relations hommes-femmes le plus répandu par ce genre cinématographique particulier). Là où l'absence de compétences les condamnerait dans un cadre normal, la pornographie propose des modèles de relations sexuelles enfin possibles, pourvu qu'on les recadre sous l'angle de la domination et de la violence, même poussées à l'extrême [13]. On retrouve là le modèle décrit précédemment : faute de savoir s'y prendre autrement, la violence apparaît comme la solution. La dissonance est ici à son comble, entre l'affirmation démocratique abstraite de l'égalité des sexes et la réalité des compétences souvent absentes pour concrétiser cette valeur.

Le manque de compétences à l'empathie empêche de voir les conséquences d'actes produits par cette situation. On a ainsi souvent le plus grand mal à faire prendre conscience à de jeunes auteurs de viols, seuls ou en réunion, des dégâts psychologiques subis par les victimes. Dans ces situations, le viol est souvent le substitut d'un acte sexuel souhaité ; le manque d'accès à des compétences permettant la symétrie a conduit au retour d'une violence archaïque.

Comme le remarque avec beaucoup de justesse Sophie Ernst, philosophe et chargée d'étude à l'Institut national de recherche pédagogique (INRP) : « *C'est une petite partie des jeunes qui passent à l'acte et pas n'importe lesquels : les études révèlent des êtres qui sont bien moins intrinsèquement violents que perturbés et gravement immatures, au sens où ils n'ont pas intégré des apprentissages minimaux de maîtrise de l'émotivité, de l'impulsivité et ne sont pas à même de se poser comme sujets si peu que ce soit autonomes... On a affaire à des individus dont la subjectivité est en*

13 Ce phénomène est à mon sens bien mis en scène, quoique de façon totalement insupportable à voir et à entendre, à travers le personnage de Robert Carmichael, dans le film de Thomas Clay *The Great Extasy of Robert Carmichael* (2006 en France).

*grave souffrance, notamment du point de vue de la liaison du temps vécu : enfermement dans le présent, difficulté à réaliser les conséquences d'un acte, encore plus à l'anticiper, chaîne temporelle dangereusement hachée, difficulté à se mettre en pensée à la place d'autrui. Toute situation est structurée de façon binaire, dans la dépréciation stéréotypée des "autres" : territoire/étranger au territoire, eux/nous, gagnant/perdant, fort/faible*[14]*...* » On ne saurait mieux décrire les conséquences du déficit ici majeur des compétences démocratiques[15].

### *L'euphémisation de la violence*

On aurait tort de croire que les jeunes en difficulté ont le monopole du langage violent. Celui-ci est aussi déployé, sous une forme à peine euphémisée, dans les couloirs feutrés de l'entreprise. Certaines tendances de l'idéologie managériale semblent avoir pour objectif de débarrasser les « collaborateurs » des compétences démocratiques qui pourraient les encombrer, pour les amener à avoir des comportements plus « réalistes ». « Stages commandos », apprentissage à se comporter comme un « tueur », savoir-faire stratégiques pour « gagner la guerre commerciale », tous ces composants de la loi de la jungle sont l'ordinaire proposé par les cabinets de formation, spécialisés dans une vision « virile » de la réalité de l'entreprise, où l'animal mascotte semble définitivement être le requin[16].

Le monde politique lui-même n'est-il pas le cadre d'une violence euphémisée ? Il y a quelque paradoxe à voir élus et cadres de partis démocratiques déployer essentiellement des compétences d'une autre nature. Celles-ci sont d'ailleurs le fondement du recrutement et de la formation de la classe politique. Compte tenu du désamour qui perdure, au-delà des clivages idéologiques, entre les électeurs et les élus, il s'agit là d'un élément essentiel, source d'un dissensus majeur.

---

14 Sophie Ernst, « Chaos urbain : le besoin d'école », art. cit.

15 Cette analyse n'exclut pas les violences qui sont le fruit de comportements pervers, tirant jouissance de la violence exercée sur d'autres ou de l'oubli qu'ils sont des êtres humains. Mais ces comportements, qui relèvent d'un autre cadre d'analyse, plus proche de la psychiatrie, sont très largement minoritaires par rapport à ceux qui sont la conséquence de l'incompétence démocratique.

16 Je renvoie notamment aux travaux de Jean-Pierre Le Goff, *Le Mythe de l'entreprise*, La Découverte, Paris, 1996.

Pourquoi parler de « recrutement » ? Les hommes et les femmes politiques ne sont-ils pas élus ? L'élection n'est que la fin du processus de sélection qui sert à désigner le candidat d'un parti.

Beaucoup souhaitent être désignés comme candidats. Cet affrontement, comme on le voit dans le cadre des présidentielles françaises de 2007, implique une très grande dépense d'énergie au sein des partis concernés, au point de freiner parfois considérablement leur activité militante et leur capacité de mobilisation. En fait, cadres et élus d'un mouvement politique sont le produit d'une concurrence et d'une sélection interne féroces. Les compétences qui sont mises en œuvre par ceux qui survivront sont à rechercher plutôt dans les savoir-faire de la ruse, de la violence, du pouvoir et du consensus comme arme. Ceux qui déploient de véritables compétences démocratiques ont peu de chances d'exister dans ces appareils de pouvoir.

C'est aussi pour cela que beaucoup de jeunes s'en écartent, après en avoir fait l'expérience. Pleins d'une belle naïveté, qui les honore, ceux-ci croyaient que l'appareil politique était porteur dans la pratique des valeurs qu'il défendait en théorie. Il ne leur faut en général que peu de temps pour constater, de l'intérieur, l'immense décalage entre ces deux niveaux.

En somme, en caricaturant un peu, on élit pour être des praticiens de la démocratie des hommes et des femmes qui ont dû, pour arriver à cette position, déployer des compétences précisément antagonistes avec la démocratie. Il y a là, il faut en convenir, un hiatus majeur. Le fait bien connu qu'en France une partie de la classe politique nationale soit issue de la même école, l'ENA, renforce ce phénomène. Cette école semble en effet s'être spécialisée dans l'apprentissage des stratégies d'euphémisation de la violence politique, sous couvert, le plus souvent, de « rationalité ».

On aurait d'ailleurs tort de croire que ce phénomène ne concerne qu'une fraction de la classe politique. La brutalité de la concurrence hiérarchique n'est le monopole ni de la droite, ni de la gauche, ni même de l'extrême gauche. Elle est évidemment plus choquante dans ces deux derniers cas, car encore plus contradictoire avec les valeurs affichées. L'appareil de l'extrême droite est, de ce point de vue, le moins menteur : les pratiques y sont en accord avec les valeurs. Il n'est pas sûr que ce ne soit pas ce qui attire certains, qui préfèrent la cohérence à l'hypocrisie.

*Un lexique déshumanisant*

Sur un autre versant du langage, on trouvera tout un lexique déshumanisant. Celui-ci est composé par analogie avec le fonctionnement des machines et notamment des ordinateurs. La violence ici n'est pas visible, mais l'effet déshumanisant n'en est pas moins bien réel. C'est là une conséquence de l'irruption de l'interactivité comme valeur, dont j'ai montré le caractère contradictoire avec ce que l'on pourrait appeler le « respect démocratique de l'autre ».

Dans un ouvrage paru au début des années 1980, la psychologue américaine Sherry Turkle faisait le point sur les nombreux problèmes posés par la « *passion pour l'ordinateur* » des jeunes enfants et des adolescents [17]. Les phénomènes qu'elle décrivait n'ont cessé de s'amplifier. Cet auteur défendait la thèse selon laquelle la métaphore freudienne de l'inconscient, dominante d'après elle dans notre culture, était en passe d'être remplacée par la métaphore de l'ordinateur, à tonalité plus cognitive, mais qui jouerait un rôle équivalent dans la perception que chacun peut se former de sa propre existence comme personne.

On pourra trouver bien sûr que la psychologue américaine pèche par excès d'optimisme quant au succès de la « métaphore » freudienne. Sherry Turkle attire néanmoins l'attention sur un point essentiel, la façon dont le langage porte de plus en plus une représentation de l'humain en termes machiniques. Victor Klemperer en avait déjà fait la remarque, dans un contexte certes radicalement différent.

Le lexique déshumanisant renvoie clairement à la difficulté pratique à entrer en relation avec autrui. Penser l'autre comme une machine (« Il faut le débrancher », « Il a pété un câble ») ranime le fantasme confortable qu'on pourra ainsi mieux le maîtriser. La pornographie, en mécanisant l'acte sexuel par évacuation de la dimension du désir, relaie cette difficulté. Mais pratiquer une telle modalité de relation génère en retour beaucoup de violence.

---

17 Sherry Turkle, *Les Enfants de l'ordinateur. Un nouveau miroir pour l'homme* (trad. de l'anglais [États-Unis] par Claire Demange), Denoël, Paris, 1986.

## *Le retour de la figure du Mal*

Le cinquième symptôme de ce retour de la violence est la difficulté de nos sociétés à trouver les cadres appropriés pour penser et expliquer ce phénomène lui-même. Le signe le plus évident en est le succès croissant de la figure du Mal.

Tout a commencé avec l'irruption du terrorisme dans le paysage quotidien. Au début, on n'y a pas vraiment cru. Certes, des hommes mystérieux avaient bien déposé ici et là des bombes meurtrières, rue de Rennes ou à la station Saint-Michel, mais cela allait passer, la police allait s'en occuper. C'était une sorte d'accident sur lequel on ne prenait pas vraiment la peine de s'interroger.

Et puis il y a eu le 11 Septembre et l'incompréhension, en boucle, à l'instar des images des tours en feu. La vitalité médiatique d'al-Qaida a fait le reste. Peu d'entre nous ont dès lors fait l'effort de se demander pourquoi ceux qui commettaient ces horreurs le faisaient.

Il y a pourtant une rationalité à l'action des groupes terroristes, fondamentalement hostile à la démocratie. Cette hostilité a été clairement exprimée dans de nombreux textes et dans plusieurs déclarations publiques. Mais une sorte de *black out* médiatique, correspondant à une absence d'écoute de l'opinion sur ce sujet, s'est imposée depuis. Qui pourrait dire aujourd'hui ce que veulent les terroristes ; quelles sont, pour employer un mot que connaissent pourtant bien les Français, leurs revendications ?

La plupart des gens n'imaginent même pas qu'ils en ont. Faute de visibilité sur ce que pense l'autre, aussi délirant soit-il, une seule figure explicative peut fonctionner : celle du Mal. Pourquoi tuent-ils ? Parce qu'ils nous veulent du mal, tout simplement. Et, s'ils nous cherchent du mal, alors que nous ne leur en avons pas fait, c'est que le Mal est dans leur nature. Pourquoi chercher plus loin ?

L'affaire a continué sur un autre front, celui des pédophiles. Sans rapport avec le premier, c'est néanmoins la même figure démoniaque qui sert d'explication ultime. Pourquoi des hommes enlèvent-ils, torturent-ils, violent-ils et tuent-ils des enfants ? Devant l'horreur effective de ces actes, la raison répugne à chercher une explication. La figure du Mal vient au secours d'une démission. Le pédophile devient l'incarnation du Diable. La pression insupportable exercée sur les magistrats chargés de suivre ces affaires illustre bien le phénomène. L'affaire d'Outreau peut aussi se regarder sous cet angle.

Dans le dernier procès en date de ce genre d'affaire [18], l'avocat général a terminé son réquisitoire en lançant à l'accusé dans la salle d'audience cette phrase incroyable : « *Je vous maudis et à travers moi c'est tout le pays qui vous maudit.* » On ne s'étonnera pas dès lors que le père de la jeune victime ait promis de « *tuer l'assassin à sa sortie* ». La justice peut-elle fonctionner quand elle convoque les forces obscures ?

Puisque les terroristes et les pédophiles sont une incarnation du Mal, les lois ordinaires ne s'appliquent plus à eux. Le pédophile, tout au long de son circuit pénal, se voit cruellement maltraité. Il ne bénéficie plus d'aucune protection réelle de qui que ce soit. Il en va de même pour le terroriste. Des centaines d'entre eux sont retenus illégalement, torturés, sans que personne, avouons-le, ne proteste vraiment, à part bien sûr certaines associations dont c'est la finalité. Pédophiles comme terroristes lisent avec certitude dans les yeux des policiers et des militaires qui les gardent qu'ils ne sont déjà plus considérés comme des êtres humains. Ils sont à peine plus que ces succubes que l'on extermine à la chaîne dans les jeux vidéos. Le destin des démons ne saurait relever de la loi des hommes.

Descendons encore un cran dans l'actualité, à l'étage des petits démons, ceux qui forment la soldatesque des légions du Mal. L'État déploie aujourd'hui de légitimes campagnes contre la violence routière ou même celle qui consiste simplement à empoisonner son voisin par la fumée du tabac. À l'analyse détaillée de ces campagnes de communication, on ne peut être que frappé par la diabolisation larvée dont font l'objet les malheureux récalcitrants. Par exemple, on n'explique jamais pourquoi on devient un délinquant routier.

Là aussi la condamnation légitime d'une action sans en expliquer la cause nourrit la figure du Mal et conduit à son envahissement progressif de notre imaginaire. Demain, n'en doutons pas, ce sera le « fléau » du chômage, et peut-être celui des catastrophes sanitaires qui nous attendent, qui relèveront de cette catégorie surnaturelle.

La raison a horreur du vide, et devant un acte sans cause établie et analysée rationnellement, comme ce devrait être le cas dans toutes ces affaires, elle cède le pas et se laisse aller à imaginer une intention

---

18 Il s'agit du procès en appel de Stéphane Krauth, à Nancy, le 17 février 2006.

extra-humaine. Nous sommes ici en pleine régression de la rationalité et plus simplement du bon sens.

Les Américains, de ce point de vue, ont sur nous un immense avantage. En désignant le Mal sur ce fameux axe, ils disposent d'une alternative, le Bien. On jugera comme on veut ce refuge intellectuel dans une utopie qui ne donne pas beaucoup de signes de réalisation. Mais voilà au moins un système d'explication parlé sans complexe.

En attendant, la remontée de la figure du Mal a pour conséquence un recours croissant à la violence comme solution. Le délinquant, le criminel, ainsi recadré, apparaît comme un monstre dont il faut se débarrasser, quand il ne faut pas se venger directement de ses actions. La vengeance ici se nourrit du fait que tuer le mal n'a jamais été un péché, bien au contraire.

Il est vrai que la justice démocratique ne s'embarrasse pas de l'explication. Son grand tort est de présupposer, en sachant que c'est une illusion, que, de la même façon que nul n'est censé ignorer la Loi, nul n'est censé ignorer les compétences démocratiques qui vont avec.

Difficulté à penser le conflit quand il dérape, remontée du désir de vengeance et de sa légitimité, attirance pour des formes politiques hostiles à la démocratie, langage qui porte une vision violente et déshumanisante du monde, tous les signes s'accumulent dans la même direction. Sans accès aux moyens pratiques d'exercer la citoyenneté démocratique, sans déploiement de ces compétences minimales à l'objectivation, à l'empathie, au débat symétrique, chaque conflit redevient une poudrière, susceptible de basculer dans la violence. Et c'est bien ce à quoi nous assistons en ce moment.

Et peut-être n'est-ce que le début d'une dynamique qui risque de devenir rapidement incontrôlable, dans la mesure où la montée de l'extrême droite est en train de faire jonction à la fois avec les pratiques de la défection et avec le désir d'un retour de la vengeance qui traverse une partie de l'imaginaire de l'opinion publique, lasse des promesses non tenues d'une démocratie en berne.

# 15

## *Le principe de subsidiarité démocratique*

Je voudrais conclure ce livre sur une note optimiste. Parler d'incompétence démocratique, après tout, suppose possible la compétence. La critique que je viens de proposer contient, en creux, un certain nombre de propositions.

Celles-ci n'appellent pas forcément une révolution. On a le sentiment parfois que de légers déplacements permettraient de grandes avancées et suffiraient à remettre la démocratie sur ses pieds. Même si elle est *radicale*, l'exigence démocratique n'implique pas les bains de sang ni les bouleversements absolus qu'ont imaginés certains. Ces derniers produisent-ils d'ailleurs de véritables changements ? On a bien vu ce qui est advenu de la révolution russe, qui n'a produit au bout du compte qu'une dictature orientale sous la férule de Staline, le gâchis de la belle idée marxiste et, *in fine*, le retour de l'archaïque système mafieux comme mode de gouvernement.

L'immense avantage de cadrer la réalité démocratique à partir de la notion de compétence est d'attirer à nouveau l'attention sur l'homme et ses pratiques plus que sur le système. De plus, comme on l'a vu au début de ce livre, le « désir de démocratie » existe véritablement. Il se transformera peut-être un jour en frustration, puis en désamour. Notre civilisation connaîtrait là un tournant décisif, un immense recul. Mais, en attendant, l'arrière-plan symbolique de la démocratie s'ancre toujours dans l'espoir que chacun place dans une société « plus douce à vivre ».

Sans qu'il soit question de les développer ici, je voudrais donc me risquer à formuler quelques propositions, en lien étroit avec les thèmes développés tout au long de ce livre. On pourrait les ranger en deux grandes catégories. L'une concerne les lieux d'apprentissage, l'autre les lieux d'exercice de ces compétences. Enfin, je proposerai une sorte de « règle de conduite », que j'ai appelée le « principe de subsidiarité démocratique ».

## *Développer les lieux d'apprentissage*

On l'a vu, parler de la démocratie en termes de compétences suppose un *apprentissage*. Le développement de l'exercice de la démocratie implique un investissement, infiniment rentable. Comme tout apprentissage, celui-ci peut se déployer dans trois lieux complémentaires : la famille, l'école, les dispositifs de formation permanente.

### *La formation de la personnalité démocratique*

Dès son plus jeune âge, l'enfant est, potentiellement, un sujet démocratique. Dans plusieurs domaines, déjà à sa portée, il est un être de parole, susceptible de participer à la prise de décision qui le concerne. Toute la pédagogie de Françoise Dolto [1], par exemple, peut être lue comme concourant à la formation démocratique des enfants, voire des bébés. Nous sommes loin de la démagogie de l'enfant qui fait « ce qu'il veut » ou « ce qui lui plaît ». L'idée est plutôt de créer localement et temporairement des dispositifs de parole symétriques au sein desquels l'enfant apprend à avoir une parole propre dans sa confrontation avec celle des adultes.

Cela n'implique pas le renoncement à la nécessaire autorité des parents, mais l'apprentissage, pour les uns comme pour les autres, du

1 Voir par exemple Françoise DOLTO, *Tout est langage*, Gallimard, coll. « Folio Essais », Paris, 2002.

renoncement progressif aux formes hiérarchiques des relations humaines. Apprendre la démocratie aux enfants, c'est donc d'abord se comporter en démocrates avec eux, leur donner l'exemple et les impliquer concrètement dans ce processus. L'apprentissage de l'empathie est, dans cette perspective, un point d'entrée essentiel dans cette *personnalité démocratique.*

La famille constitue un espace potentiel de débat et de prise de décision. La démocratie familiale n'est donc pas une notion abstraite, mais bien un ensemble de pratiques concrètes. L'enfant peut faire ses armes du point de vue de la prise de parole, de la capacité à convaincre. Ceci implique une norme de respect de la parole qui me paraît au cœur, encore une fois, de la pédagogie de Françoise Dolto. Il ne suffit pas de donner la parole à l'enfant, encore faut-il trouver les moyens d'en tenir compte. Là réside le point essentiel.

### *La démocratie à l'école*

Le rôle de l'école, relais et amplificateur social de cet apprentissage, est essentiel. Ne pourrait-on pas imaginer de la réorganiser autour d'une double mission ?

La première recouvrirait sa finalité traditionnelle, qui est de transmettre des savoirs, d'aider à maîtriser l'information, d'initier, surtout, à la production des connaissances. Mais s'arrêter là, dans le cadre d'une interprétation finalement dogmatique, comme nous l'avons vu, du programme des Lumières, serait ne faire que la moitié du chemin.

La seconde mission consisterait à initier les jeunes à la citoyenneté *pratique*, à se former des opinions, à débattre, à argumenter, à écouter les autres, à délibérer collectivement, à maîtriser ses énergies oratoires. Cette mission, bien sûr, est déjà au cœur des préoccupations de l'institution. Mais n'est-elle pas déclinée de façon trop marginale et trop théorique ?

L'idéal serait que chacune de ces deux missions occupe *la moitié* du temps passé à l'école et s'appuie sur de nombreux exercices pratiques, notamment dans le domaine du débat, avec tout ce que cela suppose de considération mutuelle entre élèves et enseignants. L'articulation de ces deux missions aurait pour objectif de développer la civilité pratique, l'écoute et le respect de l'autre, préalable à toute acceptation des valeurs dans le domaine démocratique.

Dans cette perspective, la question de la violence à l'école se poserait dans des termes radicalement différents. Il ne s'agirait pas de la traiter comme un problème moral ou d'ordre public, en quelque sorte latéral à l'école, mais comme une question centrale, *préalable* à tout apprentissage et à toute vie en société.

De nombreux enseignants ont déjà saisi l'importance de ces questions. Ils sont trop souvent seuls avec leur classe, peu soutenus par une institution qui approuve les objectifs mais peine à les traduire dans des apprentissages pratiques. Nous l'avons vu, la pratique du débat argumenté, essentielle à mon sens à une réforme démocratique de l'enseignement, est détournée de ses véritables finalités par une conception trop rationaliste. Il n'y a pas d'âge pour débattre et on serait tenté de dire que le plus tôt est le mieux. De nombreux professeurs d'école m'ont signalé l'immense bénéfice qu'ils tiraient à organiser de tels débats avec de très jeunes enfants. La disponibilité de ces derniers est immense. On pourrait rêver que, très tôt, des enfants trouvent naturel de *débattre*, tout simplement.

Ces mêmes professeurs soulignent à quel point manque souvent, comme préalable au débat, la capacité à maîtriser la langue. La question est de savoir quelle est au juste la finalité de l'apprentissage de la maîtrise de la langue. Je proposerais volontiers un renversement des perspectives : si maîtriser la langue sert à débattre (et non simplement à « savoir bien parler français »), cela redonne à cet apprentissage son sens, sa portée et aussi son plaisir.

L'argumentation est au cœur de ces pratiques du débat. Son apprentissage existe aujourd'hui à l'école, mais il est toujours subordonné à une discipline dont il est l'outil. On l'enseigne en français, mais comme propriété linguistique ; en philosophie, mais comme méthode de production d'une « vérité ». On la trouve en éducation civique, mais on se garde bien, comme nous l'avons vu, d'en faire une méthode de confrontation des opinions.

Tout appelle, comme soutien et comme arrière-plan théorique d'une nouvelle épistémologie dans le domaine de la formation et de la défense des opinions, la renaissance et la modernisation de l'ancienne rhétorique[2]. *Cela implique que celle-ci soit considérée comme un domaine du savoir à part entière.* Celle-ci est la matrice même des compétences démocratiques. Qui d'autre que l'école peut jouer ce rôle de renouveau ?

### *Organiser des compétitions oratoires*

La formation continue joue aujourd'hui un rôle essentiel dans les sociétés modernes, toujours en mouvement. Dans le domaine des compétences démocratiques, elle s'appuie sur une donnée essentielle : le débat appelle le débat. Rêvons un peu. Pourquoi ne pas organiser partout, dans les quartiers, les villes, le pays tout entier, de grandes compétitions oratoires, véritables exercices de civilité et de pratique démocratique sur un mode ludique ?

On organiserait ainsi partout, sur le modèle des compétitions sportives, de grands jeux de parole où des équipes s'affronteraient pacifiquement autour des grandes questions de société mais aussi sur des questions d'intérêt local. Un public nombreux viendrait entendre les orateurs, parfois tirés au sort, parfois volontaires. Les architectes seraient mobilisés pour construire des édifices et des salles spécialement adaptés à de telles compétitions, pour traduire dans l'espace le principe de symétrie dans la parole.

La recherche de la civilité étant au cœur de ces jeux, les orateurs donneraient l'exemple, sur un mode ludique, d'une parole civile ferme, enthousiaste, réaliste et pacifique, bien distincte de celle des beaux parleurs ou des démagogues et à l'opposé de celle des chefs qui parlent à la place des autres.

2 C'est dans cette perspective que Chaïm Perelman a jeté les bases d'une « nouvelle rhétorique » (Chaïm PERELMAN et Lucie OLBRECHTS-TYTECA, *Traité de l'argumentation*, *op. cit.* Voir également Emmanuelle DANBLON, *Argumenter en démocratie*, Labor, Loverval, 2004.

## *Développer les lieux de la prise de décision démocratique*

L'analogie avec la compétition sportive n'est pas ici fortuite. Le monde grec, comme les nouvelles sociétés démocratiques à partir du XVIIe siècle, notamment en Angleterre, ne développent-ils pas parallèlement et solidairement la compétition sportive, qui met les corps en compétition, et les débats rhétoriques, où la parole est mise au service de la pacification du conflit [3] et de la prise de décision ?

Les lieux de débats et les dispositifs de parole n'ont pas comme seule fonction l'apprentissage. Ils sont aussi les lieux de la prise de décision. Ne serait-il pas nécessaire de remettre à l'ordre du jour l'ancienne norme grecque qui interdit de « plaider hors de la cause » dans les débats et les assemblées ? Toute avancée des compétences démocratiques implique que la séduction, la violence cachée, les manipulations en tout genre de la parole soient délégitimées et leurs auteurs condamnés à ne pas être écoutés.

Ne faut-il pas réfléchir à des lois spécifiques qui garantissent et protègent la « liberté de réception » des publics et empêchent ainsi qu'ils soient exposés, dans le domaine commercial, publicitaire, médiatique et politique, à des messages tentant de les convaincre au prix d'une violence cachée ou de procédés rhétoriques peu respectueux de la liberté de chacun ?

Ces lois auraient aussi pour fonction de protéger les médias de toute influence, politique ou économique, pour garantir leur rôle de porte-parole d'une parole civile, objective quand cela est nécessaire, engagée partout où cela est possible. Les médiateurs pourraient ainsi retrouver la posture d'effacement et de modestie qui est au cœur de leur mission.

---

3 Voir à ce sujet la thèse en préparation de Bruno DELTOUR sur le thème « La logique démocratique et l'esprit du sport : le rôle du sport dans l'expérimentation des rapports égalitaires en Grèce antique et à l'époque moderne », université Marc-Bloch, Strasbourg.

### *Multiplier à tous les échelons les dispositifs de parole délibératifs*

Vivre en société implique de prendre en permanence, à tous les niveaux, de grandes et de petites décisions, potentiellement conflictuelles, qui, toujours, ont des conséquences sur les individus. La démocratie participative, dont on parle beaucoup ces temps-ci, est une véritable nécessité politique.

Encore faut-il que les compétences à participer aux dispositifs de parole délibératifs qu'elle implique soient bien identifiées comme préalable. Ceci suppose un glissement du rôle de l'État et une redéfinition des mécanismes de la prise de décision dans les affaires publiques. La démocratie participative nécessite l'organisation de multiples assemblées, composées par élection, tirage au sort ou en fonction de l'implication de chacun, chargées de prendre les décisions les concernant. L'appareil d'État s'en trouverait ainsi considérablement soulagé, et ses fonctions modifiées, car la tâche d'organiser des assemblées mobiliserait d'une autre façon de nombreux services.

Une nouvelle fonction sociale se dégagerait, celle d'animateur d'assemblée. Ni chef, ni sage, mais véritable animateur du travail collectif de délibération, ce nouveau personnage de la vie sociale occuperait une fonction sociale hautement valorisée, elle-même modèle de civilité, de douceur et de pudeur (au sens de « retenue »). On voit bien ici à quel point elle est aux antipodes de l'animation du « débat interactif » décrit précédemment.

Ce livre n'est pas le lieu de proposer une réforme du système de recrutement de la classe politique. On ne peut pas cependant s'empêcher de penser que du point de vue de la démocratie d'autres modalités seraient souhaitables. Les Athéniens ne se portaient après tout pas plus mal de ce que leurs dirigeants soient tirés au sort sur des listes de citoyens volontaires [4]. C'est ce que nous faisons encore aujourd'hui pour les jurés d'assises. Il y a des jours où l'on se dit que, si l'on avait tiré au sort les ministres de la République, le résultat ne pourrait de toute façon pas être pire...

La *professionnalisation* de la politique est, à mes yeux, l'obstacle majeur à un déploiement des compétences démocratiques par ceux

4 Voir à ce sujet l'article de Patrick SCHMOLL, « Le tirage au sort, un paradigme pour repenser la démocratie », *in Sciences de l'homme et Sociétés*, n° 51, Antibes, 2005.

qui ont en charge les affaires publiques. Les compétences de cette profession-là sont trop antagonistes avec ce qui est attendu de personnes élues démocratiquement.

Changer les règles de recrutement de la classe politique et y inscrire l'exigence de compétences démocratiques est essentiel. Dans ce sens, le non-cumul des mandats et l'impossibilité d'assumer trop longtemps des charges électives constitueraient sans doute de meilleures garanties pour que les élus aient de véritables pratiques démocratiques. Il ne s'agirait au fond que d'un léger déplacement des institutions. Le problème est que les législateurs qui devraient l'opérer sont tous issus de l'ancien système de recrutement de la classe politique et donc peu enclins à le transformer.

## *Le principe de subsidiarité démocratique*

Le point de vue démocratique, tel qu'il a été énoncé tout au long de ce livre, dans le droit fil de l'idéal politique grec, n'est-il pas trop radical ? Une manière de ne pas transformer la démocratie en utopie, donc en espoir bien sympathique mais non réalisable, est de se demander si tout doit être démocratique, dans notre vie familiale, professionnelle, sociale, politique.

Je suis parti, au début de ce livre, d'une position qui décrit, à la fois historiquement et idéalement, la démocratie comme ne devant avoir qu'une pertinence locale, et bien souvent temporaire. Les pratiques démocratiques se déploient dans des *isolats*.

Il faut le redire clairement, le principe hiérarchique n'est pas mauvais en soi et il est particulièrement approprié dans certaines situations. De la même façon, le principe mythique reste un facteur de lien social essentiel, partout où il y a communauté. La pratique du consensus est donc inévitable, quand elle n'est pas souhaitable. En même temps, l'extension des pratiques démocratiques est souhaitable, d'autant plus que nous partons d'un niveau assez bas, comme ce travail a tenté de le montrer. Comment résoudre cet apparent paradoxe ? Je propose, pour conclure, une piste de réflexion autour du principe de subsidiarité, appliqué à la démocratie.

La subsidiarité est une notion ancienne, déjà présente chez Aristote, que l'on a retrouvée lors du débat sur la construction européenne. Elle consiste à déterminer des priorités, donc à distinguer le principal du secondaire, et à ne recourir au secondaire que lorsque le principal ne peut plus être mis en œuvre. Les niveaux secondaires sont donc « en réserve » (c'est le sens originel de « subsidiaire »). Aristote dit, par exemple, que la société est formée *d'abord* d'individus agissant librement et que c'est seulement lorsque l'action des individus n'est plus opérante qu'il faut *ensuite* recourir à l'État. Ce principe a été au centre de certains débats sur la construction européenne : lorsqu'une décision ne peut pas être prise au niveau local ou régional, on la prendra au niveau européen [5].

Je propose d'appliquer ce principe quand on se demande comment prendre une décision dans quelque domaine que ce soit : *cherchons d'abord à la prendre démocratiquement.* Cela implique donc un dispositif de parole adéquat, mettant en jeu les normes d'égalité et de symétrie. Si, et seulement si, elle ne peut pas être prise de cette façon-là, le principe hiérarchique peut alors s'appliquer. Lorsque ce principe ne joue pas, alors c'est le principe consensuel qui va jouer. Les compétences hiérarchiques sont donc là en réserve, subsidiaires.

Ce n'est pas un hasard, sans doute, si le principe de subsidiarité a trouvé son application d'abord au plan politique. Cette manière de faire correspond bien à la proposition d'Aristote. C'est d'abord aux individus libres de prendre ensemble les décisions qui les concernent et seulement ensuite aux structures hiérarchiques à prendre le relais, quand ce n'est plus possible autrement. L'exercice des compétences démocratiques redonne du pouvoir aux personnes dans le cadre de relations symétriques horizontales et ne les replace dans un cadre hiérarchique pyramidal qu'en dernière instance.

L'éducation des jeunes enfants fournit un exemple d'application de ce principe de subsidiarité démocratique. Si une décision doit être prise qui implique l'enfant, la première question à se poser est de savoir s'il ne peut pas y être impliqué à part entière et de façon symétrique. Si ce n'est pas le cas, la décision peut être prise d'autorité (ce qui ne veut pas dire qu'elle ne doive pas être expliquée à l'enfant). Au niveau le plus élevé, la décision peut être justifiée par une règle qui

---

5 On trouvera une bonne synthèse de cette notion et de son histoire sur www.college.interarmees.defense.gouv.fr/img/pdf/de_lorgeril_ce_c2_version_2.pdf et www.libres.org/francais/dossiers/pape/principe_subsidiarite.htm.

s'impose à tous, qui relève par exemple de la morale ou d'un principe supérieur.

Au plan politique le principe de subsidiarité peut donner un fondement à l'idéal de démocratie participative. Toute décision imposée d'autorité et qui aurait pu faire l'objet d'un débat et d'une prise de décision collective est donc considérée dans cet esprit comme inadéquate. C'est hélas, aujourd'hui, le cas de beaucoup de décisions, qui pourraient être prises autrement.

Pour éviter cela, on pourrait imaginer l'institution de trois règles, construites autour du principe de subsidiarité. Leur effet serait toutefois si essentiel que l'on peut se demander si elles ne devraient pas figurer au cœur de toute Constitution démocratique :

Ces règles énonceraient qu'*a priori* :

— aucune décision concernant plusieurs personnes ne peut être prise par une seule ;

— aucune délibération ne peut se faire sans une discussion préalable où chacun de ceux qui sont concernés par la décision peut intervenir à parts égales ;

— aucune assemblée ne peut se voir confier une fonction uniquement consultative.

Il y a encore beaucoup de travail à faire pour que s'opère une prise de conscience de l'importance et des immenses potentialités des compétences démocratiques. Nous sommes aujourd'hui à la croisée des chemins. Les frustrations liées à la dissonance entre valeurs et pratiques sont une formidable source d'énergie. Mais cette énergie peut aussi bien nourrir le désir de démocratie que le transformer en ressentiment.

Les compétences de demain concourront-elles à former une société plus douce à vivre ou bien conduiront-elles à un monde où la violence et la domination s'imposeront comme une sorte de vertu ? Nous avons notre part de responsabilité dans ce qui arrivera de ce point de vue. Mais, au moins, nous ne pourrons pas dire que nous n'avons pas eu le choix.

# Table

BUSSIÈRE
GROUPE CPI

Composition Facompo, Lisieux
Impression réalisée sur Cameron
à Saint-Amand-Montrond (Cher)
en septembre 2006.
Dépôt légal : octobre 2006.
N° d'impression : 063218/1.
*Imprimé en France*